魔法みたいな奇跡の言葉

カタカムナ

楢崎皐月さん、宇野多美恵さんのこれまでのカタカムナに関する研究に、最大限の感謝を捧げる。先人なくして今回の発見はなかったと思われる。そして、この本を、私をいつも陰で支え、いつも励ましてくれるパートナーの丸山喜久子に捧げる。

巻頭口絵

時空を超える「神」に触れる

これから話すことは、新しい宗教についての話ではない。また、宗教を否定する話でもない。カタカムナという、すべての病気が吸い込まれ消えていくような魔法みたいな奇跡の言葉についての話である。私がカタカムナ文字やカタカムナの言葉を使うと、突然、患者さんの周囲にブラックホールのような球体があらわれ、いろいろな症状を飲み込み始めた。頭痛や腰痛、風邪の症状のような簡単な症状だけではなく、ときには、がんの転移による痛みまで、カタカムナウタヒを読むだけで驚くほど変化したケースもある。

カタカムナ文献は、古代人がその強大な力ゆえに「神」とあがめた超存在と、誰でも簡単にアクセスできる方法が書かれたものである。そして、私たちはカタカムナを知ることでより充実した人生を生きることができると思っている。

近年になり、「神」という存在は、最先端の物理学、量子重力理論でも研究の対象となっている。

量子重力理論は、素粒子、重力波、ブラックホールについての理論である。

素粒子とは、物質を構成する最小単位のものである。

しかし、この素粒子は、ただの物質の最小単位というわけでなく、重力子（重力の基となる仮想粒子）のように強力な力を持ち、人に対して強力な作用をするものがあり、古代人にとっては、まさに「神」のごとくであった。

上古代に生きていたカタカムナ人は、この重力子を使うことにより強大な力の恩恵を受け生活をしていた。彼らは、素粒子や重力子の力に対して畏怖の気持ちを抱き、それらに名前をつけた。私は、それが現代に伝わった「神」の名前であり、「神」の存在ではないかと考えている。カタカムナ人が素粒子や重力子につけた名前を、私たち現代人と称する「原始人」（カタカムナ人からみるとはるかに科学も文化も劣ると考える）は、その名前をそのまま引き継ぎ、神の御名として呼ぶのかもしれない。

人がこれらの名前を口にするとき、または心の中で名前を唱えるとき、私たちは周囲の空間にその名前に応じた素粒子や重力子を誘導し、その力の恩恵を享受することができる。カタカムナを唱えると、周囲に2・5ｍほどの球体ができ、私たちはその球体の中で高次元からのエネルギーをとり入れることができる。その結果、私たちの身体に修復が起こると考えられる。

「神」はいる?!

ここに紹介したような写真を患者さんの背中に貼ったりすると、痛みなどの症状が和らぐことがある。「神」を思わせるような不思議なエネルギーが宿っているのかもしれない。

御神域の上空にある「神」の空間

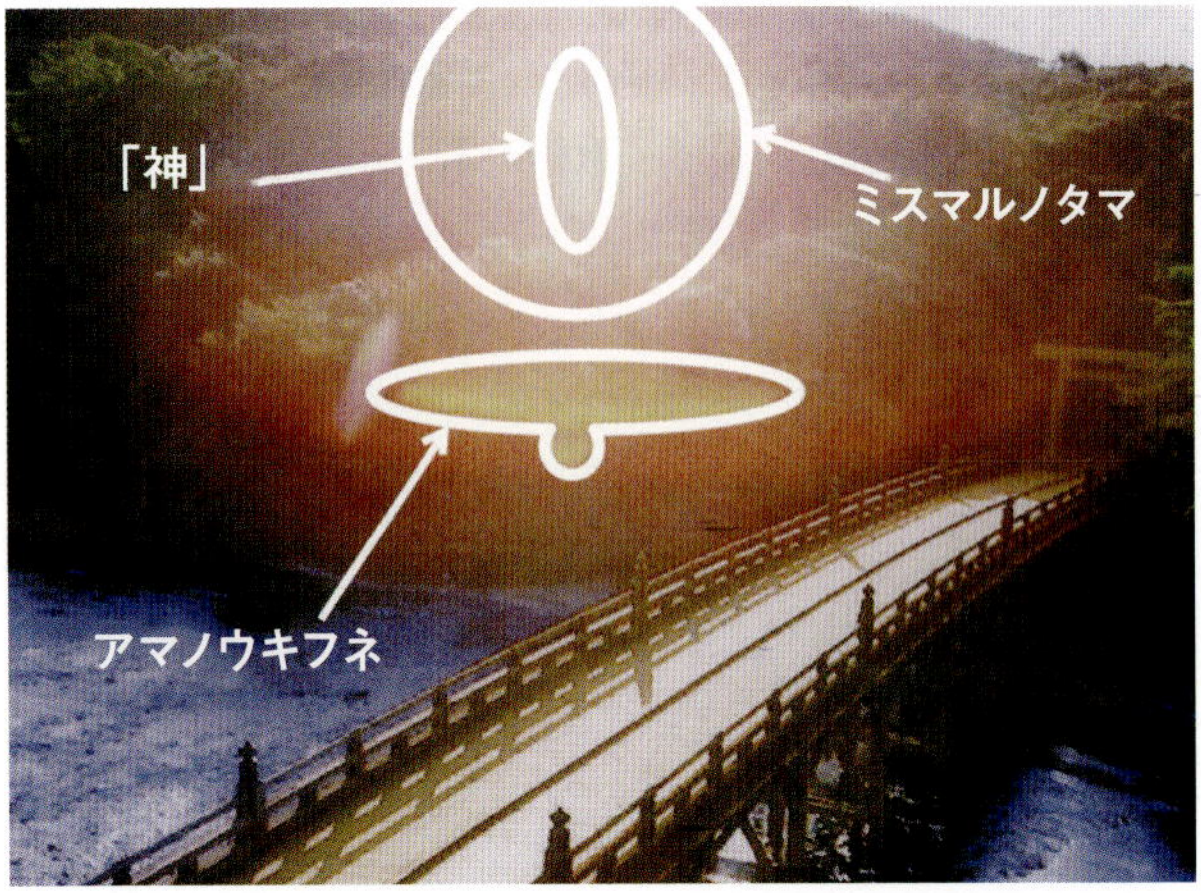

「神」が、ミスマルノタマに包まれ、アマノウキフネに乗っていらっしゃるお姿。ミスマルノタマは、カタカムナウタヒ第七首『マカタマノ　アマノミナカヌシ　タカミムスヒ　カミムスヒ　ミスマルノタマ』に詠まれている。

P102
参照

これらの写真を見たり、それに触れたりした結果起こる変化を体感すると、これまで「神はいるかもしれない」と半信半疑でいた人も、「神はいる」という心の持ち方に変わるかもしれない。

人は「神」がいるという前提で生きるのと、いないという前提で生きるのではどうしても生き方に差が出てしまうように思える。

宇宙創造の「神」が、次元接点を通して高次元から三次元にお出ましになっていると思われるお姿。光とともに花びら（フラワーオブライフ）の形が写っている。

P212
参照

撮影は京都の塩田吉隆氏。ある山へ入山前に、ハフリ神事をすると、あらわれたアマノミナカヌシの「神」。

カタカムナウタヒをひも解き、立体文字制作

中心図形ヤタノカガミは、他のカタカムナ文字と同様に立体文字である。四次元世界の重力子などの素粒子やエネルギーを、三次元世界の物質やエネルギーに変換する役割がある。

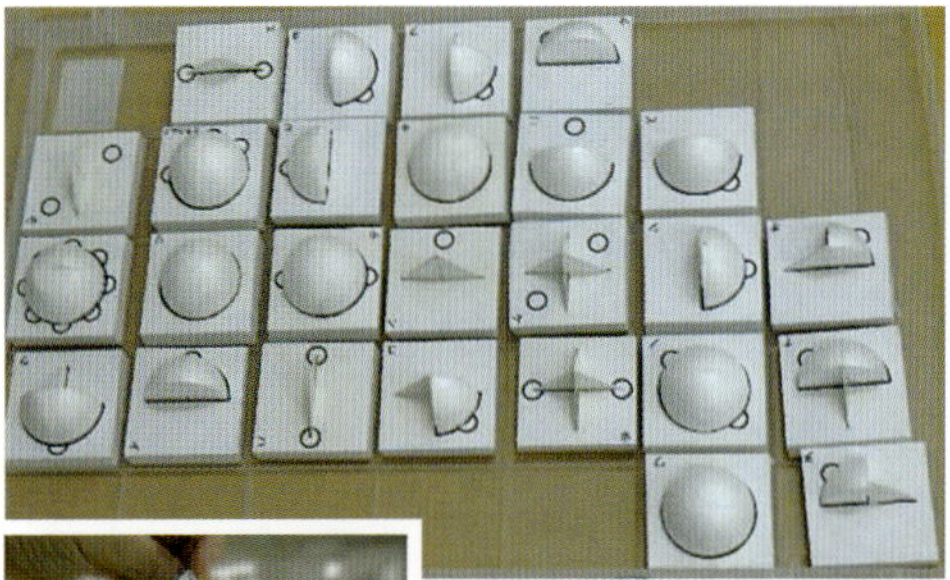

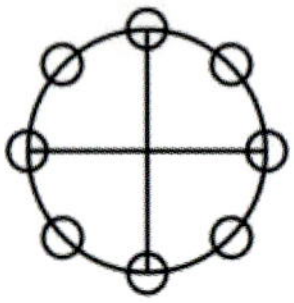

カタカムナ文字は立体文字である。二次元の平面で円と思われていたのは球。直線はピラミッドの稜線。上の写真は丸山修寛がヤタノカガミを立体に製作したもの。

P47
参照

検証 カタカムナウタヒと脳血流

ガウスカタカムナウタヒを背中につけて10分 脳血流を測定

測定機器:SPECTRATECH OEG-16 室温:24℃　湿度:32%　2016/10/6　男性Mさん27才

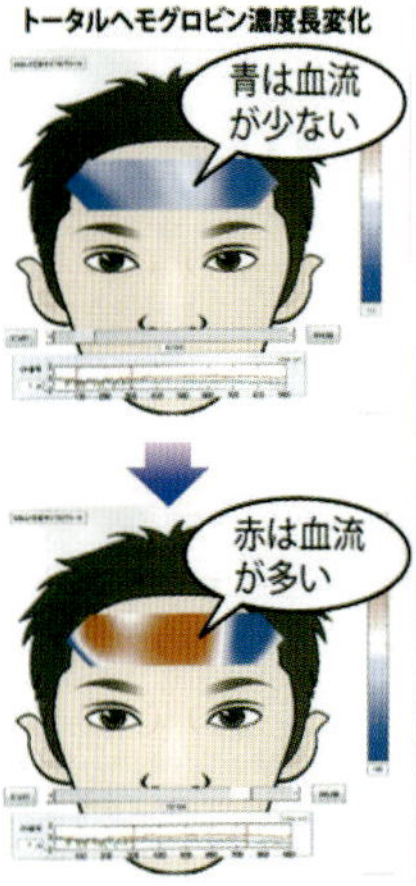

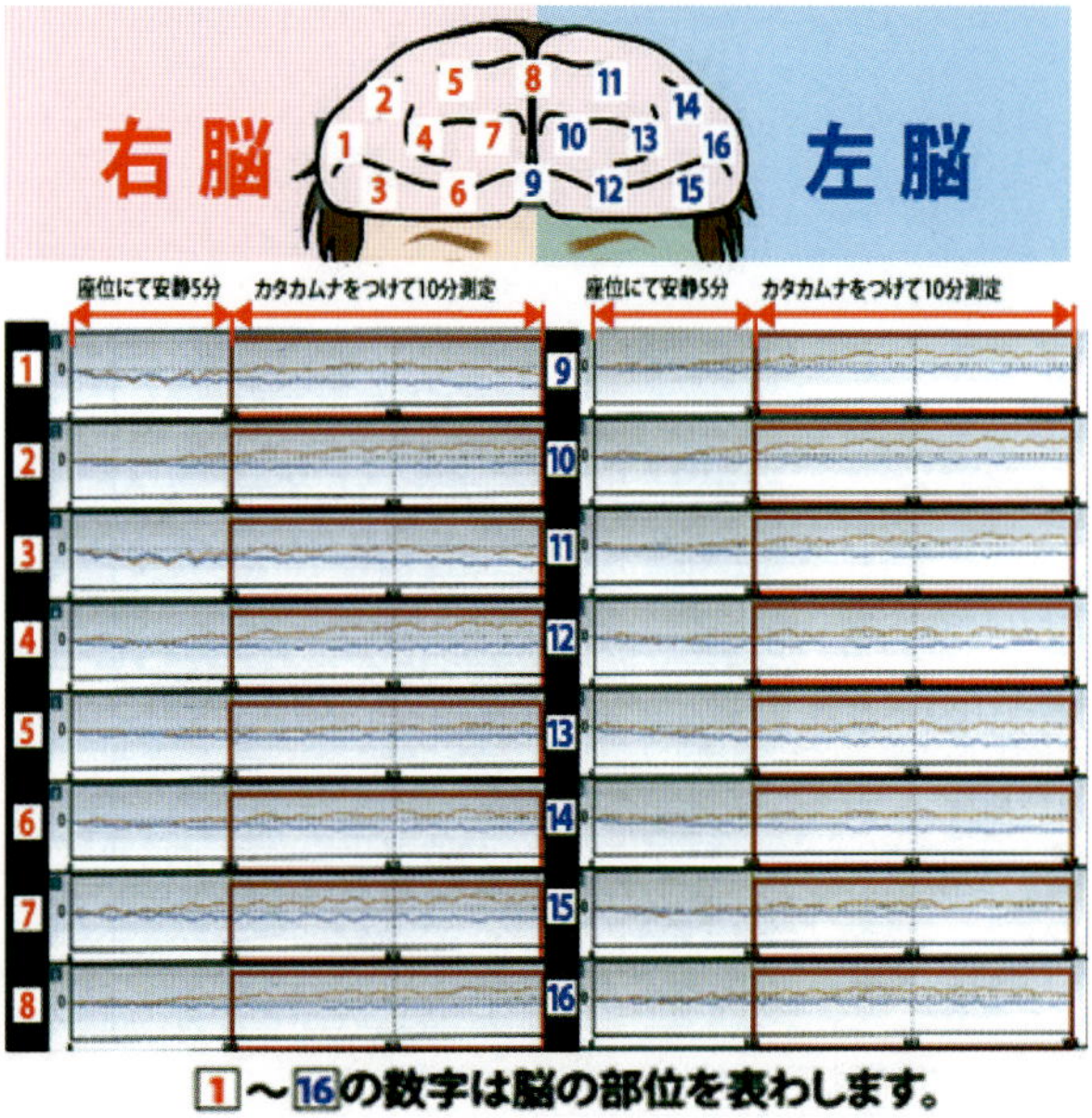

1～16の数字は脳の部位を表わします。

スペクトラテック社のOEG-SPO₂

P111
参照

カタカムナカラーバージョン

正と負のカタカムナ文字（上が正、下が負）

正と負のカタカムナ文字に、色をつけると、色をつけない文字に比べてミスマルノタマをつくりやすくなる。

P185
参照

正と負のカタカムナの数字（上が正、下が負）

フトマニからつくられたカタカムナの数字に色をつけると、さらにパワーが強くなる。

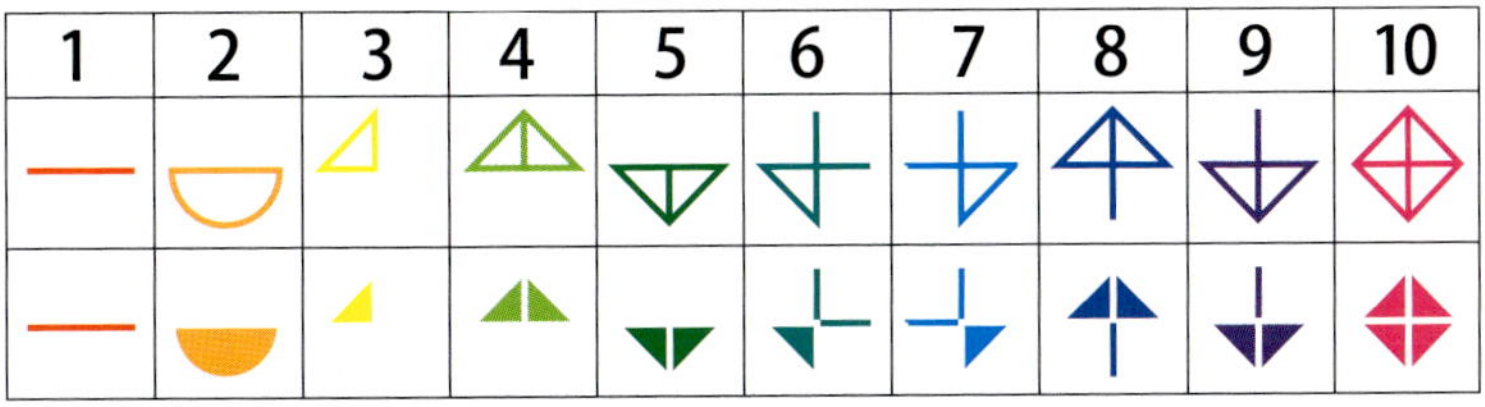

P44
参照

実験

通常の皿とカタカムナの皿で食べ物の変化を比較する

私たち日本人は、古来より米や酒、野菜、魚など収穫物を、まずすべて神々に捧げまつり、その後自分たちも感謝を込めていただいてきた長い歴史がある。家庭では、神棚にお供えした後のおさがりを無病息災の供物としてありがたく頂戴したものである。カタカムナ皿に食べ物を置くことは、同じ意味を持つかもしれない。

普通の皿　　カタカムナ皿

イチゴを普通の皿にのせると、赤い果汁が出始め3個ともかびた。
カタカムナ皿のイチゴは崩れず、かびの発生は1個のみだった。

皮を剥いたリンゴは、カタカムナウタヒが書かれたお皿の上では、
ブヨブヨにならずひき締まったままであった。

P141
参照

実験 銅製コイルを電気コンセントに貼り、リンゴの変化を比較する

カタカムナの第五首をもとにつくった銅製コイル（表面をカーボンでコーティング済）は、電気コンセントからの有害な電磁波を有益な物に変換する。コンセントには、銅製コイルを8個貼ると、最も効果的である。私たちは眠っている間は、特に電磁波に対して無防備になるため、寝室の電気コンセントには銅製コイルを8個貼るのが望ましい。

電気コンセント

電気コンセントの前に皮を剥いたリンゴを置いておくと、リンゴは電磁波によるプラスイオンで酸化されやすくなり、すぐに茶色に変化する。

電気コンセントに銅製コイルを８個貼る

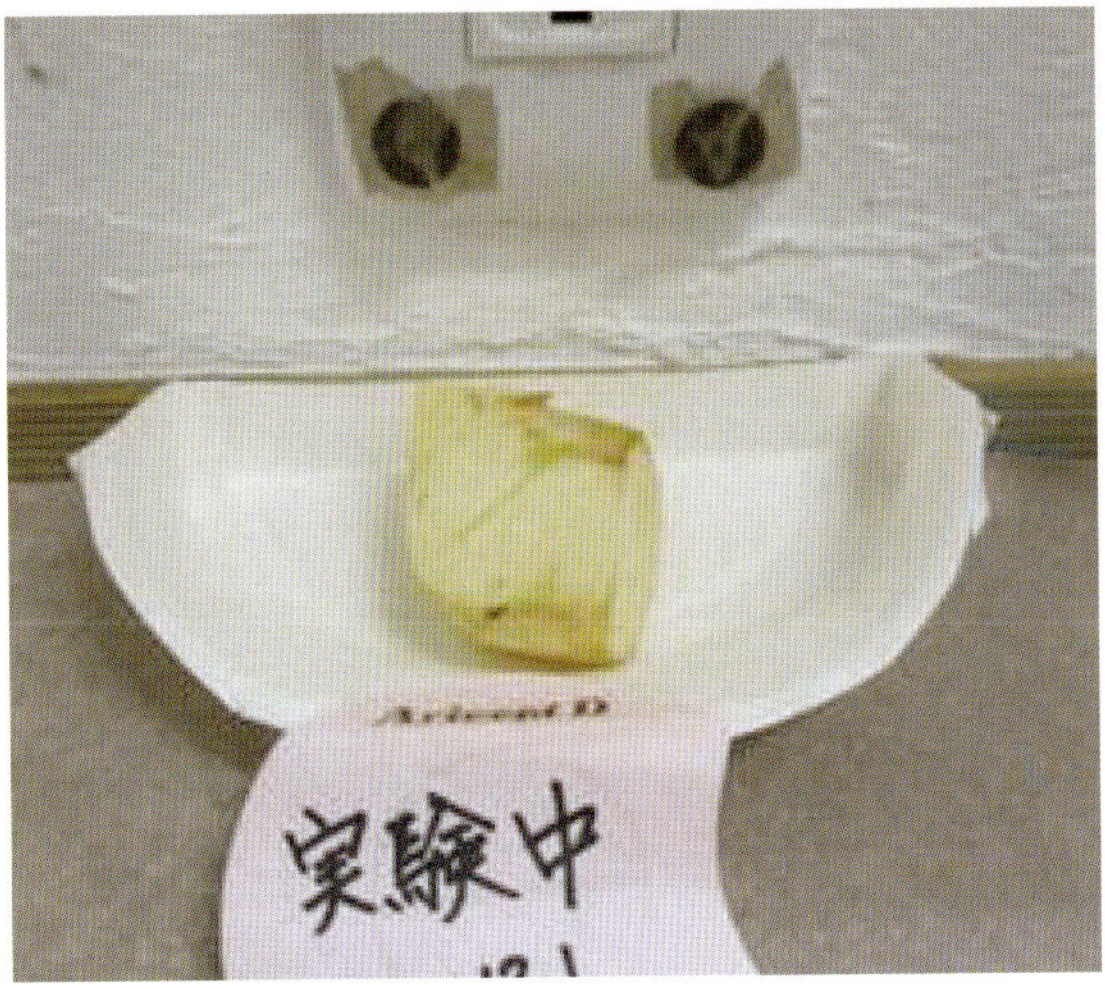

電気コンセントに銅製コイルを８個貼り、その前に皮を剥いたリンゴを置いておく。銅製コイルは電磁波のノイズを除去し、マイナスイオンを放出する。そのためリンゴは酸化しにくくなる。

P193参照

カタカムナ数字リング

体をオールマイティーに癒す。両手首と首の後ろの背骨にまっすぐに貼るだけだが、体の調子がよくなる人が続出している（上から順につなぐとよい）。

P156
参照

カタカムナ super π

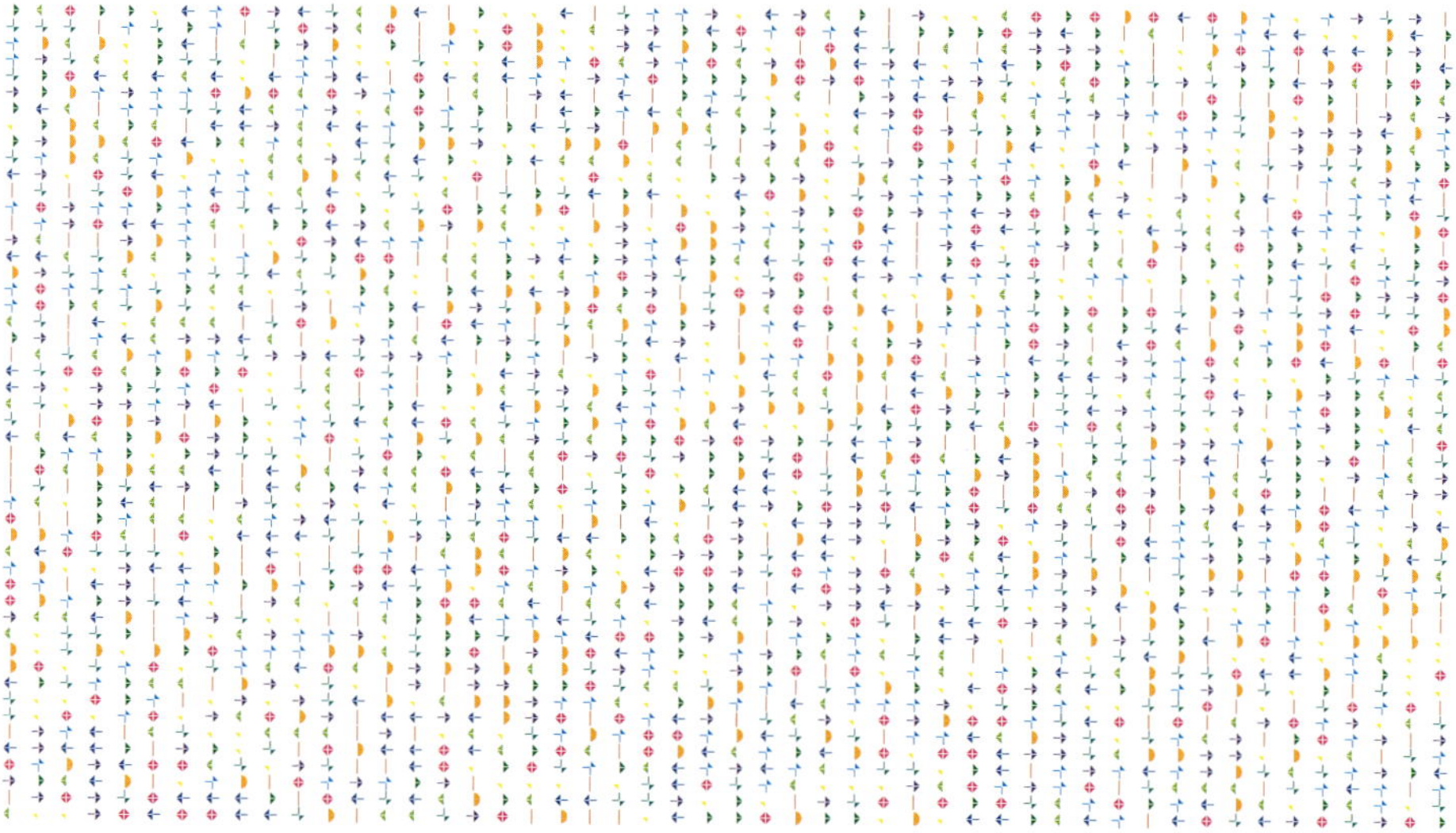

自分の周りにミスマルノタマをつくるための円周率をカタカムナの数字を使いカードにした。これを持ってカタカムナを唱えれば、ミスマルノタマをつくりやすくなる。

P229
参照

カタカムナDNAセンタリング

カタカムナ・DNAセンタリング(光)

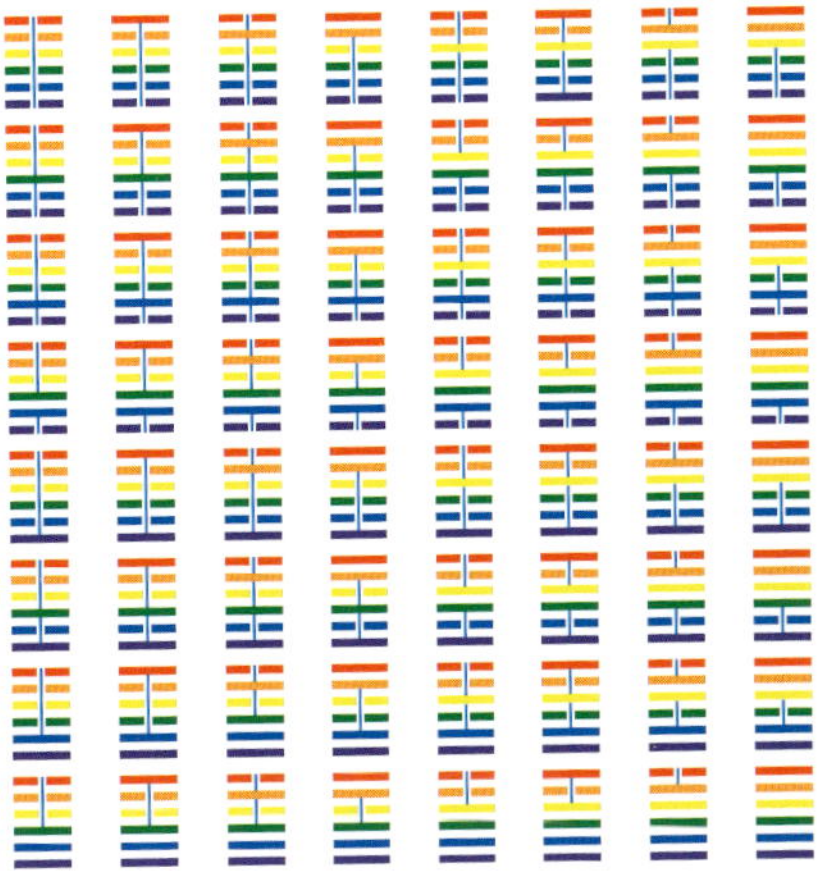

カタカムナ・DNAセンタリング(電磁波)

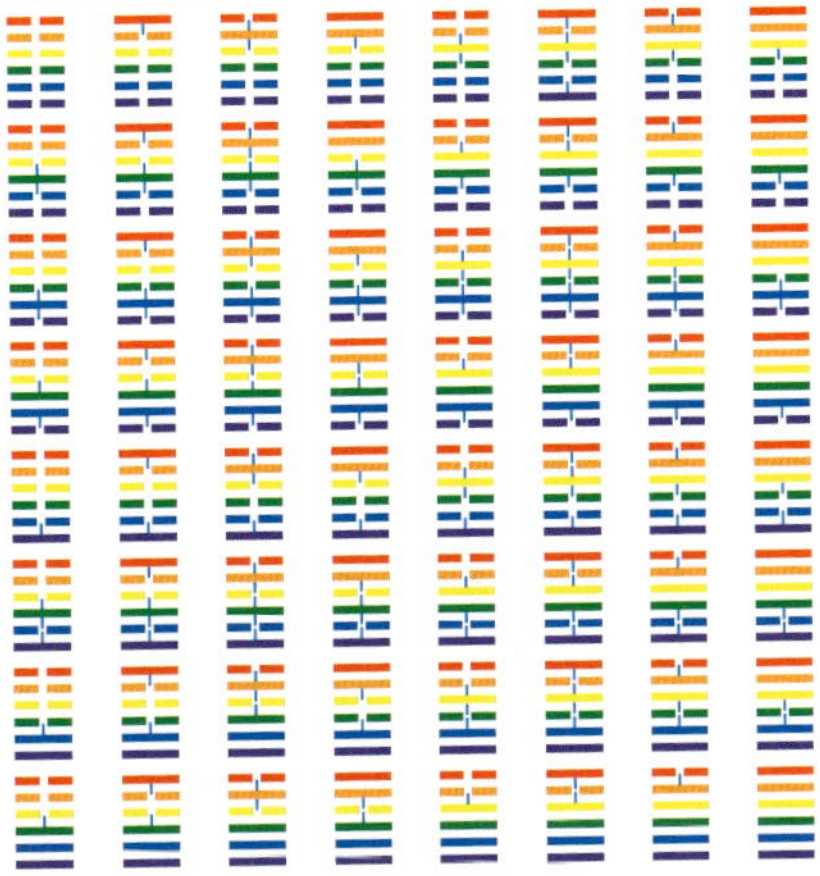

カタカムナ・DNAセンタリング(光・電磁波)

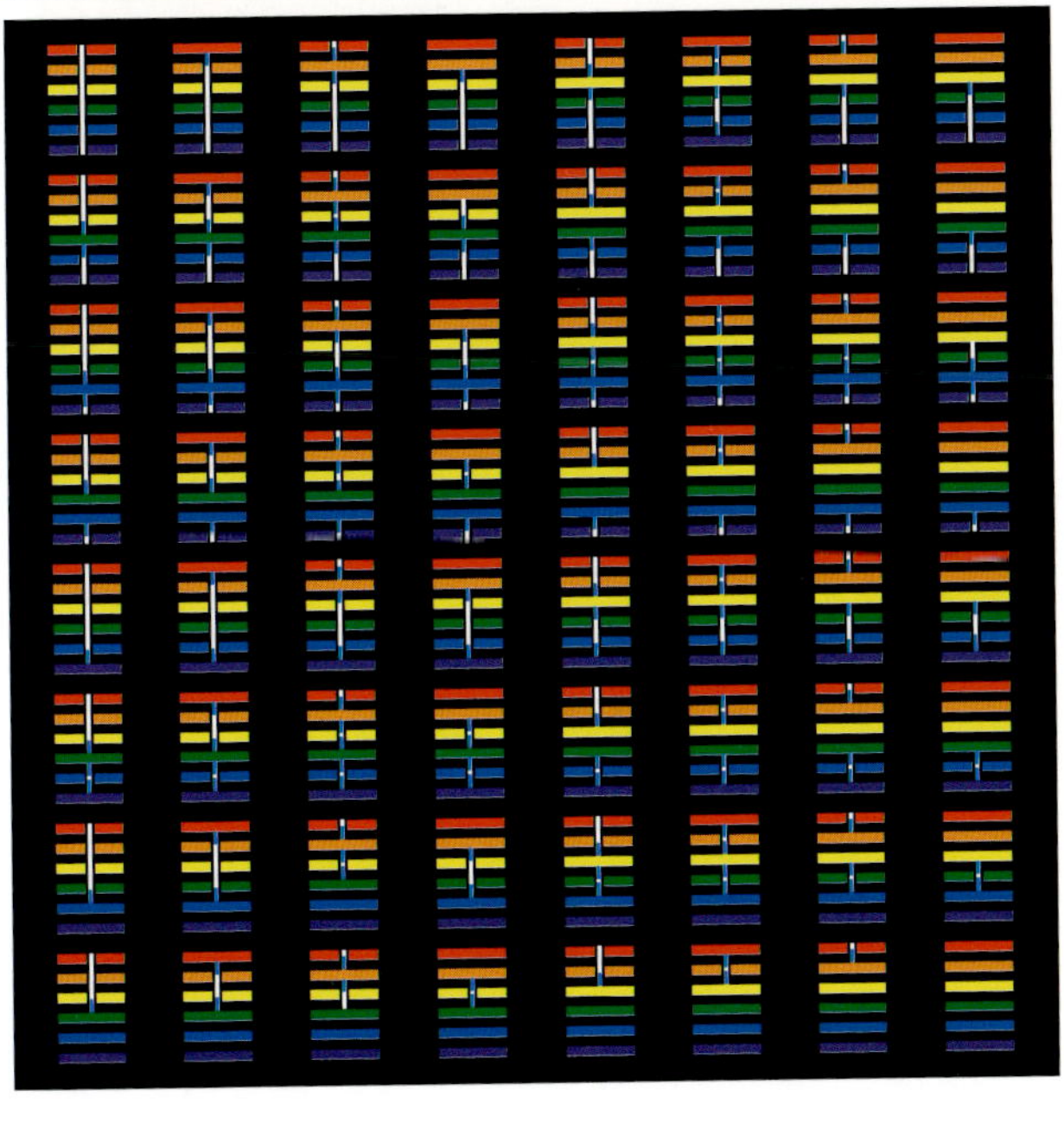

P158
参照

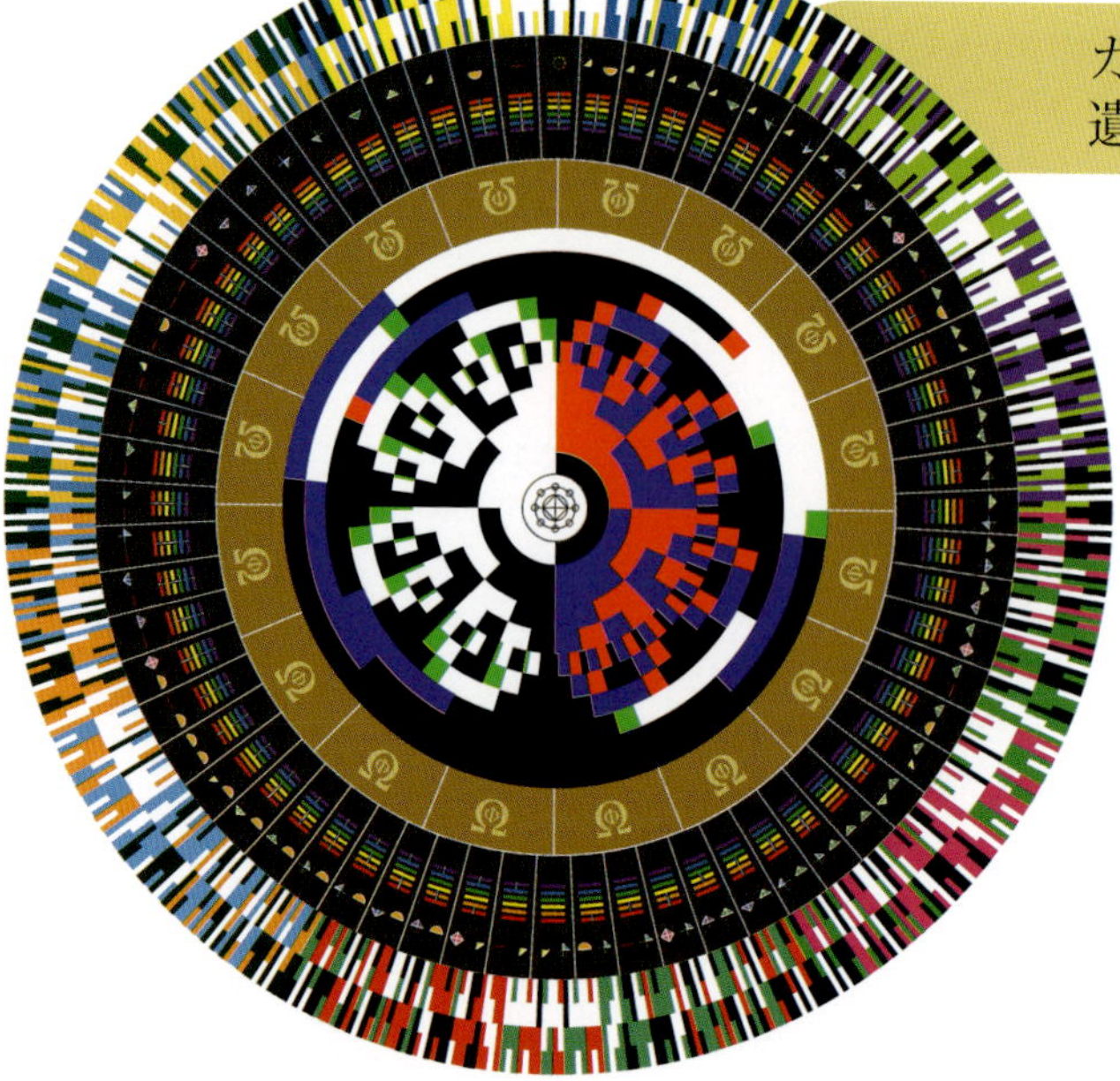

カタカムナ遺伝子変換コード盤

カタカムナから伝わったDNAの変換コードを円盤状にした図。これの上に手をかざすだけでも、エネルギーを感じる人は多い。

カタカムナの応用、デザイン

カタカムナ文献に掲載されているカタカムナウタヒから、最初に負のカタカムナ文字を導いた。次に鏡面像のカタカムナ、三次元と四次元をつなぐガウスの活用、そして中心図形のヤタノカガミに、黄金比でカタカムナウタヒを連結させた。その結果カタカムナの効果を最大限にまで引き上げることができた。著者は、誰でもが活用できる『カタカムナ図像集』を2種つくりあげ、現在は、カタカムナの図像に、色をつけ、さらにレベルを上げている。デザインは、枕カバー、シーツ、お皿、箸、電子レンジプレートなど多岐にわたるが、自分が好きなデザインのカタカムナを使うのが一番効果的である。

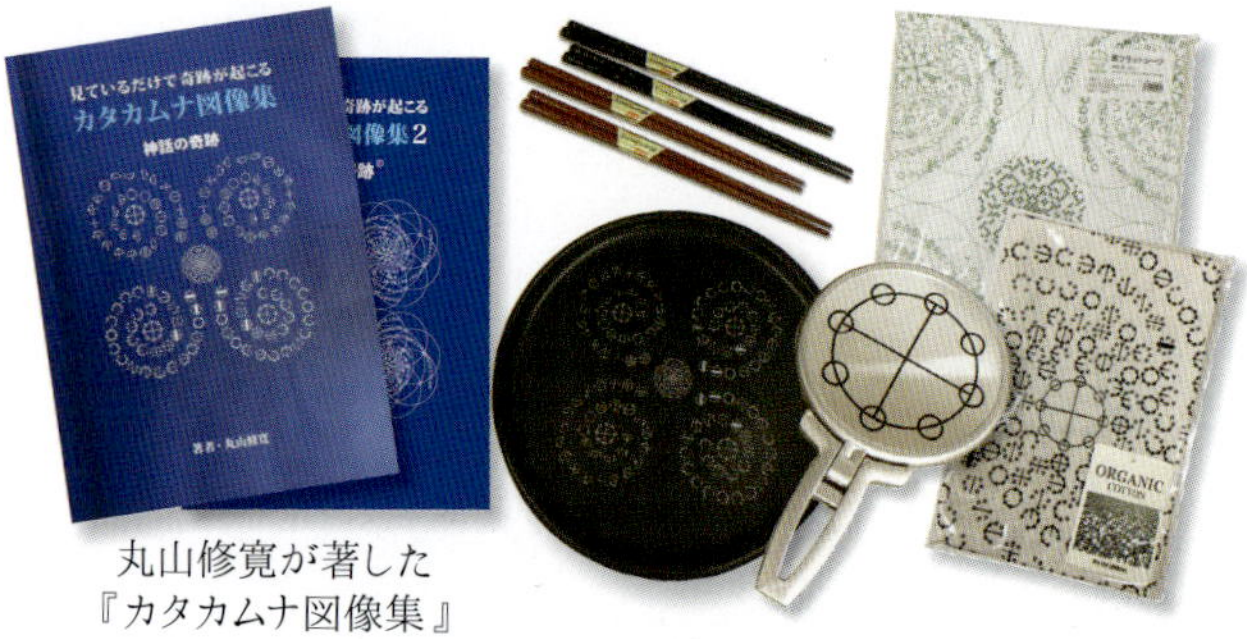

丸山修寛が著した
『カタカムナ図像集』

P154
参照

特別付録 1

スカラー場をつくる

著者の友人である神山三津夫氏が教えてくれた数字。数字を読みながら図を指でこすると、希望を叶えるミスマルノタマができやすくなる。是非試してみてほしい。

緊急時3重構造全体に
24 787 288

緊急時3重構造全体に
237 288

全ての願い
888 885 577 888

全ての問題解決の道
68 987 777 855

幸せに導く膜
74 582 623 488

人を許すことができる
7 456 772 884 733

出会う人を幸せにする
75 487 765 477

不可能を可能にする
888 567 499 999 888

器をひろげる膜
8 688 678

全て順調に完成
7 453 662 252 855

愛に満ちる膜
748 872 885 688

真のパートナーを呼ぶ
8 527 285

情緒安定
888 638

不安除去
34 325 566 688

精神障害
67 545 211 228 575

環境対応
888 888 555 888 888

平常心
88 888 568

心と体の調和する膜
78 435 627 288

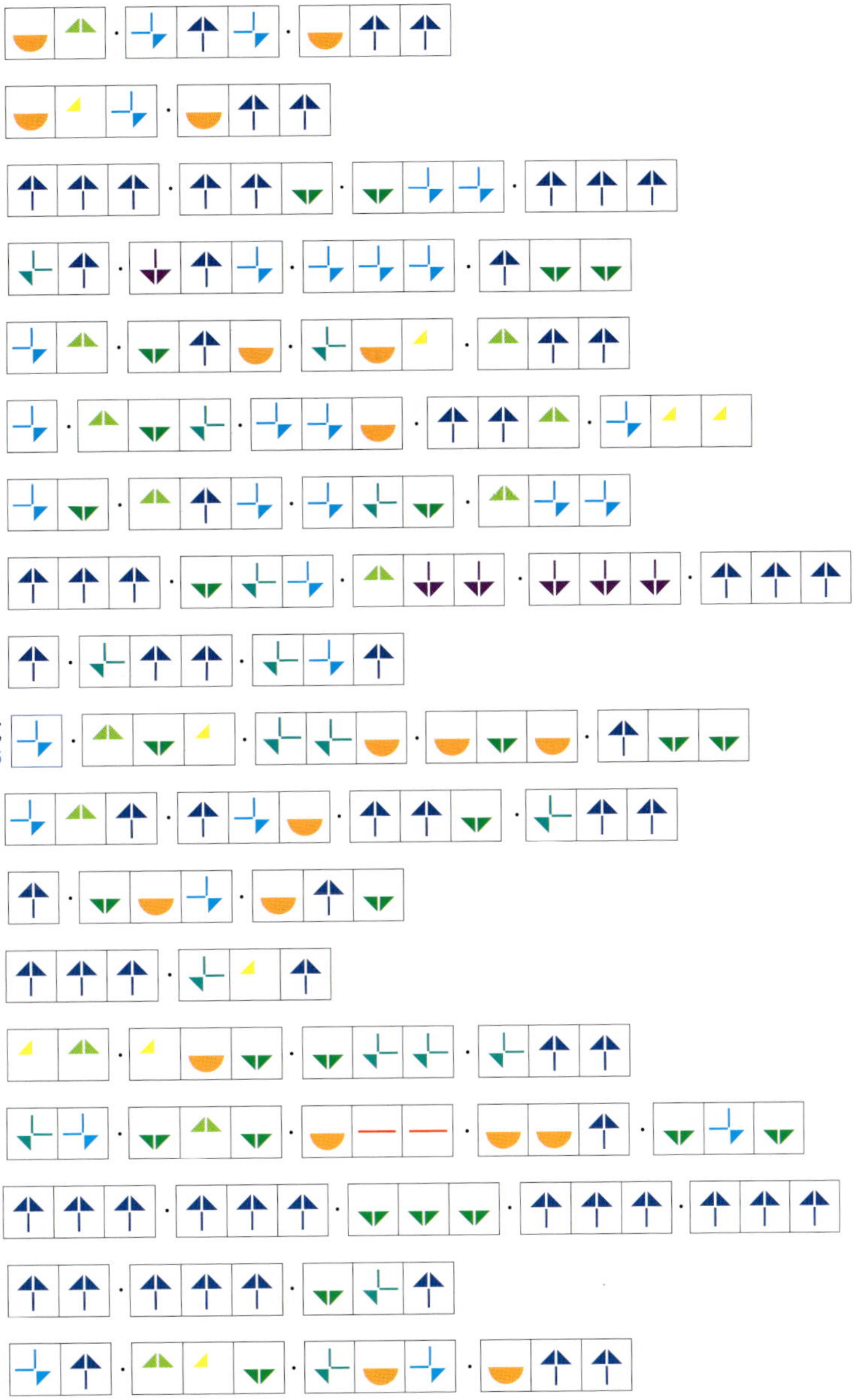

P109
参照

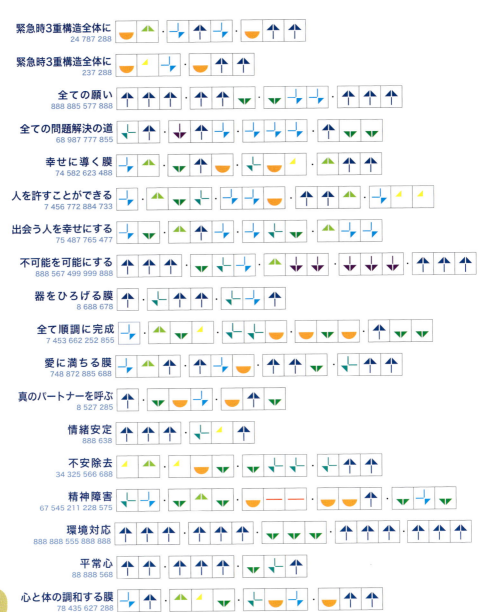

トラウマの開放
88 647 768
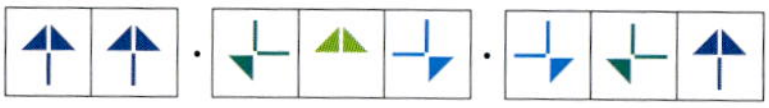

人間関係
7 453 887 788 668
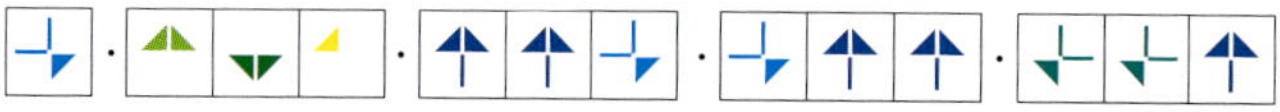

才能を引き出す膜
8 888 885 577 788

空間をきれいにする
74 532 666 688
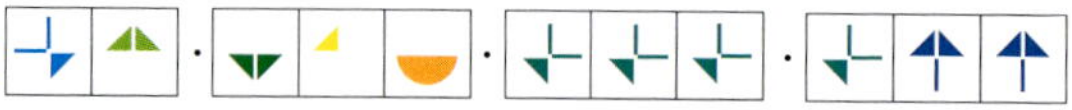

頭が良くなる
2 726 278 888 888

話し上手
2 237 221
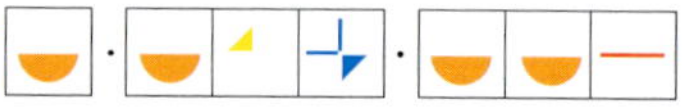

知的分析力
8 888 833 777
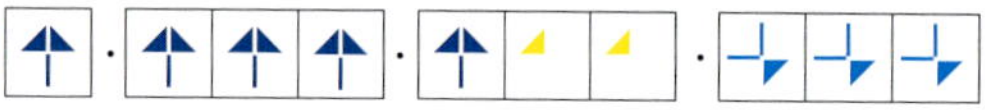

老化防止
9 999 966 999
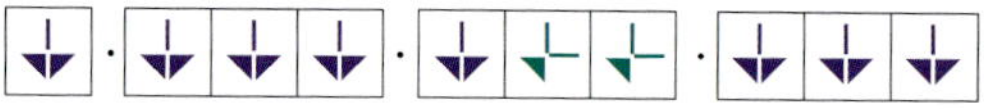

財産形成
1 357 268
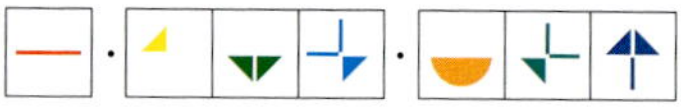

試験合格
41 232 338
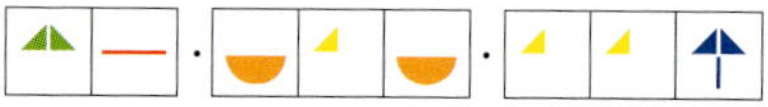

前向き思考に
273 413 655
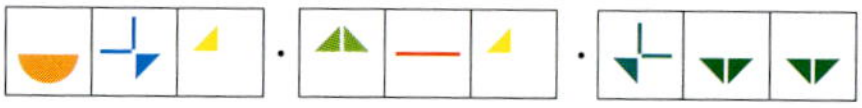

創作力
5 423 261 788

成功に導く
27 842 766 372 888
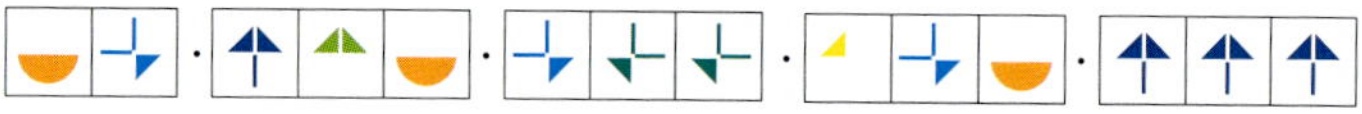

売上倍増
372 427 263 788
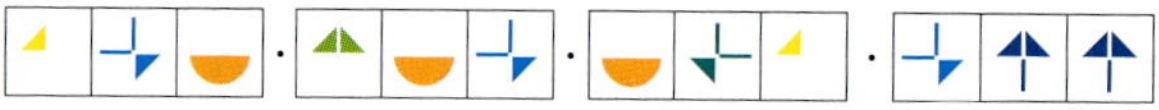

相手を良くする膜
657 488
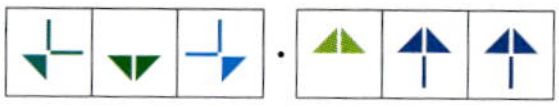

人を癒す膜
26 734 421 252 855
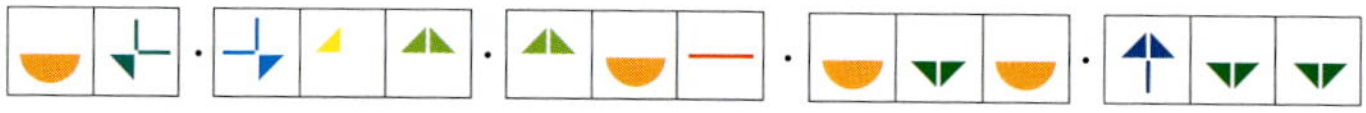

人を癒す膜
26 733 288
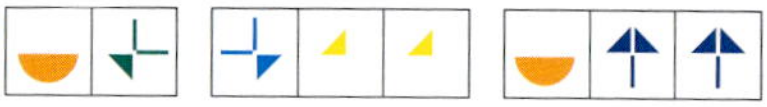

ストレス
74 232 622 343 855
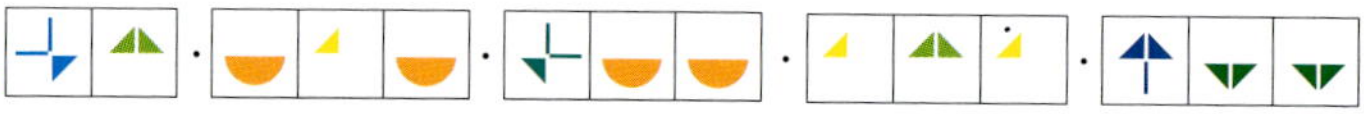

集中力
3 747 262 755
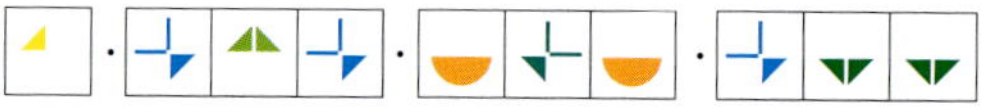

会社発展
37 248 888 888
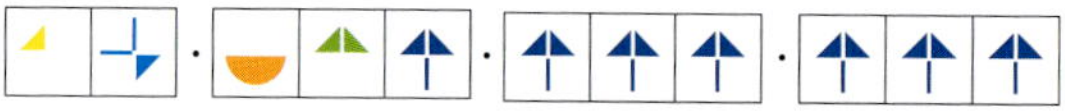

会社発展
8 888 875 388

平和に導く
88 888 888
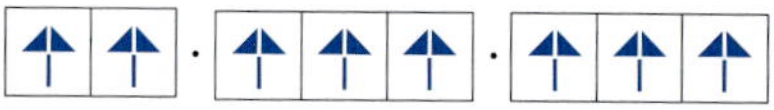

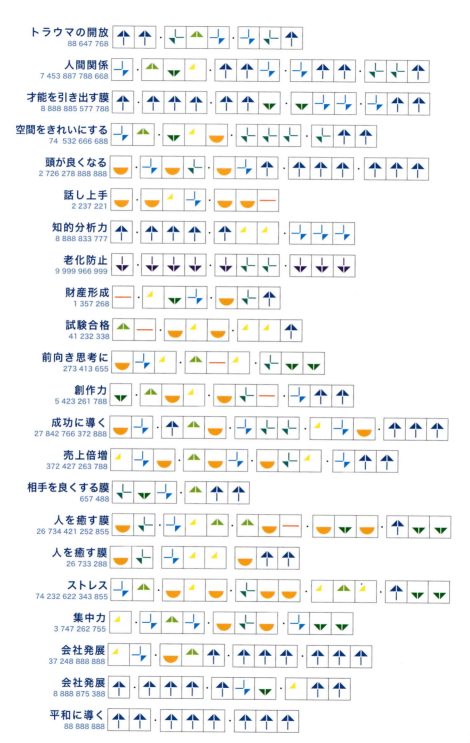

特別付録 2

カタカムナ　ピラミッド

カタカムナの「神」が著者の夢の中にあらわれ、カタカムナ80首を4首ずつにして20個の正四面体をつくり、組み立てるようにいわれた。20個のうちの1個を付録にした。16ページの裏と表を切り取り（コピーして使うのも可）、少し厚い紙に貼付け組み立てると、個人差はあるが、エネルギーを感じることができるだろう。現在、残りのピラミッドは製作中であるが、20個のピラミッドをつくり各家庭に設置すると、カタカムナのネットワークができる。

準備するもの　ハサミまたはカッター、ノリ、定規

つくり方

① 16ページの用紙を切り取り、青い図と、赤い図を切る。

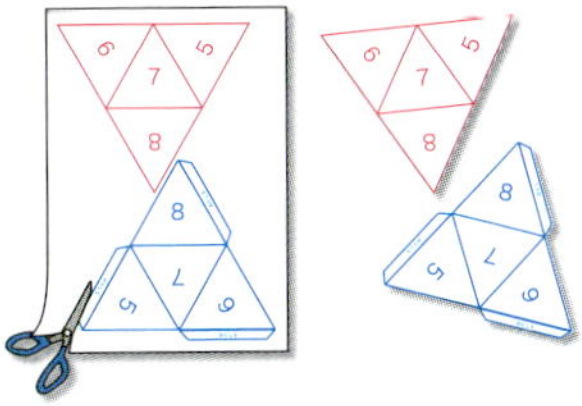

② 青い図と赤い図のどちらか裏面にノリを塗り、頂点の数字8を合わせ、裏面同士を貼る。

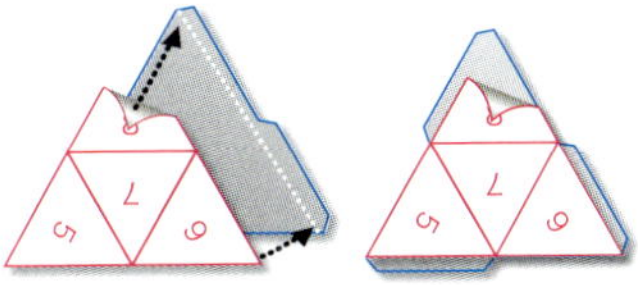

③ 青い図が表になるようにし、のりしろと赤い図の線上に定規をあて、折り目をつけておく。

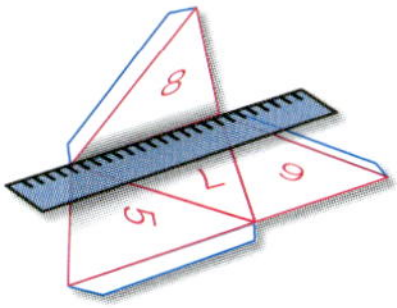

④ のりしろにノリを塗り、貼り合わせて完成。

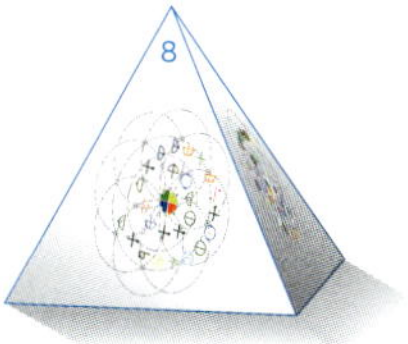

P157
参照

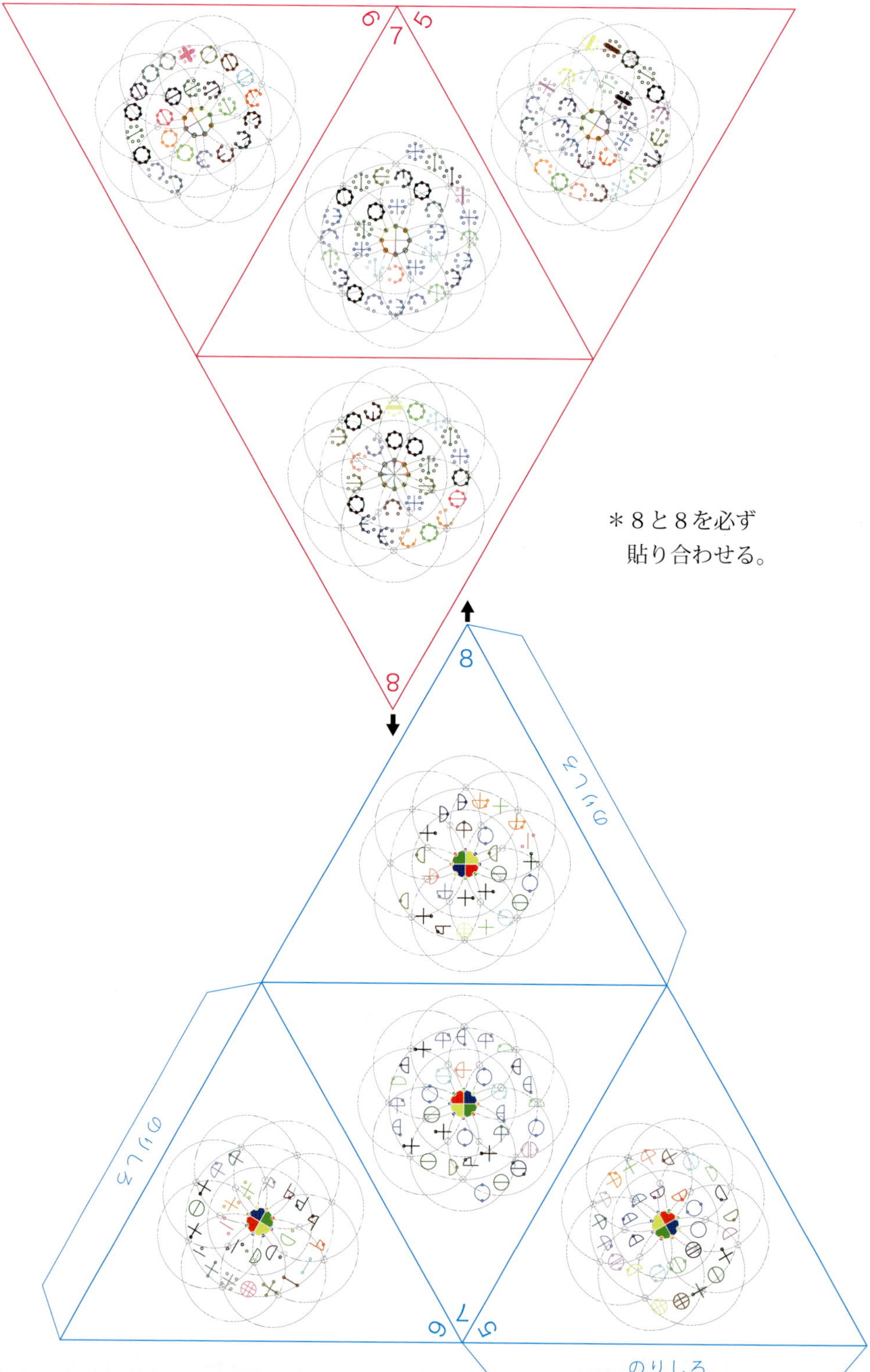

＊8と8を必ず
貼り合わせる。

本書を読む前に！

本書は、医師である著者が患者さんに向き合う中でカタカムナ文字やカタカムナウタヒを使いながら解読してきたカタカムナの解説書であり、その効果を最大限に引き上げるために工夫してきた個人的な軌跡です。

カタカムナ文字の言葉や図像を使うとあらわれる不思議な現象、「目には見えない球体から高次元世界のエネルギーが三次元世界に入り、人の身体を素粒子レベルで変化させ病気や症状の原因がブラックホールに吸い込まれて消滅する」という表現は、あくまで著者の私見で、科学的に証明されていない仮説です。

一般の人や、鍼灸師、柔道整復師などの医師に準ずる人でも、病気や症状のある人に、治療行為としてカタカムナを行う、対価をとるなど、治療と間違われるような行為をすると、医師でなくとも医師法違反に問われて処罰の対象となります。

また、カタカムナ関連商品を使うと病気が治る、高次元のエネルギーを受けとれるなどと、科学的に証明されていないことを誇大な表現を使って、宣伝·販売すると、景品表示法違反に問われることがあります。

著者の丸山医師に多大なる迷惑をかけることにもなるので、読者の皆様は、注意をお忘れないようにお願いいたします。

また、本書は、著者の私見として記されたもので、その効果や解釈につきましては、読者各位の責任においてご活用下さい。

編集部

はじめに

カタカムナは未来の医療

丸山修寛

上古代のカタカムナ人は、カタカムナを医療にも使っていたと思われる。

彼らがカタカムナ文字やカタカムナ文字を渦巻き状に書いたカタカムナウタヒという謡《うたい》を詠むと、素粒子レベルで身体が癒されたのだろう。その不思議な癒しによって、彼らは病から解放され元気で健康な生活を送ることができたと考えている。

私が、カタカムナを初めて知ったのは20年前。残念ながらこのときはカタカムナの使い方や意味を今ほど解読することができなかった。それでも、カタカムナ文字を使った図形を患者さんの患部に貼ると十中八九といかないまでも、かなりの人の症状が癒えたのである。今回、カタカムナウタヒを使って、以前より強力に人を癒す方法を究めることができた。

はじめは自分でも信じられなかったが、カタカムナウタヒを唱えると、私を中心に半径2・5mほどの目に見えない球体があらわれる。詠むたびに、不思議な球体は間違いなくあらわれる。球体があらわれると身体は熱くなり手や指先がジンジンとしてくる。

患者さんを球体の中に入れると、たいてい身体が温かくなった後で、症状がとれていく。

膵臓がんの人は、この中に入ると身体が勝手に動き出し、おさまると楽になるという。乳がんの女性は身体が熱くなり2cmもの腫瘍が0・5cmまで縮小した。すべての患者さんではないが、難病が改善していく。すぐに治らなくとも、楽になり元気になる人も少なくない。

私の場合、症状がとれる様子は、目ではなく、脳の周りに自分の意識が拡大したスクリーンのようなものができて「視える」。球体の中では、患者さんの悪い部分が黒い影のように視える。カタカムナウタヒを詠むと、砂絵が一瞬で崩れ落ちるようにそれが消える。目の前の患者さんの周囲に小さな球状のブラックホールができて、それが病気や症状を飲み込んでいくように視える場合もある。カタカムナウタヒで病気や症状が消えてしまうようだ。このようなことは、三次元世界では起こりえない。この球体は四次元世界からきているのではないかと推測した。カタカムナ文字を詠み上げると、四次元世界が誘導され、その中では身体は臓器や細胞レベルではなく原子よりもはるかに小さい素粒子レベルで変化し、病気や症状の原因が消滅するようだ。宇宙の意思がつくった四次元空間は、想像を絶する効果を人の身体に及ぼすことがある。

カタカムナを自分や家族、知人のために、誰もができる健康法として多くの人に知ってもらいたい。カタカムナによる医療の奇跡は、まさに今始まったばかりである。

目次

第3章

探求 カタカムナ超常現象

第4章

模索 カタカムナ効果を追究

第5章

解明 カタカムナは未来医療のカギ…161

第6章

実践 誰でもできる「カタカムナ健康法」…201

第1章

考察《コウサツ》

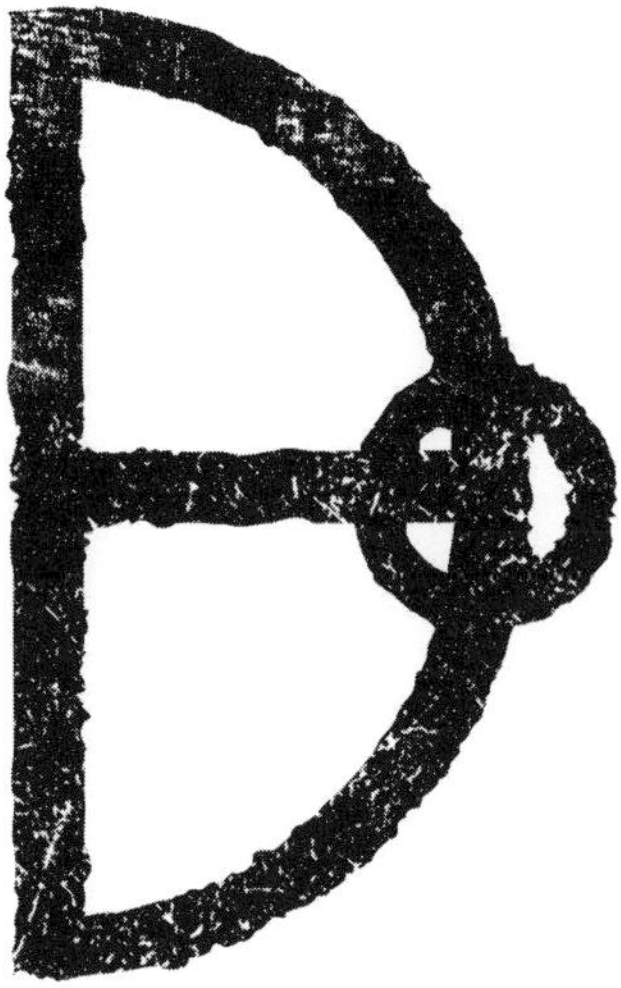

現代の医療とカタカムナ

1 現代医学では治せない病気の増加

私たちが生きている現代には、アトピー性皮膚炎やがん、関節リウマチ、多発性筋痛症[1]、発達障害、不眠やうつ病などの心の病気、原因不明の身体の具合の悪さを訴える人が増え続けている。こうした難治性の病気を克服するために、現代医学は、遺伝子検査を始め、重粒子線治療、陽子線治療、腫瘍脊椎骨全摘術などの高度先進医療[2]を続々と開発している。しかし、残念ながら病気は完治し減っているどころか、むしろ難治化している。

私は現代医学を否定しない。むしろ、肯定派であるかもしれない。患者さんががんになったときに、抗がん剤や放射線治療を受けるのを否定する気はない。化学療法をやるのであれば、それでよし、やらないのであれば、また、それもよしとするスタンスだ。

それは世の中にある治療法には、どんなものでも必ず何らかの意味があると思っているからだ。

---

1 多発性筋痛症
リウマチ性多発筋痛症は、50歳以上の高齢者(女性)に多い。筋肉よりも肩関節の痛み、体に近い側の肩や上腕、大腿などの四肢近位筋主体の痛みや朝のこわばりと、微熱、倦怠感を呈する炎症性疾患。関節リウマチとは別の病気。発症年齢のピークは70-80歳、病因は不明。

2 高度先進医療
厚生労働大臣が承認した先進性の高い医療技術。医療技術ごとに適応症(病気・ケガ・それらの症状)および実施する保険医療機関が特定されている。全額自己負担となる。

最近、現代医学と現代医学以外の様々な治療法を併用し患者さんを治そうとする統合医療が流行ってきている。

私のやろうとしている医療も統合医療に近いものといえるのかもしれない。

私が、これでもかこれでもかというほど、常に治療法を研究し開発し続けている理由の一つは、一昔前までは、薬だけで治っていた病気が今や薬だけでは治らなくなってきているからでもある。

私は難治化した病気や症状に対して、現代医学と併用する場合もあるが、薬以外には住宅の電磁波対策[3]などを使っている。電磁波対策でそれまで難治だった病気や症状が、治り始めることは少なくない。

そのため、私のクリニックには、薬を使うだけでは治らない人がやって来る。赤ちゃんからおじいちゃん、おばあちゃんまで、そして末期がんの人から関節リウマチ、アレルギー性疾患、高血圧や糖尿病などの生活習慣病、診療科も眼科や婦人科まで現代医学だけでは容易に治らない人が来院する。

しかし、不思議なことに現代医学で治らない人の半数以上が、よくなるか治っていくのである。

---

3 住宅の電磁波対策
住宅の電気コンセントからは、人体に有害な電磁波が出ており、これがすでにある病気を悪化させたり、新たな病気を発生させる。有害な電磁波に対する対策を行うと、病気がよくなったり症状が消えることが高い確率で起こる。

私にとって大切なのは、現時点で病気が治らない人たちに、どのようにしたら役に立つことができるかである。

そして、治療法を研究開発し続けるもう一つの理由は、親しい友人をがんや難病で亡くしたため、家族や身内、友人が、もしも、がんや難病になったとき、助けることができるようにしたいという一心からである。

私のクリニックに通ってくる常連の患者さんからは、「先生は、よく次から次へといろんな方法（治療法）を考えつくなあ」といわれている。中には、ドラえもんが四次元ポケットから次々と未来のアイテムを出すのと似ているので、私のことを〝ドラえもん医者〟という人もいる。

ただしドラえもんといっても、私の場合は散々痛い思いをしてきている。

あまりにもいろいろな治療法を考え用いるため誤解をされてしまう。先生は新興宗教を始めたようだとか、わけのわからないものを使うなど、根も葉もない噂をされてしまう。患者さん自身は、よくなっているのだが、治療を試したことのない人からは、酷評されてしまう。まさに傷だらけのドラえもんのような医者なのだ。

そんなドラえもんのような医者が四苦八苦しながら、やっとのことで自分が納得できる

4　カタカムナ人　6カタカムナ文字　7カタカムナウタヒ　8カタカムナ文献
1949年(昭和24年)楢崎皐月氏が兵庫県金鳥山のカタカムナ神社のご神体である巻物を書き写したのがカタカムナ文献。そこに書かれていた絵文字がカタカムナ文字。カタカムナ文字で詠まれている5・7調の句がカタカムナウタヒ。この文字を使いこなしていたのがカタカムナ人。

5　上古代
「古事記」前文にある時代。古事記の参考とした「旧辞」「本辞」「帝記」「八家の書」などは、古事記に書名はあるが遺されていない。約1万2千年前。

病気の難治化

一昔前

薬で
病気が治る。

現在

薬で病気が治らない。
その原因に、生体電気や生体磁気を障害する人工電磁波があげられる。

レベルの治療法を見つけた。

それが、「カタカムナ療法」である。

「カタカムナ療法」とは、カタカムナ人[4]が上古代[5]に使っていたカタカムナ文字[6]を書いた紙や布を人の身体に当てたり、カタカムナウタヒ[7]を詠んだり、カタカムナ文献[8]に記されたコイルなどの技術を使ったりして病気を改善する方法である。

カタカムナの中には、医療の未来像が描かれている。カタカムナを使った治療法を現代の最先端科学であるナノテクノロジー[9]で再現してみると、薬を使わないのに恐ろしいくらい効果が出るのである。

医療と併用してカタカムナ療法を使っていくことによって、がんを含め様々な病気を根治できるかもしれないと思い始めている。

9 ナノテクノロジー
原子や分子の配列をナノスケール（1mmの100万分の1）の精度で制御して、現存する物質とは異なる構造、性質の物質をつくり出し、産業を始めいろいろな物事に応用しようというもの。

2 魔法のようなカタカムナ

私が、今夢中になっている「カタカムナ療法[10]」は、カタカムナ人の使っていた文字を活用する治療法である。

クリニックに「頭が痛い」と、女子高生が診察を受けに来た。すぐに、私は彼女の前でカタカムナウタヒを詠んだ。すると、数分で彼女の頭痛は楽になった。

「喉がヒリヒリして痛い」と、女性が診察に来た。やはり、カタカムナウタヒを詠むと、数分で痛みが消えた。

「身体がだるくてしょうがない」という大学生にも、私がカタカムナウタヒを唱えると、数分で身体が温かくなり、だるさがいっぺんで消えてしまった。薬を飲んでも身体のだるさが治らない人が増えているが、このような症状には特によく効くようだ。

「腰痛がひどい」と、中年の男性が来院した。カタカムナ文字を書いた布を腰に貼ると、一瞬で痛みが楽になり、びっくりして帰っていった。

---

10 カタカムナ療法
カタカムナ文字を書いた紙や布を人の体に当てたり、カタカムナウタヒを詠んだり、カタカムナ文献に書かれている技術などを使った多様な癒しの方法。

「身体中がかゆい」という アトピー性皮膚炎の女性に、カタカムナ文字を書いたシーツの上に寝かせたら10分くらいでかゆみが吸いとられるようにおさまったという。

「背中が痛い」と、来院した女性の背中にカタカムナ文字を書いた布を当てたら、痛みが吸いとられていくようだといって数分でよくなってしまった。

「眠れない」という不眠症の人にカタカムナ文字を書いた枕カバーを使ってもらったら吸い込まれるように眠ることができたと教えてくれた。

カタカムナ文字を身体に貼る治療を受けた人の8割がまず背中が温かくなるという。さらに頭痛や肩こり、腰痛が消えることもある。普通の病気の症状なら、この方法で薬を使う以上に簡単に、しかも即座に症状が消える場合がある。いくつものクリニックや病院で治療を受けたのにもかかわらず治らない患者さんのつらい症状がとれてしまうこともある。

「紙や布に書いた文字で症状が消えるなんてありえない。薬を服用せずに症状は消えない。そういう治療法は眉唾だよ」という考えの人はいるかもしれない。しかし、現実に起きているのである。

そもそも「服用」という言葉の由来は、〝服を用いる〟というところからきている。

上古代の人類は、自分と相性のいいエネルギーや情報を発している金属や鉱物を好みの品として身につけてきた。その好みの品が発する情報やエネルギーと自らの情報やエネルギーを共鳴させ、病気の原因であるゆがみを防いでいたといわれている。

つまり、服を用いて病気を治癒させていたのだ。

決して現代でいうところの薬を服用していたのではなかった。服用の本当の意味を知れば、紙や布に書いた文字で症状が消えることを理解できるはずだ。

また、日本人はお正月に神社のお札を買い求める。お札は、紙に文字が書いてあるだけのものである。文字が書かれたお札に力があることを感じとっているから、わざわざ神棚にお祀りする。だから、文字を書いた紙を身体に貼って効果があることは日本人にとっては常識なのである。たかが文字だが、されど文字なのである。

カタカムナ文字が人の身体に対してどのように作用するのか知りたいと考え、まず最初にカタカムナ文字の脳に対する効果を調べてみることにした。

脳は、免疫物質[11]や内分泌ホルモン[12]、神経伝達物質[13]を使って身体全体をコントロールしている中枢である。脳によければ身体にもよいといえるはずである。

---

11 免疫物質
12 内分泌ホルモン
13 神経伝達物質
(11〜13) 脳の視床下部にある自律神経が、共通の伝達物質を使って免疫システム、内分泌(ホルモン)などを調整して体内が常に一定の状態になるように恒常性を維持している。

14 前頭前野　脳の活動性の調節に重要な役割を持ち、記憶や学習と深く関連している。記憶障害、認知症、うつは、この領域の代謝や脳血流量が低下している。

15 アロマセラピー　植物から抽出した香り成分の精油を心身のトラブルに活用する自然療法。

しかし、一概に脳といっても広いので、特に脳の中でも大脳の最も前方にある前頭前野[14]（思考や創造性を担う脳の最高中枢、脳全体の司令塔であり、病気の治癒と最も関係が深い脳）に対する影響に絞って研究することにした。

その結果、カタカムナ文字を見るだけでも、カタカムナ文字で書かれたカタカムナウタヒを詠むだけでも、脳の前頭前野の血液量が増えることがわかった。

以前に行った研究で、薬であろうと健康器具であろうと前頭前野の脳血流量を増やすものは、病気の改善に効くことが判明していた。この観点からすれば、同じく前頭前野の脳血流量を増やすカタカムナ文字も間違いなく効果があると考えられる。

いずれにしても、これまでの医学や漢方、鍼灸、ハーブ、アロマセラピー[15]、交流磁気治療[16]、経絡治療[17]、細胞内治療[18]、整体、カイロプラクティクス[19]、オステオパチー[20]など、私が行った統合医療でもよくならなかった患者さんの症状や病気は高い確率で改善していく。自分でもこんな効き目のある治療は見たことがない。まるで魔法のようだと思ってしまうほどである。もし、このカタカムナが日本中に広まれば、まずは病気の人が少なくなる。医療費がかからなくなる。寝たきりや認知症が少なくなる。病気だけでなく、カタカムナ療法で元気で健康になり、やる気が出る。すごいことになるだろう。

---

16 交流磁気治療　N極とS極が交互に入れ替わる磁気治療器で、コリや血行を改善する治療。
17 経絡治療　すべての病気を経絡の虚実状態として把握し、主に鍼灸で補瀉し調整する治療。
18 細胞内治療　体内に還元電子をとり込み酸化を抑制、自律神経機能調整・血流や細胞酸化度の改善などに作用する。
19 カイロプラクティクス　1895年アメリカでD.D.パーマーが創始した自然療法。背骨を中心に骨格のゆがみを手技で調整し、神経の働きを高め健康回復に重点を置く。
20 オステオパチー　1874年アメリカ人医師アンドリュー・テイラー・スティル博士が発表した自然医学。身体全体をつなげる膜組織を重要視。症状の原因を見つけて個々のための最適な施術を行う。

3 すごい効果のあるカタカムナ文字

カタカムナ文字を発見したのは、楢崎皐月《ならさきこうげつ》[21]（本名さつき）という科学者である。

1949年（昭和24年）楢崎氏が兵庫県六甲山系の金鳥山で大地電気（地表面に存在する電気）の測定をしていたときに、平十字《ひらとうじ》という猟師から「ミトロ池に変な機械を突っ込んでいて動物たちが水が飲めなくて困っているから、その測定をやめてほしい」と頼まれ、すぐにその通りにしたら、お礼にと、不思議な巻物を見せてもらったという。

その巻物は、平十字氏の父親が神主をしているカタカムナ神社の御神体であり、何でも見ると目がつぶれるといわれるほどのものだという。

楢崎氏は、平十字氏の話からカタカムナ人と呼ばれる民族の最後の統領の名前は「アシアトウアン」というらしいこと、そしてその居城が金鳥山の辺りにあり、天孫族の来襲にあい戦いに敗れて九州の地に流され死亡したと伝えられたという。

楢崎氏によると、その巻物に書かれている文字らしきものは、氏の満州滞在時代に、老

---

21 楢崎皐月
物理学者（1899～1974）第二次世界大戦中、東條英機の要請により満州の陸軍製鉄技術研究所の所長として従事。製鉄に最適な立地を探すため、大地電気の分布を実測。戦後、新しい農業技術開発のために日本各地の大地電気の測定調査に乗り出す。その後カタカムナ文献に出会い解読し、カタカムナウタヒを世の中に知らしめ、炭素埋設法という新しい農業技法を完成させた。

22 八鏡文字
上古代の高度な文明を持つ種族によって創られた文字。様々な生活技法を開発し東洋思想の源泉となっ

子教の蘆有三道士《ろうさん》から聞かされていた、上古代に存在したという「アシア族」の八鏡文字[22]に似ていたそうだ。何とか頼みこんで巻物を20日間借りて、急いで正確に書き写したという。巻物に書かれていたのは不思議な文字、円と直線で作られた幾何学的な文字。しかも右回りにラセンに書かれている。

この書き写した原書がカタカムナ文献(カタカムナ)と呼ばれるものである。

また、楢崎氏の長年にわたる研究によってカタカムナ文字はカタカナの原点であること、カタカムナ文献に存在するカタカムナウタヒ80首(5・7調の文章)に詠まれている高度なカタカムナ人の思想、科学、医学、農学などが解読された。

カタカムナは、上古代、『古事記』が編纂されたよりもはるか昔の時代に使われていたらしいが、その根拠となるものは何も遺されていない。

私がカタカムナ文字に最初に興味を持ったのは、今から約20年前ほど前になる。そのとき、カタカムナについて書かれた『相似象[23]』(相似象学会誌)という本をとり寄せて、がむしゃらに勉強したことを覚えている。というのは、カタカムナには、病気を治す方法が記されていたからだ。しかし、当時はその方法を研究し、本書で述べるような具体的な形にする

たという。"カタカムナ"の音声図象であったことが楢崎皐月によって解読された。「老子の古伝」によれば、古代中国の文化(易・漢方・老荘思想など)も日本の上古代の文化の流れをくむという。

23 相似象
楢崎がカタカムナの全てを伝授した弟子の宇野多美恵によって著された、楢崎皐月が主張する日本の上古代民族文明カタカムナに基づく知識体系「相似象」を解説する学会誌。

ことはできなかった。

ただ、カタカムナウタヒをフラワーオブライフ[24]という特別な神聖幾何学[25]に基づいて配列し、紙に印刷したものを身体に貼って効果を見ることにした。そのときには確かにこれで、速やかに症状がとれたのである。

しかし、カタカムナの理論的な根拠を見いだすことができなかった。

そして２０１７年以降、カタカムナ文字の本当の意味や使い方を知り、その力で治らない病気や症状を治そうと決心した。

カタカムナ文字は、小さな円とそれよりも大きな円、そして十字などの線で書かれた不思議な文字、円以外に曲線はなく、点もない世界の文字。濁点やパピプペポのような半濁点のない世界である。

一見すると、これが本当にカタカナのルーツだったとは思えないかもしれないが、サやキなどのようにカタカナそのものである文字があり、カタカムナ文字は、現代の日本語のカタカナ四十八音図にあてはめることができる。

カタカナのルーツといわれているが、驚くほどシンプルで無駄のない文字である。それ

24 フラワーオブライフ
　等間隔に七つもしくはそれ以上の円を重ねた六角形の左右対称の構造をしている。宇宙の生命エネルギーシステム、生命の創造パターンを形にあらわした神聖幾何学図形の一つ。略称ＦＯＬ。

25 神聖幾何学
　生命力や自分の中の神秘を呼び起こし活性化するとされ、古代文明の遺跡など、至るところに見られる。レオナルド・ダ・ヴィンチをはじめ、世界中の哲学者や建築家、芸術家に使われてきた。あらゆる作品の中に神聖幾何学に秘められた黄金律をとり入れていた。美しい花や水の結晶、ダイヤモンドもその一つ。

カタカムナ文字の48音図

カタカムナ文字は日本語の48音、声音符。カタカナ文字の原型といわれている。

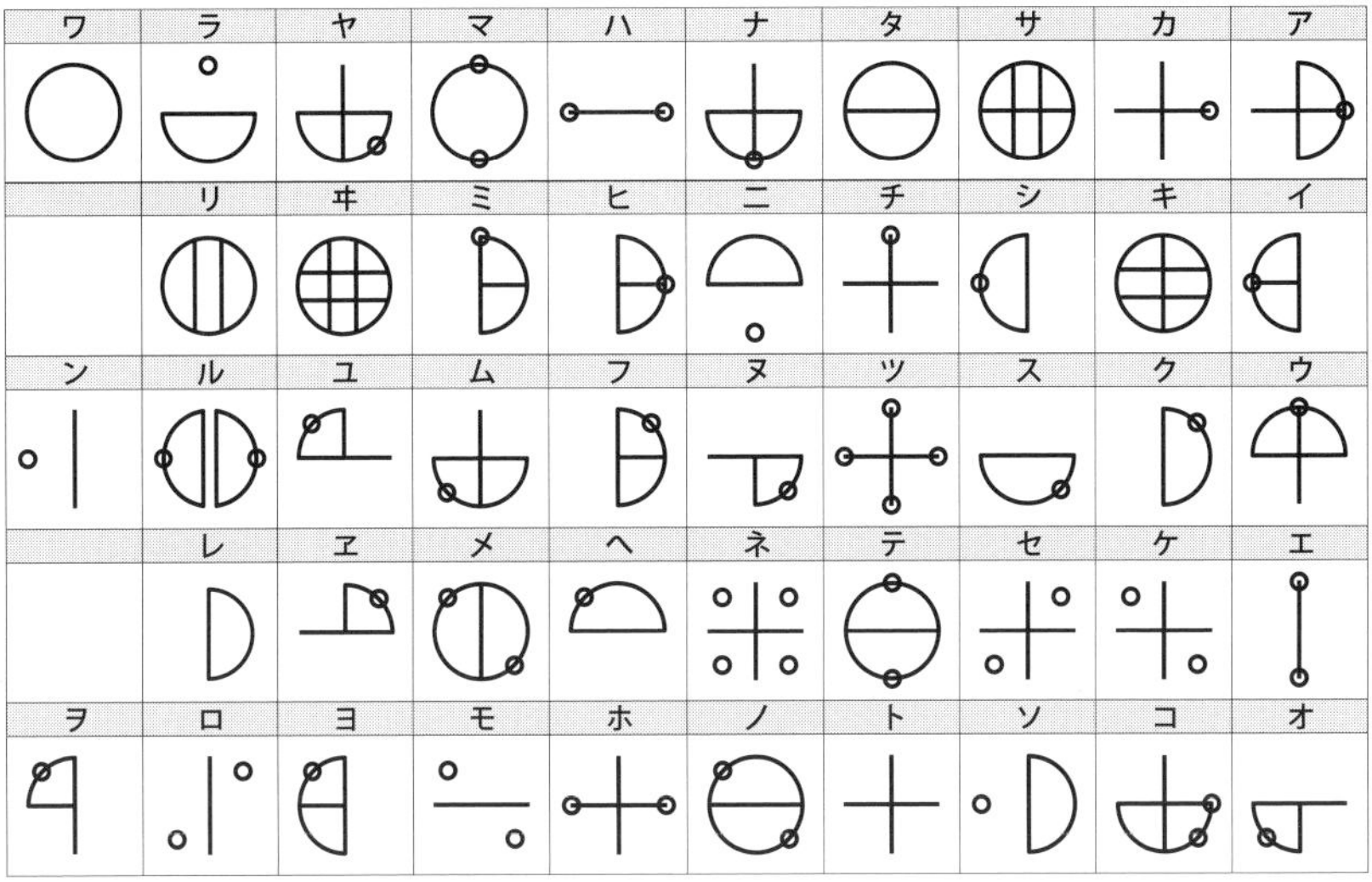

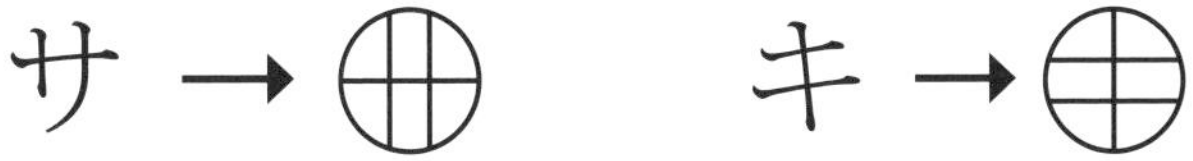

が、この文字の最大の魅力となっている。一度この文字を知ってしまうと、その奥深さに引きつけられてしまう。この文字には「何かすごいものがある」と人に思わせるだけの要素があるからだ。それも理屈では説明できないような肚《はら》で感じてやっとわかるような気品があるからだ。

　カタカムナ文字は、私たちが使っている紙という二次平面にかかれた文字とは異なっているに違いない。

4 不思議なカタカムナウタヒ

カタカムナ文献には、カタカムナ文字で五・七・五・七調の和歌に似たリズムを持つ（中には字余りもある）カタカムナウタヒが書かれている。

まるで宇宙人がつくった文字のような印象を強く受ける。しかも、無駄がなくシンプルで美しいカタカムナ文字で書かれたカタカムナウタヒは、カタカムナ文字をはるかにしのぐ凛とした、まるで神様に奉納するにふさわしいような神聖さが備わっている。もともとは、カタカムナ神社のご神体といわれているので、神聖さを持っているのは当然かもしれない。

80首あるカタカムナウタヒの内容には、とても驚くべきことが書かれている。

上古代の時代のカタカムナ人たちの知識や文化を記しているが、宇宙の仕組み（目に見える世界と見えない世界の二重構造）や現代科学では解明されていない量子の世界[26]（すべてのものは素粒子[27]から構成されている）、超ヒモ理論[28]を解き明かす内容が読まれている。人類の至宝ともいうべき内容である。

---

26 量子の世界
量子は物理量の最小単位。とても小さな物質の単位、物質を形づくっている原子やさらに小さな電子・中性子・陽子などが代表。光の正体である光子、ニュートリノやクォーク、ミュオンなどのこれ以上わけられない素粒子も量子。極めて小さい極微の世界では、「量子力学」の不思議な法則が働いている。

27 素粒子
物質を構成する最小単位のもの。電子、陽子や中性子を構成するクォーク。6種類のクォーク、電子の仲間である「レプトン」も6種類ある。光子（フォトン）。グルーオン。クォークやレプトンに作用し、原子核の

第五首カタカムナウタヒの図像

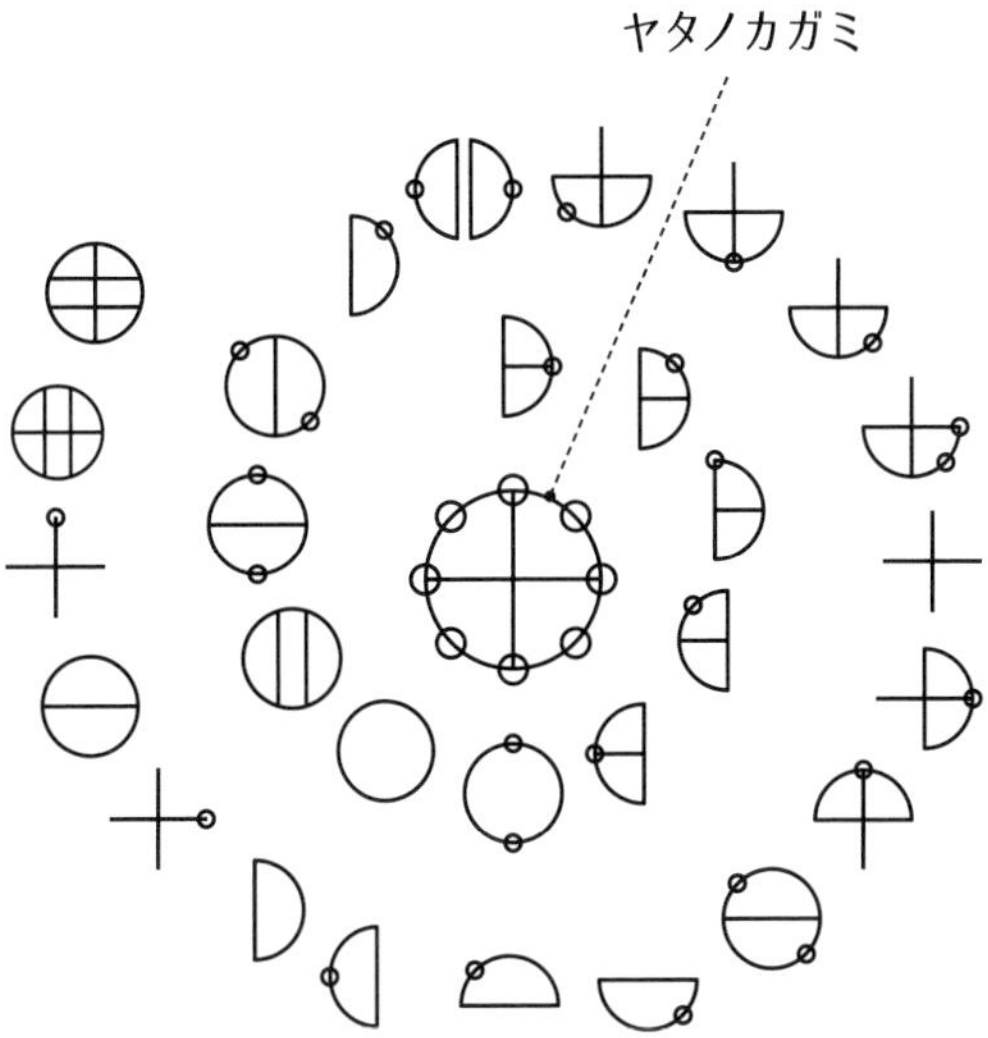

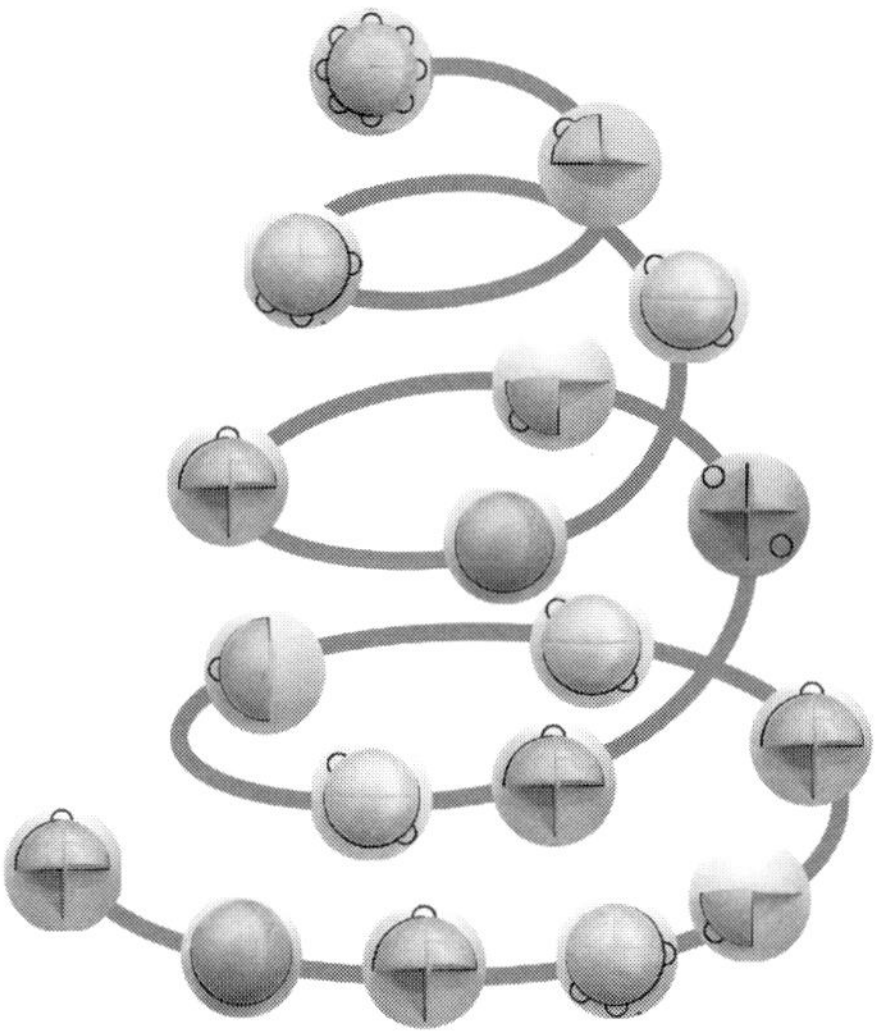

カタカムナウタヒを詠んでいると、何だか心がウキウキワクワクしてくる。さらに、おもしろいことに、右回りのラセンで書かれている。そのためか、立体的な奥行きを感じるのである。

まるでリンゴの皮を一続きになるように剥き、一方の端を持って垂らしたような感じを受ける。厳密にいえば、円錐を想像させるような形である。

崩壊現象を引き起こす「弱い力」は、2種類の「ウィークボソン」によって伝達される。「重力」も同様に「重力子」によって媒介されると考えられるが、重力は素粒子の世界では弱すぎて無視できるため、標準理論では扱われていない。ヒッグス粒子は、標準理論のなかでも特殊な素粒子である。

28 超ヒモ理論
物理学の理論、仮説の一つ。物質の基本的単位を粒子ではなくヒモであると考える。現在、数百ある素粒子は、ヒモが振動するときに生じる異なる波が対応するというもの。スーパーストリング理論とも呼ぶ。

なぜ、こういう形でつくられているのか。いろいろな疑問や想像が浮かんでくる。ただ単に情報を伝えるだけならば、このように右回りのラセンにカタカムナウタヒを書く必要はないだろう。

カタカムナウタヒの内容からみると、カタカムナ人は、高次元[29]の脳を使い、高度な文明を築き上げていたのではないだろうか。

カタカムナ文字は、単なる二次元の平面の文字ではなく、三次元立体文字としてつくられ、使われてきたのではないのか。便宜上、三次元の立体文字を平面で書いた文字ではないのか。もしかしたらカタカムナ人は、カタカムナ文字を立体文字として見て書いていたのではないか。

私は、人間の脳は、使う文字のレベルによって脳の進化の具合が変わってくると考えている。だとすれば、カタカムナ人は上古代に、私たちよりも一次元高い立体文字をすでに使いこなし、一次元高い脳力や能力を持っていた可能性がある。

かのルネッサンスの巨匠であるレオナルド・ダ・ヴィンチ[30]は、普通の文字以外に鏡に映して初めてわかる鏡面文字を書いていた。彼が絵画、彫刻、建築、音楽、科学、数学、工学、発明、解剖学、地学、地誌学、植物学など、様々な分野での偉業を成しえたのは、ま

---

29 次元
空間の広がりをあらわす一つの指標。空間や図形の広がり具合や複雑さをあらわす概念。

30 レオナルド・ダ・ヴィンチ
(1452-1519) 盛期ルネサンスの三大巨匠の一人。画家として知られる他、彫刻家、建築家、科学者としても名を馳せる万能人。イタリア・トスカーナのヴィンチ村で生まれ。卓越した遠近法の技術も然ることながら、自身が考案した技法の『スフマート(ぼかし技法)』を用いた。『受胎告知』『岩窟の聖母』『モナ・リザ』を始めとする数々の名画を残す。

さに普段から人とは違う文字を使うことにより、脳の働きが普通の人の働きをはるかに超えていたからに違いない。

カタカムナ人たちは、カタカムナ文字を脳の中で立体に変換することで脳の働きを飛躍的に進化させて特殊な能力を獲得していたのだろう。その特殊能力はカタカムナの内容を読み解くことでわかってくる。

彼らは、高次元の脳を使って、宇宙の真空や原子の中にある真空に無尽に発生する素粒子を見て、素粒子の形をそのまま文字にしたのではないかと思われる。

そしてその高度な脳力で、薬を使わずカタカムナ文字と意識で病気を治していた可能性が高いのだ。

カタカムナ文字にこそ、治療効果があると信じてやまない。

二次元平面の文字を
読むことで進化してきた脳を持つ。

三次元立体の文字を読むことで進化した
現代人より一次元高い働きをする脳を持つ。

5 カタカムナウタヒの一部を読み解く

第一首

カタカムナ・ヒヒキ・マノスヘシ・アシアトウアン・ウツシマツル・カタカムナウタヒ

「カタカムナ・ヒヒキ」とは、カタカムナ文字やカタカムナウタヒが持つ音や響き（波動）、周波数のことである。

第一首の中で、特に重要な意味を持つと思われる言葉が、「マノスヘシ」である。「マ」とは、〝空間〟をあらわす言葉である。「スヘシ」は〝統べる〟という意味を持つ。「マ」と「スヘシ」を合わせると、〝空間を自由自在にコントロールする〟という意味や、〝次元を自由自在に操る〟という意味になる。「アシアトウアン」とは、カタカムナ人の中で最も空間や次元をコントロールすることに長けた者の〝名前〟である。「ウツシマツル」とはアシアトウアンが〝写した〟という意味である。

つまり、第一首は、〝空間や次元を自由自在にコントロールすることのできるカタカムナ人のアシアトウアンがカタカムナの波動をカタカムナウタヒとして書き写した〟という意味になる。

アシアトウアンは、三次元にいながら、四次元世界や宇宙を透視し未来を予言できるカタカムナ人のスーパーヒーローのような人物だったと考えられる。現代には、これくらいすごい人はいないだろう。

第5章で詳細に解説するが、私はカタカムナの真髄は、カタカムナウタヒの響きによって、空間や次元を自由にコントロールできるようになることだと思っている。

そしてカタカムナウタヒを使って、私たちがいる三次元世界の空間に、四次元世界の空間を誘導し、四次元世界の空間が持つ病気を完全に治す力やエネルギーを引き込んで、がんや難病を治す方法を模索している。

カタカムナ第一首

第二首

ヤタノカカミ・カタカムナ・カミ

「ヤタノカカミ」とは、カタカムナウタヒの中心にある図形（中心図形）である。

この意味は、〝ヤタノカガミは神である〟ということ。「ヤタノカカミ」は三次元と四次元世界の接点にあり、ヤタノカガミを通してすべてのものがつくられるということである。『創造＝神のなせる業』であるため、ヤタノカガミは、神とうたわれたのである。

実際、ヤタノカガミを立体にしたものをつくってみたところ、空間にかなり強い影響を与えることがわかった。カタカムナ文献に記されたヤタノカガミの形は、立体または超立体を二次平面に薄くしたものである。立体または超立体のヤタノカガミを、別次元に対するアンテナとして使うことができれば、見かけ上は私たちがいる三次元世界の四次元空間にいながら、五次元空間である四次元世界にも同時にいることができる。

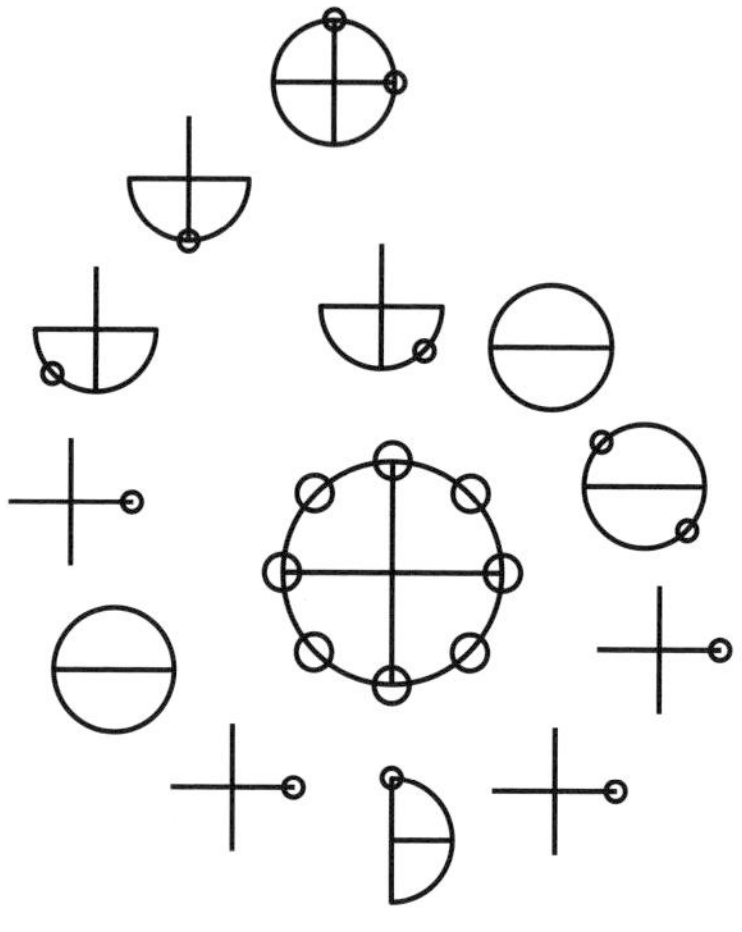

カタカムナ第二首

31 八咫鏡
八咫鏡（やたのかがみ）、草薙剣（くさなぎのつるぎ）、八尺瓊勾玉（やさかにのまがたま）の三種の神器の一つとされる。八咫鏡の本物は、伊勢神宮に安置されている。古書によると、容器の御船代（みふなしろ）の大きさは「内径一尺六寸三分、外形二尺」。八咫鏡の大きさは直径四九センチくらい、と想像される。ヤタノカガミは本来「ヤアタ」で「ヤ」は聖数字の「8」で「多い」の意味、「アタ」は中指の先から親指までの長さのこと。「大きな鏡」という意味である。

これは、すごいことで超一流の気功師の数千倍もパワフルなエネルギーを得たことになる。ヤタノカガミ（八咫鏡[31]）は、古代から日本に伝わる神宝、「三種の神器」の一つとされ、祭祀で使う鏡を指した言葉とされているが、やはり意味があったのだ。

第三首

フトタマノ・ミ・ミコト・フトマニ

第三首はカタカムナウタヒの中心図形の一つであるフトマニの成り立ちを説明している。

フトマニは、平面的には円の中に対角線を伴った四角が書かれている図である。フトマニを立体図形として見ると、上下逆を向いた二つのピラミッドが底面で合わさり、正八面体の形になって球体の中にすっぽりと収まった形といえる。

「フトタマノ・ミ」とは、外側の球体のことであり、「フトタマノ・ミコト」とは、正八面体のことである。したがって、第三首を解読すると、フトマニは、球体とそれに内接する正八面体から成り立っていることになる。

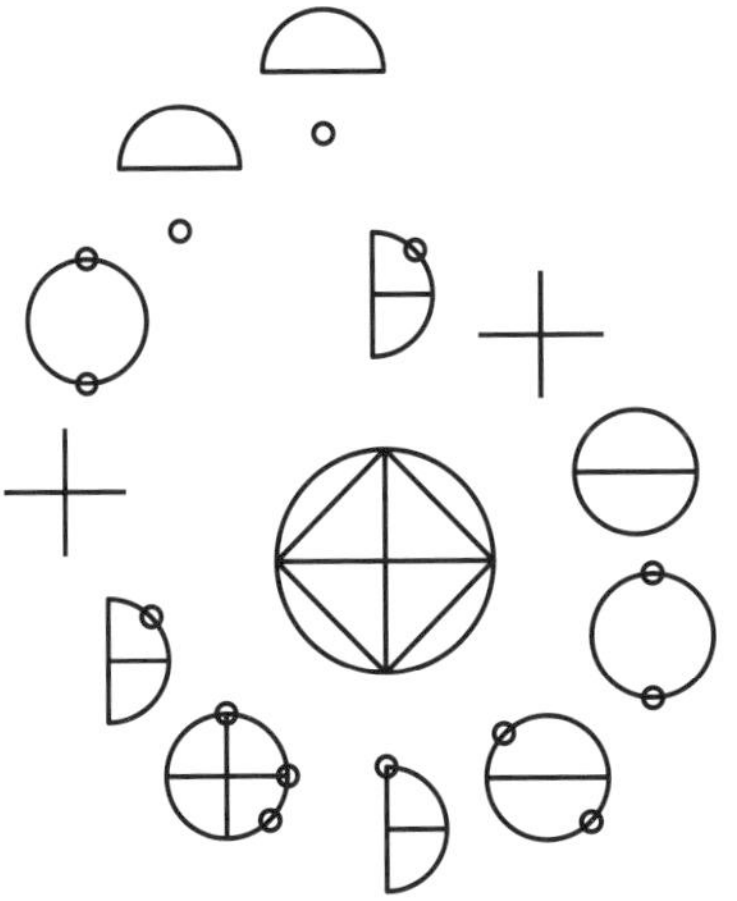

カタカムナ第三首

同じ中心図形でも「ヤタノカガミ」は、カタカムナ文字のような言葉と共鳴し、万物を創造する働きを持つ。

一方、「フトマニ」は、文字ではなくて宇宙共通の言語である数字（カタカムナ数字）と共鳴し、万物を創造する働きを持つと考えている。

二次平面のフトマニ図を分解すると、下表のようなカタカムナ数字があらわれる。

人体に有効な周波数を調べて、それをカタカムナ数字に書き換え、人に作用させると、奇跡ともいえる癒しが起こる。

具体的には、人体をオールマイティー[32]に癒す、宇宙から伝わった周波数である『41・37・24・27・26・11・88』をカタカムナ数字に置き換え、それを紙や布に印刷し、人体に当てるのである。

フトマニからつくられた 正と負のカタカムナの数字

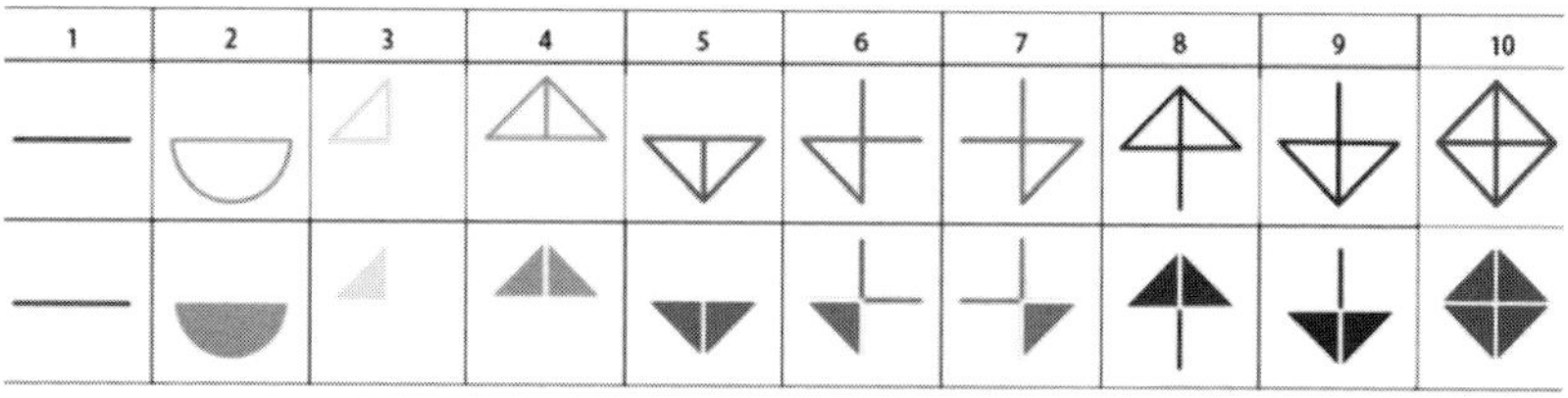

32 オールマイティー
なんでも完全にできる、全能な。ここでは「どんな願い事でも叶えてくれる」の意味。

カタカムナウタヒ80首の中心図形

これら中心図形が意味するのは、私たちが住む三次元世界と四次元世界との接点をあらわすのではないかと考えている。

中心図形 ヤタノカガミ

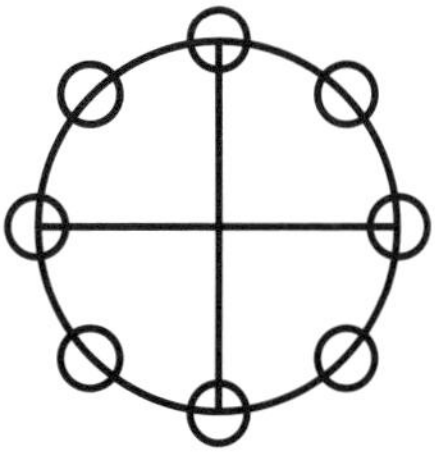

最も多い中心図形はヤタノカガミ。
71首の中心にある。第二首では、「ヤタノカガミは、カタカムナの神である」と書かれている。なぜカタカムナの神であるかというと、ヤタノカガミが物質や生命が創造される場所であるからである。詳しい説明は、第5章にゆだねることにする。

中心図形 フトマニ

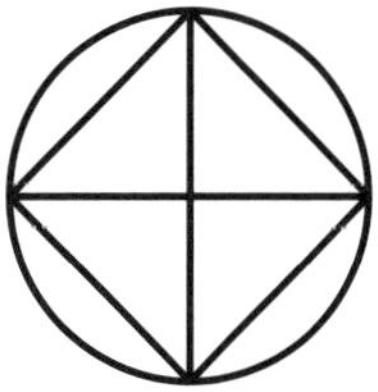

次に多い中心図形はフトマニ。七首の中心にある。菱形に＋の図像は、立体であるピフミッドを上から見たものを平面にあらわした二次元平面図である。フトマニは、球体の中にお尻合わせになった二つのピラミッド（正八面体）が収まっている様子をあらわしたものである。簡単にいえば、フトマニは四次元世界の物質をつくるもととなる素粒子を三次元世界に橋渡しする働きをするものといえる。三次元世界の科学は、まだフトマニのような次元と次元をつなぐものの全景を捉えていないが、その働きの一部はナノテクノロジーによってなされている。

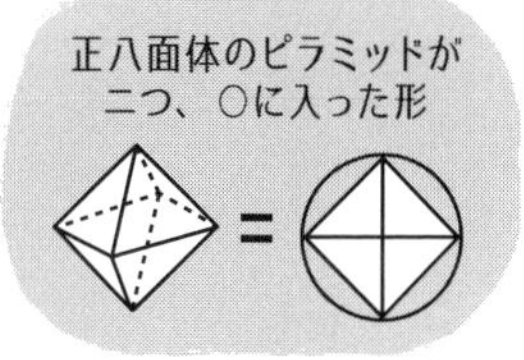

中心図形 ミマクリ

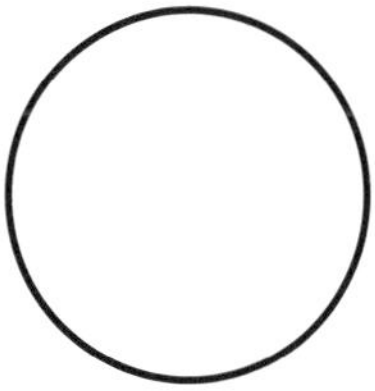

最も少ない中心図形は、ミマクリという円（または球）。第一首と第十五首、二つにだけある。ミマクリは、円というより球体をあらわす。母胎をあらわす中心図形である。すべてを生み出す象徴である。「あらゆる要素が和してあらゆるものが発生する」状態を示す。

6 立体文字とカタカムナ人

カタカムナ文字は二次元平面上、紙の上に書かれた文字であるが、私たちも頭の中で即座に立体文字に変換する練習をすると、脳が進化し始める可能性がある。時間がある人は、ぜひやってみてほしい。

実際にカタカムナ文字を立体でつくってみると、平面図形ではわからなかった秘密がわかってきた。二次元平面で円と思われたものは球を上から見たもの。直線は単なる直線ではなくピラミッドの稜線であった。

エジプトのピラミッドが造営されたよりもはるか昔にカタカムナ人はピラミッドの構造の意味を科学的にまたは直感的に知っていたのだろう。そして、ピラミッドの構造を使って四次元世界の空間をこの三次元世界に誘導していたのだ。

実際、カタカムナ立体文字でカタカムナウタヒの第五首をつくり、その上に手をかざすと指先に風が吹いてくるのを感じたのである。この風はおそらく、四次元世界と三次元世界のエネルギーが渦巻くために発生したものだと思われた。このように考えると、カタカムナ人の文明がいかに発達していたかがわかる。

また、立体カタカムナ文字には別の使い方がある。

それはこれらの形を使って、空間の磁気と電気（電磁場）をコントロールするという使い方である。

カタカムナ文字を調べた結果、空間の電磁波を最もよくコントロールするものは中心図形の一つヤタノカガミであった。

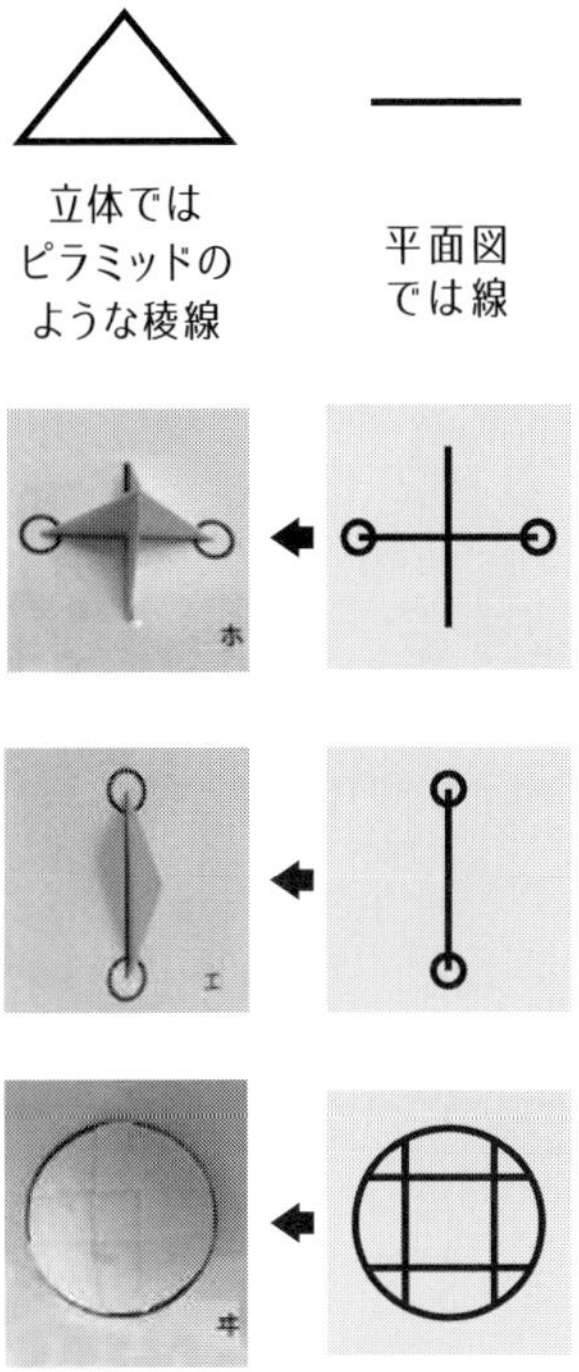

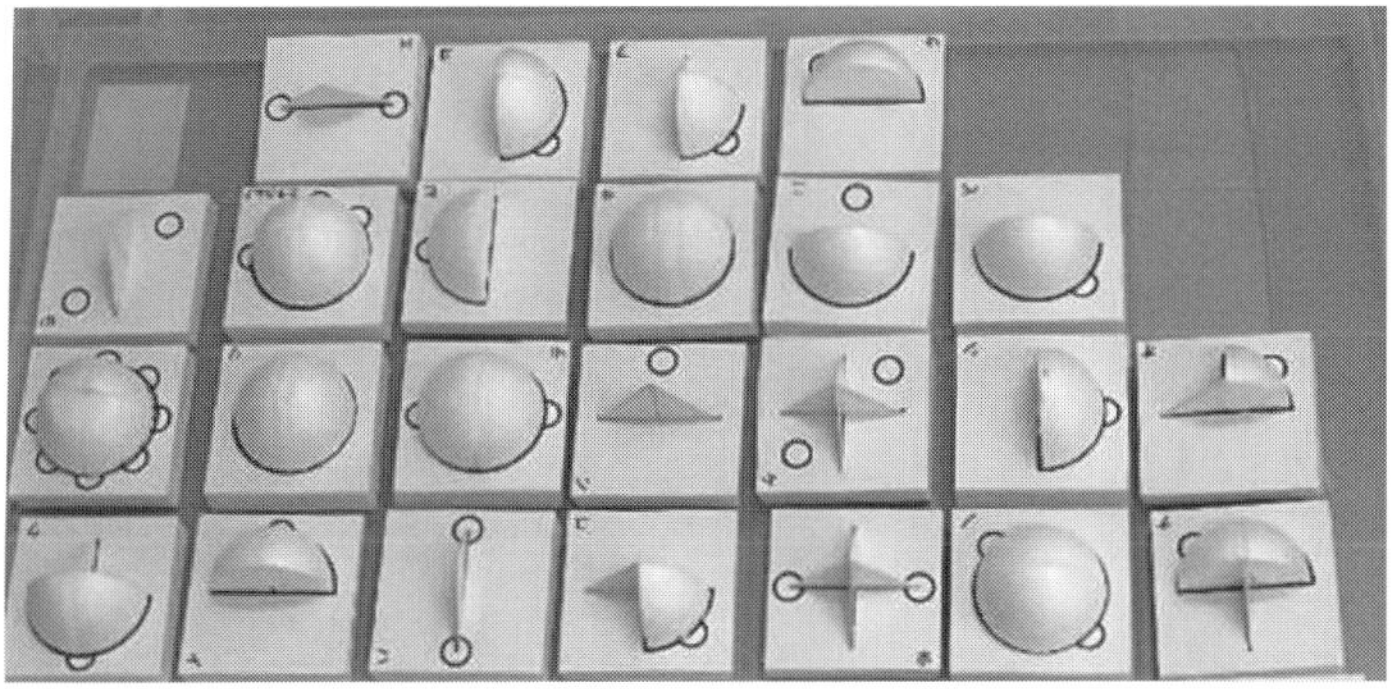

カタカムナ文字を立体に

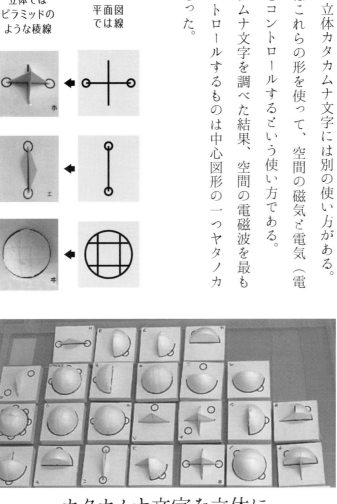

ヤタノカガミの立体図形

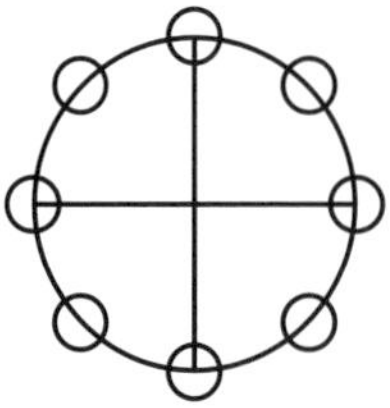

カタカムナの中心図形を立体化し、特殊なアルミ板を貼る。
空間のノイズを除去する一対の電磁波ブロッカーとなる。

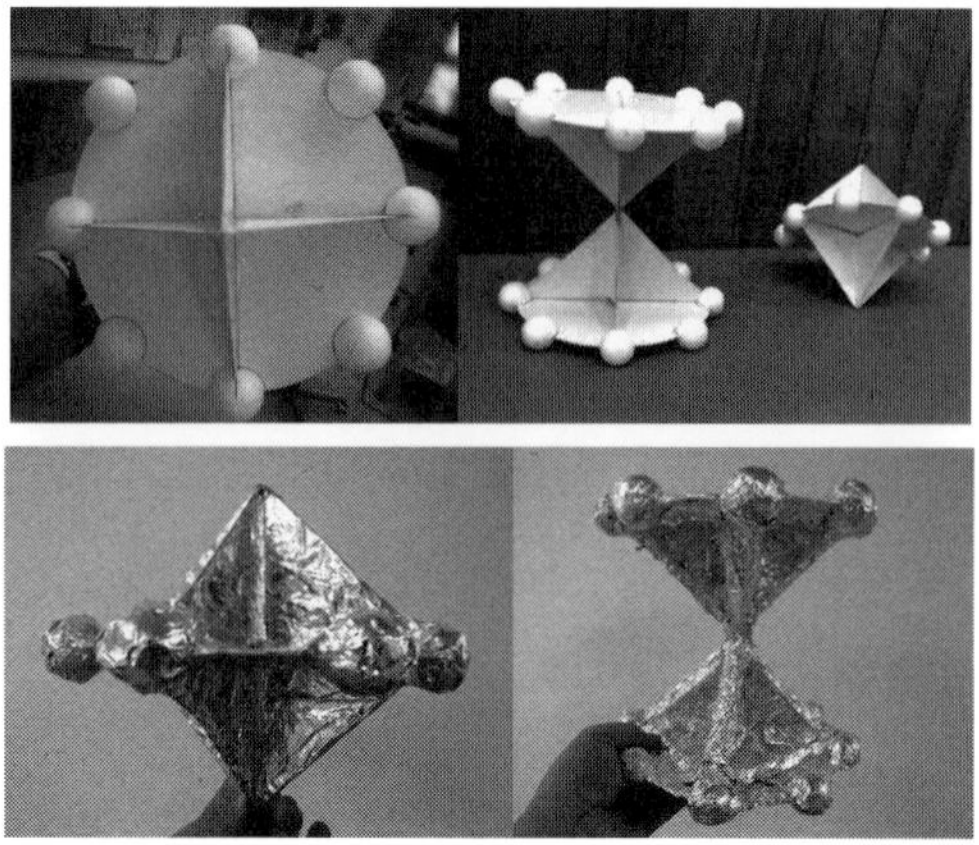

ヤタノカガミの立体図形は上右図のように、球の要素である円とピラミッドの要素が一つになった形をしている。ヤタノカガミの立体図形を二つつくり、これらを底辺同士、または頂点同士で合わせると砂時計のような形と正八面体のような形ができる。

これら二つを離れた空間に置くと、これらの二つの立体がいわば、アンテナのような役目をしてその空間に目で見えない電気または磁気の変化が起きる。

どうしてそれがわかったのかというと、これら二つの立体の間の空間では、多くの人の前頭前野の脳血流に確かな変化が見られたからだ。これら二つの立体図形が、空間に変化を起こし、それを人間の脳が感知したことによって、脳の血流量が増えたのだ。

この二つの立体を空間の電磁波をコントロールしやすい材質、たとえば特殊なアルミニウムで覆うことより効果的である。

私は、人体に有害な電磁波が出ている場所にカタカムナ立体図形を置くことによりその空間の有害電磁波を遮断できるか、その性質を変換できると考えている。

おそらくカタカムナ人は、カタカムナ立体文字を刻印したストーンサークル[33]（環状列石）をつくっていただろう。彼らはカタカムナ立体文字が土地の電場や磁場をよい周波数に変えるアンテナとしての役目をすることを知っていて、この立体文字を使って土地や空間の電気的、磁気的な性質を変えていた可能性がある。

いい土地にはいい電気や磁気が、悪い土地には悪い電気や磁気がある。土地から放射される電気や磁気の周波数の良し悪しで、植物の育ち方や身体の健康は影響を受ける。薬を使わずに身体の健康を維持したり、農薬を使わずに作物を育てたりしていたカタカムナ人にとって土地の電場や磁場の状態はとても重要だったのである。

現在残っている世界中のストーンサークルは、彼らより後の時代の人間がカタカムナ立体文字の代わりに石を使うようになったものと考えられる。おそらく土地の電場や磁場を改良するためにつくられたものだろう。現実にイギリスのストーンサークルの中では空間や土地の持つ磁気や電気に強い変化が起きていることがわかっている。

---

33 ストーンサークル
巨石記念物の一種。柱状の自然石を立て並べて環形としたもの。環状列石あるいは環状石籬。同心円状に二重三重にめぐることも多い。その大きさは、最大の石は20t、環の径は50m以上の大型のものから2mに満たない小型のものまでがある。日本では秋田県鹿角市十和田大湯にある縄文時代後期の大型の配石遺跡大湯環状列石が有名。世界で一番有名なのはイギリス南西部のソールズベリ平原に立つ巨大石柱組石遺構、ストーンヘンジ。円陣状に並んだ直立巨石とそれを囲む土塁からなる先史時代の遺跡。紀元前3000～前1500年頃につくられたと考えられている。

7 カタカムナの未来の可能性

カタカムナは、いわゆる現代医学とは病気の治し方に対するコンセプトがまったく違っている。私はカタカムナは、21世紀の理想的な治療法・医療となる要素を十分に持ち合わせているとと考えている。

1 薬

現代医学は、基本的に薬で病気を治す。病気の原因や症状に合わせて薬を選ばなくてはならない。しかし病気の中には原因がはっきりしないものもある。さらに原因がわかっても症状に対する薬がない場合もある。

一方、カタカムナは原因や症状を問わない。

何より薬を使わないので副作用が起こることは、まったくない。

2治療範囲

そもそも臓器や細胞の異常を治そうとするのが現代医学である。

一方、カタカムナは、臓器や細胞そのものをつくっている原子や原子の構成要素である電子などの素粒子（物質を構成する最小単位）に直接働きかけて病気を治そうとする。カタカムナの守備範囲は無限といえるほど広いのである。そこに、カタカムナがいろいろな治療を行っても治らない病気を治す可能性がある。

3治療者

現代医学は、治療に薬を使う。そのため医学的な技術・判断が必要になるため、治療が行えるのは、医師および医師の指示を受けた看護師・助産師などの医療従事者のみである。

一方、カタカムナは、カタカムナウタヒを詠み上げたりカタカムナ文字を書いた紙などを身体に貼りつけたり、カタカムナウタヒの理論を具現化したコイルを貼ったりするだけのもの、一切知識は必要がない。しかも何もしなくとも、カタカムナによってあらわれた球体の中で、病気の原因や症状が素粒子レベルで変化しブラックホール[34]のようなものの中に吸い込まれ消えていく。医師でも誰にでも簡単にできる。

34 ブラックホール
高密度かつ大質量の天体で、物質だけでなく光さえも吸い込んでしまうほど強力な重力を持つ。中心部分にはとても強力な重力場が形成され、脱出には光速よりも速い速度が必要となる。ブラックホール事象の地平面は燃えており、量子効果により燃えさかる粒子の流れが宇宙に拡散していると考えられる。十分な時間が経過すると、ブラックホールは全ての質量を放射し尽くして消える。奥深くには、無限に時空をねじ曲げる場所、特異点が存在する。特異点は密度・重力が無限大に発散して、物理の法則やあらゆるものがあてはまらない未知の場所。

薬を使うことがないので「医薬品、医療機器等の品質、有効性及び安全性の確保等に関する法律[35]」（略称　医薬品医療機器等法・薬機法、旧名称　薬事法）に抵触しない。

ただし、気をつけなければならないことはある。

一般の人や、鍼灸師、柔道整復師などの医師に準ずる人でも、病気や症状のある人に、〝病気が治る・よくなる〟といって、カタカムナを治療行為として行う、対価をとるなど、治療と間違われるような行為をすると、医師法[36]違反に問われることがある。科学的根拠がないカタカムナだといっても、患者さんの症状が改善してしまうのだから治療にあてはまる場合もある。医師法は医師に限らず処罰対象となるので注意してもらいたい。

また、カタカムナ関連商品については、枕カバーや皿で〝病気が治る〟〝高次元のエネルギーを受けとれる〟などと、科学的に証明されていないことを誇大に表現し、宣伝・販売すると、景品表示法[37]違反になる可能性がある。悪質になると詐欺罪まで問われかねない。

現在の日本の法律では、カタカムナを「医療」として提唱できるのは医師だけである。

実際、末期のがんなど、ときには信じられないくらい重症の病気であっても改善する場合がある。もちろん、治療を受けた１００人が１００人、全員が改善するわけではない。

しかし、症状や病気によっては高い確率で症状が消えていくことがある。さらに、痛みな

---

35 医薬品、医療機器等の品質、有効性及び安全性の確保等に関する法律
旧略称は薬事法。医薬品、医薬部外品、化粧品を取り扱う業者や個人への規制。違反には罰金や懲役という制裁が課せられる場合がある。健康食品の効果効能、効能に触れた体験談の資料の同梱、商品名がでなくともサイトでの体験談やモニター情報が、「検索による誘導」を“リンクと同等”とみなし、薬機法違反とし、未承認医薬品の無許可販売と医薬品規定を適用して逮捕されているケースもある。

36 医師法
医師法は、医師の任務、免許、試験、業務などについて定める法律。医師以外の者が医業をすることを

どのありふれた症状や病気なら、薬を使わなくても数分で8割から9割までよくなるようだ。カタカムナウタヒの第五首、第六首、第七首を詠むだけで、目の前の患者さんの病気や症状が吸いとられ消えていく。周囲にできた小さな球状のブラックホールががんや関節リウマチの痛み、インフルエンザの痛みさえも高い確率で吸い込んでいく。もし、これで効果がない場合でもカタカムナ文献の内容にそってつくったコイルを使えばたいていの症状は消える。

カタカムナは、99・9%の人が知らないまったく新しい療法である。何より一番大事なことは、カタカムナを使うと確実に病気になりにくくなる。このような方法が世の中に広がっていけば、医療そのものが大きく変わるだろう。

現代医学

細胞や臓器を治す医学

主に薬を使って身体を治療する。治療は国家資格を持つ医療従事者のみ。

カタカムナ

電子など素粒子を治す療法

薬などを使わず、患者さんがいる空間の性質を変えることで治療する。誰でもできる。しかし、カタカムナを医学的治療といえるのは医師だけである。

禁じている法律のため医師ではない者も取り締まり対象となる。

37 景品表示法

正式名称は、不当景品類及び不当表示防止法(昭和37年法律第134号)。景品表示法は、商品やサービスの品質、内容、価格等を偽って表示を行うことを厳しく規制する、過大な景品類の提供を防ぐために景品類の最高額を制限するなどによって、消費者がより良い商品やサービスを自主的かつ合理的に選べる環境を守る、不利益から守るもの。

併用すると効果的なカタカムナの活用法

人間の身体も動物も植物もすべてのものは、原子の集合体でできている。そしてその原子同士を結合させているのが、素粒子の仲間の一つである電子。電子が各原子同士を結びつけて成り立っている。

電子を奪いとると、すべてに酸化が始まる。すべてのものが壊れ始める。

そもそも、がんや難病は、電子が足りなくなって発症してくる。電子不足によって起こる酸化病ともいえる。電子不足によって体が酸性になり、すみずみの細胞に酸素が行き渡らなくなる。電子は、生命活動の営みや細胞内のミトコンドリアでのエネルギー合成に必要不可欠なものである。電子不足では細胞はエネルギーをつくることはできず、生命活動が困難になる。その結果、発症することになる。

そういう状態に、抗がん剤やステロイド剤や免疫抑制剤、放射線治療を行うことは、さらに電子を奪うことになり逆効果になる場合がある。

今は、最先端の治療法ということでやむなく使われているが、医学や科学が進めば、新たな治療法が生まれてくるだろう。実際、アメリカでは抗がん剤の使用は減少している。

一歩譲っていうなら、私は、がんの治療に抗がん剤やステロイド剤や免疫抑制剤、放射線治療をするのであれば、電子を人体に補いながら行うべきであると考えている。その方法は、科学的にいうと、素粒子の一つである電子を人体に与える治療法である。

統合医療では、水素やプラズマ、電子治療器や陶板浴、量子波ドーム、テラヘルツ波など、電子を与え還元し酸化を防ぎ、電子の奪われる反応を阻止する治療法がある。

カタカムナは、薬などを使わず患者さんがいる空間の性質を変え電子などの素粒子を治す治療である。

がんに対して電子を人体に与える治療も、カタカムナ文字による治療も、電子やその他の素粒子を使うという点では共通している。しかし、末期がんや難病が治る確率を高くするためには、カタカムナから導き出した方法を併用すると、他の治療法が効きやすくなるばかりか、副作用もあまり出ないで済むと考えている。

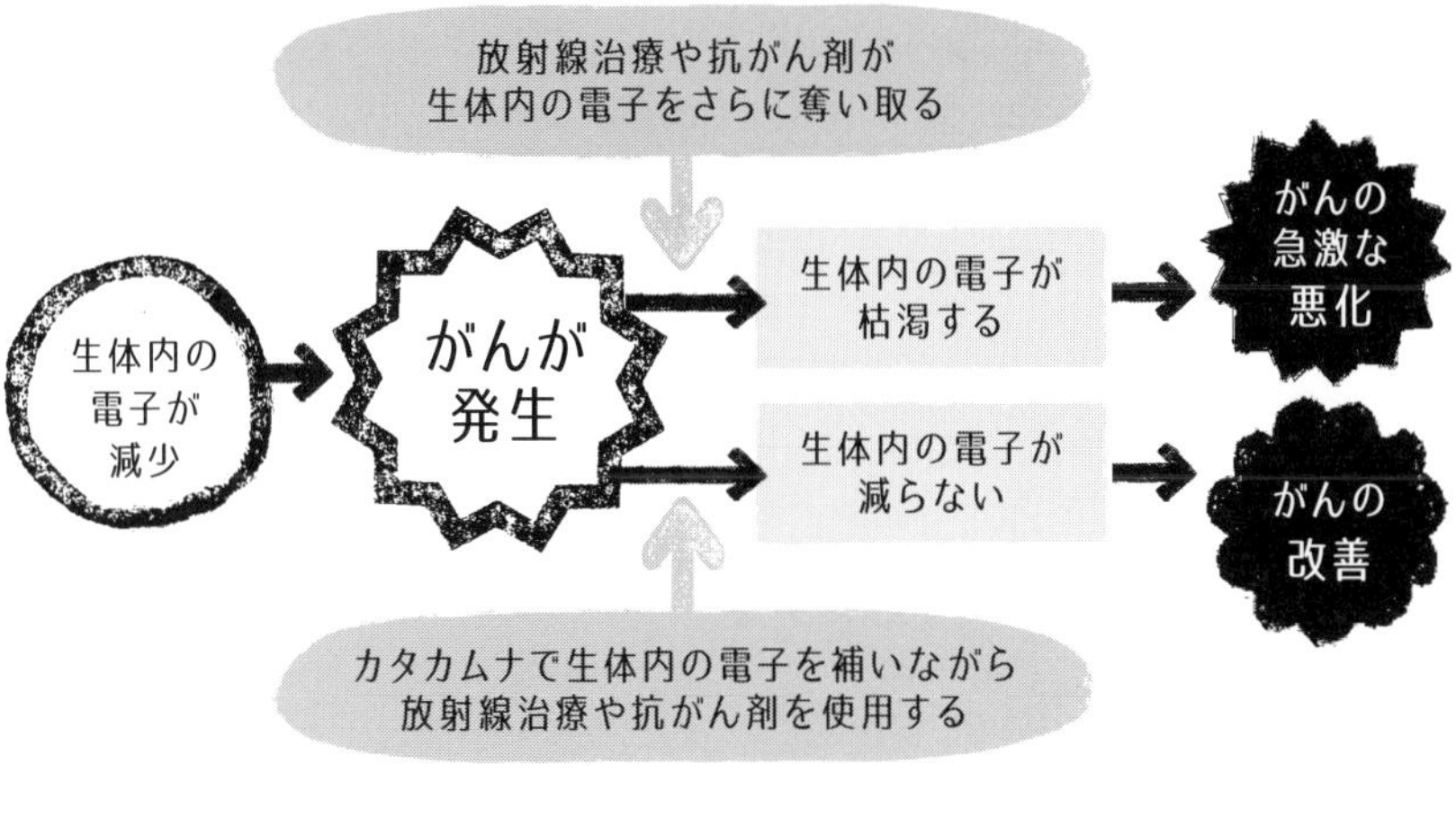

カタカムナは電子（素粒子の一つ）を身体に補給する

コラム1

電子

粒子の一つ。負の電荷を持つ一番軽い粒子。

私たちの身体は、原子からできている。

原子は、陽子と中性子から成る原子核とその周りを回る電子によって構成されている。原子の中の電子は、電子軌道上では余分な電子を放出し、不足の電子をどこからか奪い、2個ずつペアになって安定しようとする傾向がある。

問題になるのは、ペアになれない不対電子を持ち、電子を奪おうとする活性酸素。活性酸素は周辺細胞から電子を奪うと酸化力を失う(還元)。

しかし、電子が奪われた細胞では、電子を連鎖的に奪い合い続ける反応をするため、細胞自体が壊されていく。

酸化を還元させるために電子を補う抗酸化対策が、健康のために重要になる。

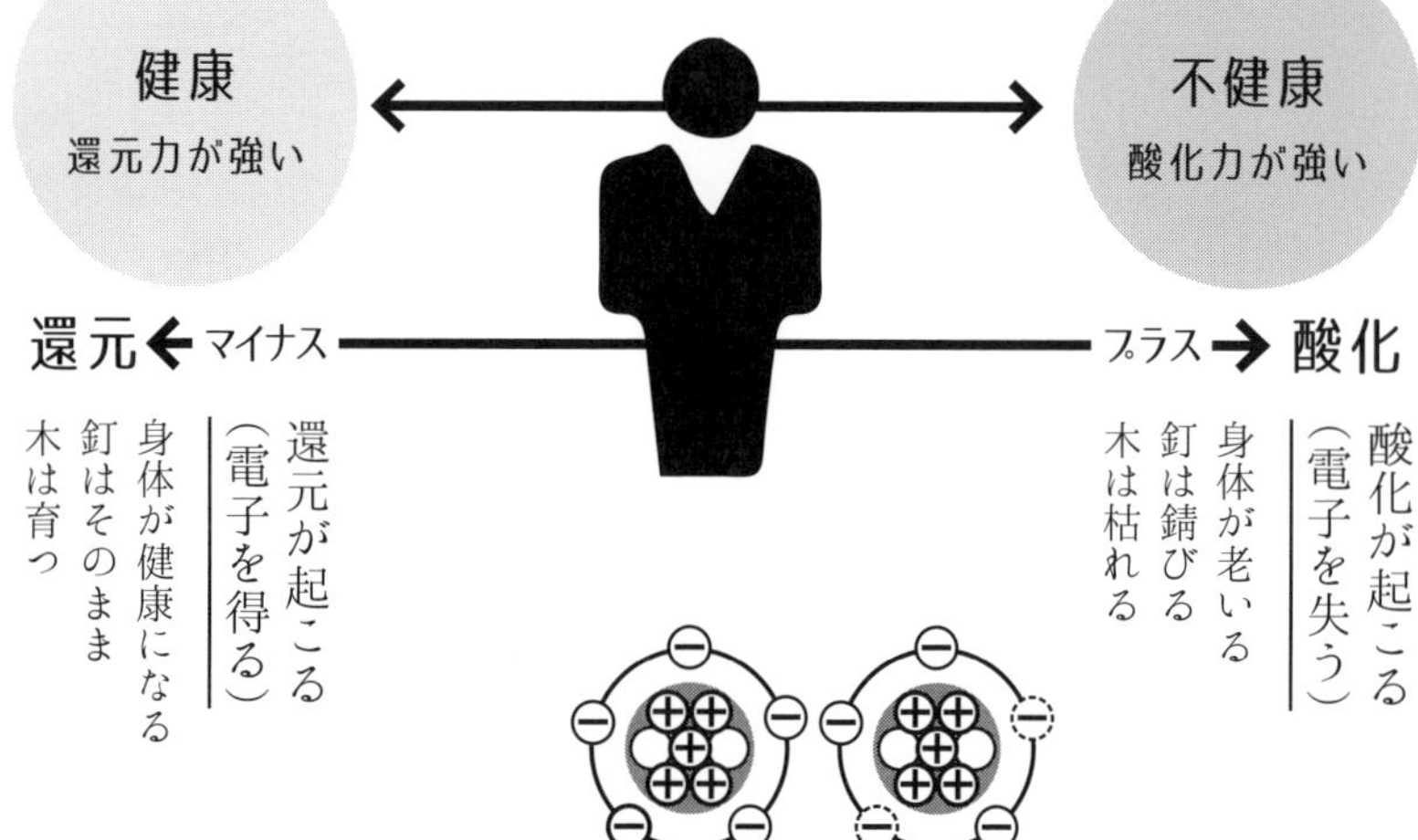

酸化とは、

マイナス電子が原子の外に放出され
だんだんと減少していく。
主に生命活動に伴う酸素の影響による。

第2章

体験《タイケン》

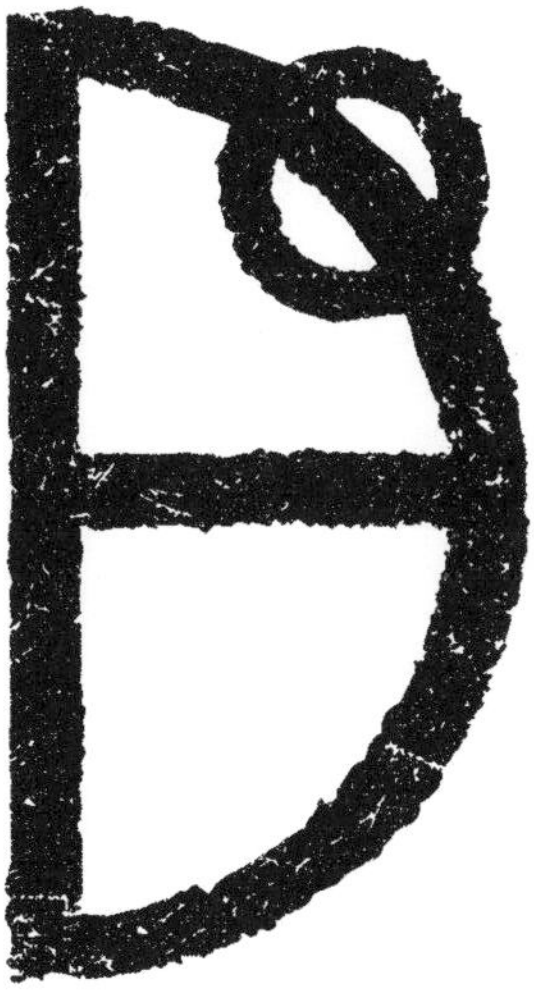

不思議な言葉
カタカムナ

直腸がん、筋萎縮性側索硬化症の驚くべき変化

丸山修寛

ある日、直腸がんの男性の患者さんがクリニックに来られた。

今まで受けてきた治療ではがんは小さくならないし、がんによる直腸の痛みもよくならない状況だということ。そのためその治療は中止してしまったそうだ。

もし私が現代医学にだけ、どっぷりつかっていたころならその患者さんに「ええっ、あなた、いったいこれからどうするの」っていったかもしれない。

しかし、カタカムナを知った今は、そうはいわない。

「薬を使わなくてもがんの痛みはすぐ治ると思うよ」と。さらに「がんも小さくなるかもしれない」と、がん患者さんに告げた。

カタカムナ文字で書かれたカタカムナウタヒ（句のようなもの）を唱えると、私を中心に半径2・5mほどの目に見えない球体があらわれた。球体があらわれると身体は熱くなり、手や指先がジンジンとしてくる。目に見えなくても、そこに球体があることがわかる。

患者さんをこの球体の中に入れると、たいてい身体が温かくなったといった後で、それまであった症状がとれていく。

実際、この患者さんの直腸のがんによる痛みは、薬を使わずに三週間ほどで消えるようになくなった。

さらに、診察開始から二カ月ほどたったとき、その患者さんが喜び勇んでMRI検査（磁気共鳴画像診断装置）の結果を持ってきた。

なんと直腸がんが縮小しているという結果だった。

こんな素敵なことが起きたのは、カタカムナを使ったためだろうと考えている。他の治療と一緒にカタカムナを使うと、様々な病気を根治できるかもしれないと思い始めた。

最近、初めて来院した人は筋萎縮性側索硬化症（ALS）という進行性の難治性疾患、いわゆる難病の女性だった。これは、筋肉を動かし、かつ運動をつかさどる神経（運動ニューロン）が障害を受け、全身の筋肉が萎縮し動かなくなっていく病気で原因不明とされている。近くの病院に通っていたが、ただ様子を見るだけで治療法は何もなかったそうだ。

その後病気の進行速度が異常に早くなってきたという。顔を見ると顔の筋肉をうまく動かせないためこわばったままである。どうも表情がうまくつくれないらしい。右手は、もはや動かせず、言葉もうまくしゃべれなくなっていた。口を開けることもままならず食べ物もうまく飲み込めなくなっている。口の中に生じる唾液を飲み込むことができず唾液が気管の方に流れ込む。そのため、診察中もコホンコホンと始終むせこんでいる。

何とか効果的な治療法がないものかと『病気は治ったもの勝ち』(静風社)という本を見てはるばる他県から電車を乗り継いできたという。

すぐに彼女の身体を透視してみると、脳幹という後頭部から首にかけての脳に異常があることがわかった。私は自分が透視したことが正しいかどうか知るために、彼女の首から後頭部を調べてみることにした。すると、思った通り、この部分の皮膚がうっ血し赤く変色していた。透視したことは間違いなかった。

第一頸椎という脳と脊髄をつなぐ場所の骨がゆがんだため、脳幹が圧迫され、神経の流れや血液の流れが悪くなり筋萎縮性側索硬化症になったのだ。

しかし、これだけではここまで悪くなるはずがない、他に何か別の原因があるはずだと考えた。

そこで自宅で寝ている場所の様子を聞くと、なんとスプリングコイルの入ったベッドマットの上で寝ているという。スプリングコイルは、周囲の電磁波を増幅させ、その上で寝ている人を病気にする。もう一つの原因はこれだった。

まずは、脳幹の静電気や電磁波の影響をとり除かなければならない。

そこで、静電気や電磁波の影響を消すコイル（カタカムナ文献に記載された内容にそったコイル）を、顔の左頬の脳幹部に近いところに貼った。すると、急に口が開けやすくなった。次に眉の上のオデコのあたりの骨を調べ、痛みのある場所を探した。そして、ここにもコイルを貼った。頭蓋骨のゆがみは脳幹のゆがみを増悪するからだ。呼吸がしづらそうなので胸の前にもコイルをつけてもらった。

彼女はしゃべれないので、私の質問に彼女がうなずく形で様子を聞いていった。

数分するとまず呼吸が楽になったらしい。次に顔の表情が明るくなり、満面に近い笑顔になった。

さらに先ほどまでの咳も少なくなり付き添いできた夫も、妻の明らかな改善に驚いたようだ。


カタカムナ文字を詠む、カタカムナウタヒを印字したものを貼るといった方法でカタカムナを使うと、病気や症状が改善していく。カタカムナを使っていくと、人の身体の悪い部分が透視できるようになる。カタカムナ文献の智慧を利用して作成したコイルを使うと、難病であっても改善する場合がある。これからも、難病の患者さんのために新しい治療法への挑戦を続けていくのが、私の喜びである。

どんな人でも健康を維持できるようにカタカムナ健康法を広げていきたいと考えている。

カタカムナで変わる気の通りと詰まり

自律神経免疫療法情報センター理事
鍼灸師・あとべ鍼灸治療院
跡部正信

私は、鍼灸師として東洋医学を学び、身体をもとに戻すには身体の土台を調整する必要があると上部頸椎のズレを修正する治療を34年間行ってきているが、これほど不思議な経験をしたことはない。病気の人は、必ずといっていいほど上部頸椎にゆがみがあり、身体がズレている。身体のゆがみを筋肉でカバーしようと補強するがゆえに筋肉は硬くなっている。

それゆえ、根本的な身体のズレを修正せずして鍼や灸の治療を行ってもなかなか解決はしない。まず、筋肉の硬直を緩めるためには、通常、磁気針を使用しなければ、もとの状態には戻らなかった。ところが、カタカムナ文字を患者さんに使用すると、とても短時間で筋肉が緩む。そのおかげで深部のコリをすぐに把握することができる。つまり、患者さんの根本的な治療の部位が今まで以上にわかりやすくなる。気の通りの本髄が見えてくるのである。実に不思議なカタカムナ文字である。

カタカムナ文字や言霊にどんな意味があるのか、それを使うと、身体にどのような変化が起こるのか。あまりに不思議なので患者さんにカタカムナウタヒを詠み上げて東洋医学の脈診（手首の脈差診　六部定位脈診）を行ってみた。手首の脈を六カ所にわけ、その強さの差等を脈の圧力や振幅、血管の太さ、血流の流れ方で見る方法である。動脈には血管の平滑筋という筋肉がついていて、自律神経の調節によって平滑筋が働き、太さが変わる、心臓から拍出される血液量やコレステロール、活性酸素などによって血管の柔軟性が変化する。そのため脈診だけで体の状態が把握できるのだ。

患者さんにカタカムナ第五首、第六首、第七首をそれぞれ詠み上げて脈診を行ってみた。

第五首「ヒフミヨイ・マワリテメクル・ムナヤコト・アウノスヘシレ・カタチサキ」を詠み上げると、患者さんの六部定位の肺の脈が上昇する。第六首「ソラニモロケセ・ユヱヌオヲ・ハエツヰネホン・カタカムナ」を詠み上げると、患者さんの六部定位の肝の脈が上昇する。第七首「マカタマノ・アマノミナカヌシ・タカミムスヒ・カムミムスヒ・ミスマルノタマ」を詠み上げると、六部定位の心の脈が強くなって他の脈はすべて正常に整う。

脈だけではない。私は、左右の足の長さがそろうかどうかの確認をしながら、上部頸椎のゆがみをチェックしているのだが、カタカムナウタヒを唱えるだけで足の長さがそろってしまうのである。ただ残念ながら、上部頸椎の骨のゆがみは、唱えるだけでは即座に修復されてはいない。

ある日、治療に来た女性の患者さんは、丸山先生の熱烈なファンの一人。幼少からアトピー性皮膚炎を患いステロイドの治療を約20年間受け続けてきたという。原因は、口呼吸や歯の金属、生活習慣にある。彼女は何とかカタカムナを使って自力でもとに戻そうと試みている。

歯の噛み合わせが悪いというので上部頸椎を診察してみたところ、頸椎1番、2番の可動領域が一般の人よりも狭く動きにくくなっていた。人間の首とはいえないほど、首がコリ固まり、頸椎を把握しずらかった。治療を行うと、必ずこのコリがとけ顔に湿疹が出ることになる。

彼女からは「治療して湿疹が顔に出るのだけはいやだし困る。治療は行わずに、どのくらい自分の頸椎が変わっていくか1カ月に1度確認してほしい」と、わがままな要望を受けた。

彼女は「次に来るときまでに、もっとカタカムナを実践してくるから」といって帰っていった。

1カ月後、彼女が来院したとき、上部頸椎の状態は大きく変わっていた。首のまわりのコリが緩み動かなかった頸椎が、とても把握しやすくなっていた。

彼女の「カタカムナの実践」を見せてもらった。カタカムナ第七首を眼を閉じて唱えた後、彼女の首は後ろに大きくそれ、首をカクンと前に落とす、不思議な動きを繰りかえしていた。どうやら、この動きは、首の可動域をもとに戻そうとしている動きに間違いない。

客観的に見ていると、頭の一部分、つむじから左の頭の部分だけはおかしい。彼女自身も常に違和感があるとのこと。その後、彼女と話し合ってみてわかったことがある。

彼女は、とにかく自分の病気を治したい、アトピー性の湿疹が皮膚には出てこないようにしたいという一心でカタカムナを実践している。自分の身体をよくするものはないか、もっとよくするものはないかと、常に求め続けている。

人間の体は、悪いものを尿や便だけでなく皮膚からも排泄する仕組みがあること。病気は身体だけではなく心までも患わせ、どうしても性格は自己中心になる傾向があること。何らかの気づきが必要なことを説明した。

「自分中心という言葉は、子どもの頃からいわれ続けていたけど、忘れていました。今改めて指摘され、まるでナイフで心をえぐられたみたいです」と彼女はいった。

カタカムナの実践は、病気を治したい一心だけで行っても効果が出にくいと考えられる。

2カ月後、彼女の頸椎はまったく変わっていた。首からの湿疹も出始めていた。3カ月後、彼女は自分自身のことを理解でき、他人を思えるようになっていた。4カ月後、彼女の頸椎のズレは、ほとんどわからなくなった。そして歯の噛み合わせの治療のため、歯科医にバトンタッチできた。

病気は、自分がつくりあげたもの、病気の根は自分自身にある。自分の生き方を反省し、詫び、それでもなお、生かされていることに感謝し、宇宙と共に生きれば、もとの自分に戻ることができる。

カタカムナは、治療というよりも、つむじから足裏まで宇宙エネルギーをとり入れて活用する、本来の人間に戻る方法、気づきへの道ではないだろうか。宇宙とつながる健康法だと思っている。

誰でもどこでもできるカタカムナ健康法

一般社団法人自律神経免疫療法情報センター
代表理事・編集者　竹内れいこ

初めて丸山先生に出会ったのは、『病気は治ったもの勝ち』（静風社）の取材のときだった。この取材こそが私の運命の分かれ道となった。丸山先生の診断によって膵臓がんらしきものが判明し、ハフリや天の岩戸開きの実践によって元気になったことは、本のあとがきで書いた通りである。

病気を治すきっかけ、気づきをくださった丸山先生には、本当に感謝をしている。何とか自分の体験を多くの人に活用できないかと、一般社団法人自律神経免疫療法情報センターをつくり活動を始めた。

２０１６年12月、丸山先生が新しくカタカムナによる治療法を見つけたというので仙台にうかがった。

私が知る限りでは、カタカムナは高次元の科学、酸化還元法である。カタカムナ文献発見者の楢崎皐月氏の炭素埋設法（電磁場の低い「ケガレチ」に穴を掘り、木炭を埋設し地表の電子密度を高くして還元力を増し生命の活性化を促進する方法）が有名である。電子の付与により地磁場を整え、健康的で長生きできる環境や、農作物や畜産物の成育や収穫量を増やす土地「イヤシロチ」に導く方法である。

会うとすぐに、丸山先生は、まるで和歌を詠むような口調でカタカムナを詠んでくれた。

「ヒフミヨイ・マワリテメクル・ムナヤコト・アウノスヘシレ・カタチサキ」「ソラニモロケセ・ユヱヌオヲ・ハエツヰネホン・カタカムナ」「マカタマノ・アマノミナカヌシ・タカミムスヒ・カムミムスヒ・ミスマルノタマ」

えっこれがカタカムナの治療？　少しおかしくて笑いそうになったが、先生の顔は真剣である。詠み終わると、何となく頭の上がスーッとした。今度は、カタカムナ文字を書いた紙を背中に貼ってくれた。すると、何だか温かくなった。

誰に対しても人差し指を立てて、カタカムナの句を詠めばいいというので、とにかく、カタカムナの意味をわからず覚えた。最後に鈴を振るようにいわれ、詠んだ後に鈴を振ることにした。

東京に帰って、いざカタカムナを実践！

ところが、誰も信じてはくれない。変な新興宗教をやっているように見えるといわれた。まずは、新興宗教でないことを説明してたくさんの人に何もいわず実験を繰り返してみた。カタカムナウタヒを詠むと、みんなが笑ってしまう。う〜ん、つられて私も吹き出してしまう。むかないのかなあ。

カタカムナを始めて2カ月後、丸山先生と再会した。私が何もしゃべらなくとも丸山先生は、すべてお見通しである。自分のことを誰かがあらかじめ丸山先生に報告しているといったほうがいいかもしれない。丸山先生が話すことには必ず意味がある。さて今日は何の話だろう。聞き耳をたてていた。

すると、「禅と弓の話。ヘリゲルは弓を的に射ようと思うんだけれど、的に当てようと思うと当たらないんだよね。弓を当てようとするには的を見ないことだよ」

「あのね、がんの人は、今日がんなんだけど明日もがんだとは限らないんだよね。窓の風景も続いているように見えるけれども、錯覚をしているだけなんだよね」

丸山先生は無駄なことはいわない。何を気づけというのか。

そうだ！　病気を治そう思ってはいけない。病気は一瞬にして変わることを理解しないと続くんだ！

話を聞いて、私は変わった。治そうと思うことはなく、無私となった。何も期待しなくなった。

緑内障の知人に、カタカムナウタヒを詠むと、「体の中の血液が頭から下に下がった」といわれた。

緑内障は、上半身のむくみが溜まり眼圧が高くなって起こる病気である。自分にも教えてほしいとカタカムナウタヒを書いて帰った。その後、知人は「3回唱えたらエネルギーが満ちてアップアップで大変だった」と話した。さまざまな治療を組み合わせて現在は、緑内障が見えるように変化してきたという。

ある人は、私の詠んでいるカタカムナウタヒを側で聞いていて、すぐに「心がわくわくするわ。教えて」とカタカムナウタヒを書いて帰った。以来、本当にイキイキとされ見違えるほどお元気になられた。

また、胃が痛くてたまらないという友人に、「ちょっと両手の人差し指を立ててみてね」とお願いし、カタカムナウタヒを詠んでみた。すると、「あれ胃が痛くなくなった」と驚かれた。

カタカムナウタヒを唱えると、体中から白い粉や蜃気楼のようなものが出る人がいる。何も感じなかった人でも、時間が経つにつれて青白かった顔色がピンク色によくなった。

今では、私は毎日実践している。いくら膵臓がんがよくなったとはいえ、血糖値が高い糖尿病である。食べる前には、どんなものでも必ずカタカムナの皿にのせて感謝する。個人的な感想だが、甘い食べ物はとにかく甘味が減る、辛いものは辛さが減る、油を使った食べ物は、酸化が還元されるように思える。

夜眠るときに、カタカムナウタヒを唱えると、頭の右、少しへこんでいる部分が痛くなり、次に右の甲がかゆくてたまらなくなり、胸の呼吸が深くできるようになった。足の甲は肋骨と関係している。次に左の頭が痛くなり左の腰が痛くなった。ここから後は眠ってしまって覚えていないが、どうやら身体が変化をするようである。しかもよく眠れた実感があり身体は楽である。朝はこれまで感じたことがない温かさで目が覚める。起きると、すぐに身体を動かせる。お小水の量も半端なく増える。ある日、運動をしていると、私の左足の膝がボキボキとなった。瞬間的な痛さに、足が悪くなったと思った。後日、若石（足もみ）療法の先生に見てもらうと、内側に入っていた膝がもとに戻っていると、驚かれた。

カタカムナ療法は医者である丸山先生にしかできない。だが、カタカムナを詠んだり、文字を貼ったりすることは、誰でもいつでも簡単にできる。研鑽により誰もがカタカムナで球体をつくれることを確認できた。宇宙からのエネルギーをとり入れ、運気を上げるカタカムナを広めていきたいと考えている。

コラム2

次元

次元とは、基底ベクトルの数。
方向の数のこと。

二次元空間=面
上下と前後だけの世界。

一次元空間=線
上下だけの世界。

0次元空間=点
方向のない世界。

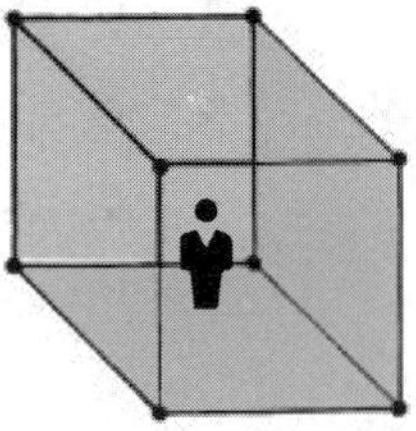

三次元空間=立体
上下と前後と
左右のある世界
私たちの住んでいる世界。

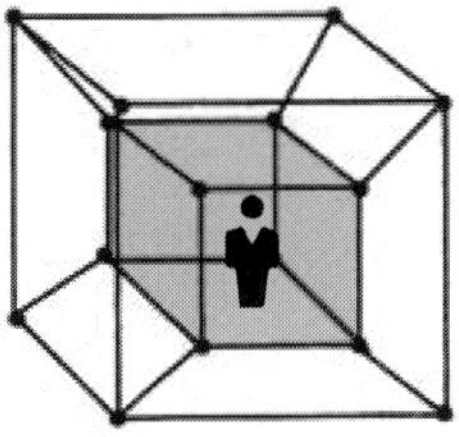

四次元空間=超立方体
空間に時間の概念が
加わった世界。

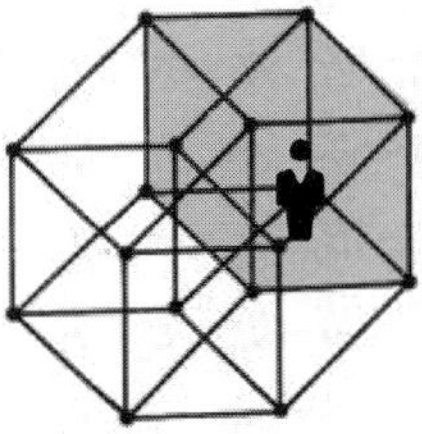

「三次元空間+時間」で
あらわされる「時空」。
私たちの世界を
時間と空間の両方で
あらわした概念。

第3章

探求《タンキュウ》

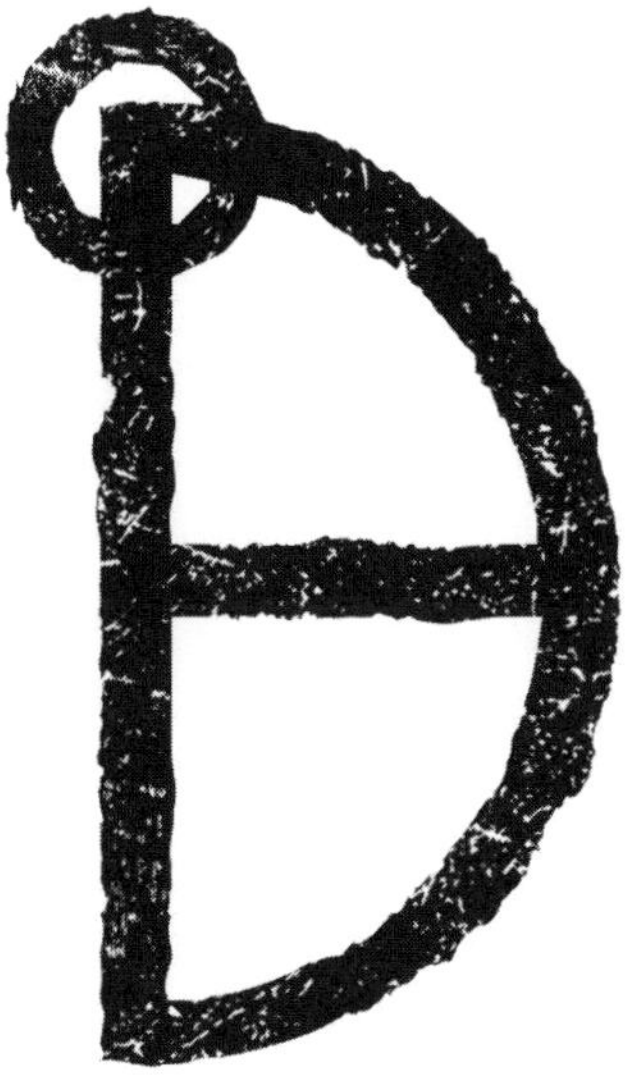

カタカムナ
超常現象

1 病気の半分の原因は四次元世界にある

私たちの住んでいる三次元世界[1]の医学で、治らないがんや難病があるのはなぜなのか。

私は、これらの病気の完全な解決法が、私たちの三次元世界にはないからだと考えている。ただし、三次元世界にはがんや難病の完全な解決法の半分だけはある。そのため、たとえば、がんであれば、約半分の人が治り、残り半分の人が治らず命を落とす。

では残り半分のがんの人の解決法はどこにあるのか。

それは四次元[2]以上の高次元の世界（四次元世界以上の高次元世界をまとめて四次元世界と呼ぶこととする）にある。

だとすれば、がんを完全に治すためには四次元世界からの力を借りる必要がある。

カタカムナ文字には、三次元世界の空間に四次元世界の空間を誘導する働きがある。カタカムナ文字の持つ働きと三次元世界の有効な治療とを一緒に使うと、がんや難病が治りやすくなるだろう。

---

1 三次元
次元の数が三つあること。縦・横・高さのように、三つの座標であらわされる広がり。上下と前後と左右のある世界。私たちが住んでいる世界。

2 四次元
上下と前後と左右と、もう一つの方向があるような世界。次元が四つあること。物理学では空間の三次元に一次元(時間)を加えたものをさすことが多い。

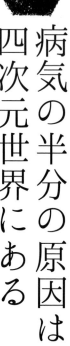

私は、これまで、四次元世界の治療と書いている多くの本を読んできているが、四次元世界なんてあるはずがないと思っていた。

ところが、カタカムナ文字を知ると、四次元が存在することは嘘ではなく、四次元世界の力やエネルギーは、現代医学を凌駕するほどの効果を示すことがわかってきた。

というのは、私はスーパーカタカムナ人のアシアトウアンほどではないが、カタカムナ文字やカタカムナウタヒを使って自分や患者さんの周囲に高次元の空間を誘導し、実際、患者さんの症状を消したり、病気を治す体験を数多くしているからだ。四次元世界のエネルギーで人を治す体験をして初めて四次元世界の存在が腑に落ちた。カタカムナ文字による四次元治療は、間違いなくがんや難病の患者さんたちの福音になると思っている。

私が今なぜ、このように考えたかというと、高異次元の

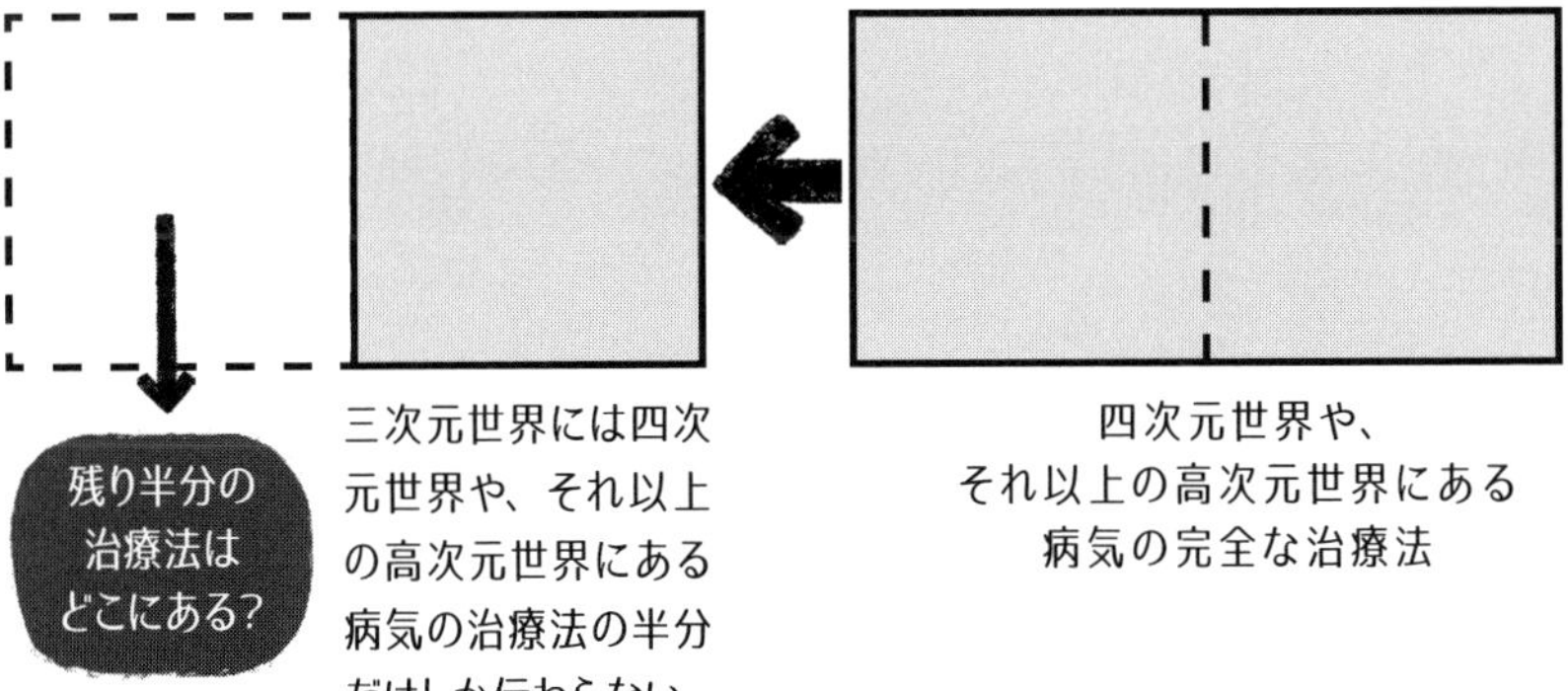
三次元世界には四次元世界や、それ以上の高次元世界にある病気の治療法の半分だけしか伝わらない

世界からは、それより下の次元の世界の状態が手にとるようにわかるからである。

私たちが一枚の紙（二次元世界）を見ると、紙を上から見下ろすことになるので、そこに書かれていることが全部丸見えになる。つまり私たちのいる三次元世界から二次元世界を見れば、二次元世界がすっかりわかる。

ところが、二次元に住んでいる人がいたとして二次元人が二次元世界を見るとすると、彼らは二次元世界を上から見ることができないので、その一部しか知ることができない。

今度は四次元世界に人がいたとして三次元世界を見たらどのように見えるだろう。やはり四次元世界の人から見れば上から見えるので三次元世界は丸わかりなのである。

たとえば、彼らが月を見たとすると、私たち三次元世界の人間は月の表側しか見ることができないが、四次元世界の人間は、月の表と同時に裏、内側まで見ることができるはずだ。

以前読んだ次元に関する本の中では、五次元の半分が四次元に伝わり、四次元のまた半分が三次元世界に伝わり、またその半分が二次元に伝わるということが書かれていた。

つまり三次元世界では、がんが半分しか治らないというのは四次元世界のがんを治す解決法の半分しか三次元世界に伝わってきていないという理由からである。

今、述べたことからすれば、四次元世界から見れば三次元世界で起こっている病気の原因や解決法はすっかりわかることになる。

私は、以前から未来の発達した科学や医学を利用することができれば、がんや難病の治療法は、がらりと変わると考えていた。それがカタカムナを使うことで可能になると思っている。

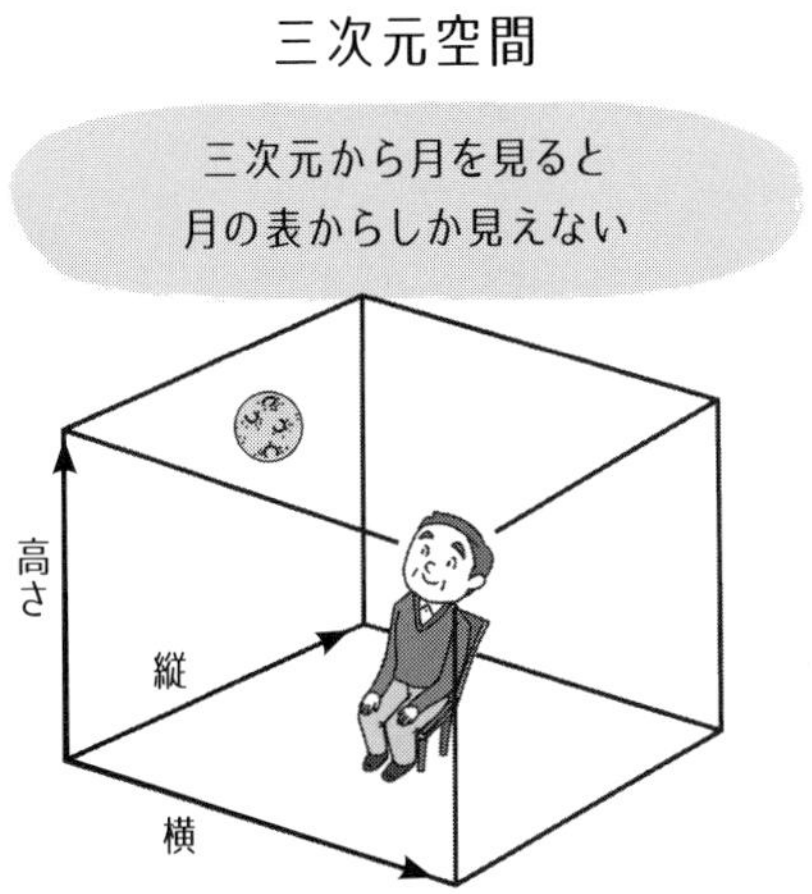
三次元空間
三次元から月を見ると
月の表からしか見えない
高さ
縦
横

四次元空間
四次元から見ると
月の表も裏も中も見ることができる
(月を下に上の次元から見ている)
四次元空間
三次元空間

2 カタカムナウタヒであらわれる球体

カタカムナ文字は、御神体としてまつられていたように、そのままでも人を癒す奇跡的なパワーがある。四次元世界から出るエネルギーはカタカムナの文字や形を通して働き、文字や形はエネルギーを集めて三次元世界に放射する。カタカムナ文字から出るエネルギーは患者さんの軽い症状なら数分でとれるほど強力なものである。

特に80首のカタカムナウタヒの中でもカタカムナウタヒ第五首のパワーは強大である。

そして第五首は、第六首と対になっている。第五首と第六首の意味を知らなくても、ただ詠むだけで身体は確実に変化する。さらに第七首を、第五首、第六首に続けて詠み上げると三位一体[3]となり、思い通りのことができるように思える。

カタカムナウタヒの第五首と第六首、第七首をがんの患者さんの目の前で詠むと、何かに包まれる、身体がピリピリとしてくる、温かくなる、ときには一瞬で汗が噴き出るような熱さを感じるようになる、最後に身体が軽くなるという場合が多い。ときにはがん患者

---

3 三位一体
それぞれ三つが一つとしてて合一してる。一つ一つはそれぞれ独立していて、三つの物には優劣がない。三つがあわさって初めてひとつになる。

さんの身体が勝手に動き出して、30分も止まらないこともある。

これは彼らの身体が四次元世界の球状空間に包まれたことを意味している。

目には見えないが、私を中心に半径2・5mほどの球体が包んでいる。はじめはこれが何なのか、それがどのような働きをするのかわからなかった。

しかし、この球体は、カタカムナウタヒを詠むことであらわれるだけでなく、カタカムナウタヒを紙や布に書いたものを人の身体に触れさせるだけでもあらわれた。

球体があらわれると身体は熱くなり、手や指先がジンジンしてくる。そのため球体は目に見えなくても、そこにあることがわかる。何らかの症状がある患者さんをこの球体の中に入れると、ほとんどの患者さんが「身体が温かくなった」といった後、もとある症状がとれていく。

前述の通り（18頁）、何百回、何千回と、症状のある患者さんを球体の中で治療していくうちに、症状がとれる様子がわかるようになってきた。

これは目で見てわかるというのではなく、私の脳の回りに自分の意識が拡大した空間のようなものができて、それが見ているようになる。このような見え方を〝視る〟ということにした。

球体の中で患者さんを視ていると、患者さんから黒い影が落ちるように視えたり、砂絵が一瞬で崩れ落ちるように身体の一部が消えていくように視える。するとそれまであった症状も消えてしまう。

第五首、第六首、第七首を続けて唱えるだけで、患者さんの症状が消える場合は多い（10人中5〜6人）。「体が温かくなる」又は「熱い」と感じる人まで含めると、10人中8〜9人にものぼる。

患者さん自身が自分の病気を治す手立てとして、カタカムナウタヒの第五首と第六首、第七首を声に出すか、または心の中で唱えるようにするのもよい。自分でこれらを詠んで、身体が温かくなった、これまで

患者さん
脳裏の
スクリーンに
状態が
あらわれる

薬を飲んでもちっともよくならなかった症状がよくなったという人も少なくない。医師である私が唱えなくても誰が唱えても効果が出る。これは、病気の予防に使えるレベルである。

このようなことは三次元世界では起こりえない。

この球体は三次元世界以外の、つまり四次元以上の世界から来ている。三次元世界でカタカムナウタヒを詠み上げると、そこに四次元以上の世界が球体の空間として誘導されてくるのである。

おそらくカタカムナ人は、カタカムナウタヒを詠むことで健康な体を維持していたのだろう。この球体を使えば、現代の奇病や難病、がんを完治させてしまう可能性が出てくる。それくらいすごいことがこのカタカムナウタヒには書かれている。

カタカムナが現代人に広がれば、症状が消えたり病気が治ったりする人が多くなり、医療費は減るはずだ。

このような情報を持ちえたカタカムナ人は、奇跡の人々である。

3 不思議な球体の正体はスカラー場

カタカムナウタヒを詠むと、半径2・5mほどの球体があらわれる。

この球体の中では、三次元世界ではありえないほどの高い確率で、病気や症状が消える。

この球体は、人体の周囲のオーラとは異なるものだ。また気功師が手や指から発する気とも違う。この球体は気を出すのでなく、三次元空間の中に突如としてあらわれるのだ。

この球体の正体は何なのだろう。

カタカムナウタヒの内容を調べてみると、奇跡としかいいようのない情報、中には現代の科学でさえ及びもつかないような高度な、医学、天文学、農学、数学、物理学などの知識がある。さらに現代医学がまだ気づいていない分野、スカラー場[4]の空間の存在についても書かれている。

どうやら、この球体は、スカラー場（スカラー波がある空間）らしい。

スカラー場は、ベクトル（一定方向性）を持たない、大きさだけを持つ量の空間をあら

4　スカラー場
重力波の一種であるスカラー場は今から100年ほど前に交流電気を発明したニコラ・テスラによって初めて発見された。その後、アメリカの科学者トーマス・ベアデンが研究を深め、スカラー場と名付けた。スカラー場は、量子の世界と関連する。

5 トーマス・ベアデン
ベアデンのスカラー波は四次元空間の縦波のこと。ベアデンの定義では、4番目の次元は重力ポテンシャル。四次元とは、磁気・電気や＋・－がない電気的に中性で重力と電磁波が統一されて一体になっている世界である

わす場である。時空という入れ物の性質をあらわすものである。

「スカラー電磁重力理論」を提唱したトーマス・ベアデン[5]によれば、スカラー波（電気重力波）は、四次元空間にある高速に振動する縦波であり重力ポテンシャル[6]（エネルギー）であり、この縦波は距離にかかわらず物質を透過し光の速度に制限されないとある。どんなものでも通し、どんな所でも光より速く届くのである。

ベアデンのいう四次元は、磁気・電気や＋・－がない電気的に中性で、重力と電磁波が統一されて一体になっている世界である。一般的な三次元空間は、四次元空間からわかれて生じたものである。これは温度が下がってエネルギーが低くなり、もとのエネルギーの高い状態が破れて、素粒子の相互作用に区別が生じ低い状態で安定しようとし、別のものに移行（対称性の自発的破れ）して起きた現象だという。

つまり、カタカムナウタヒを詠んであらわれる不思議な球体・スカラー場は、四次元空間であり、スカラー波（縦波）の重力エネルギー、重力波なのである。

重力波である縦波の振動方向は、波の進行方向と同じ方向であるために、点が密に集まったり逆に間隔が広くなったりする。縦波は媒質の中で疎密が生じるので、疎密波[7]とも呼ばれている。

としている。通常の三次元空間は四次元空間からわかれて生じたものである。これは、対称性の自発的破れ（温度が下がりエネルギーが低くなると、相転移によって自発的にエネルギーの高い状態が破れ、素粒子の相互作用に区別が生じる。エネルギーは低い状態で安定しようとし、エネルギーの高い状態から低い状態に移行したと考えればよい）で起きた現象。「Fer de Lance」より。

6 ポテンシャル
潜在力、潜在性を意味する物理用語。潜在的な力。可能性としての力、エネルギー。

7 疎密波

スカラー波の代表例は音波である。音波の媒質は空気だから、空気密度が高くなれば空気圧は音波がなかったときよりもわずかに高くなる、疎になれば空気圧はわずかに減少する。このような空気圧のわずかな変動を音圧と呼ぶが、この音圧の変化が耳に達し鼓膜をふるわせ、音を感知する。

スカラー場でのスカラー波、重力波は、空間の伸び縮みの波（風船が縮んだり膨れたりするたびに、風船の周囲の空間に対する圧力が増えたり減ったりするような状態）なので、ポテンシャルと圧力を持ち、進行方向の物体をゆさぶる作用がある。

人が呼吸して横隔膜が変化するように膨らんだり縮んだりする空間である。

スカラー波（重力波）

スカラー場はベクトルをもたない。大きさだけの量である。
弁当にたとえると中身でなく、入れ物の性質をあらわすものである。

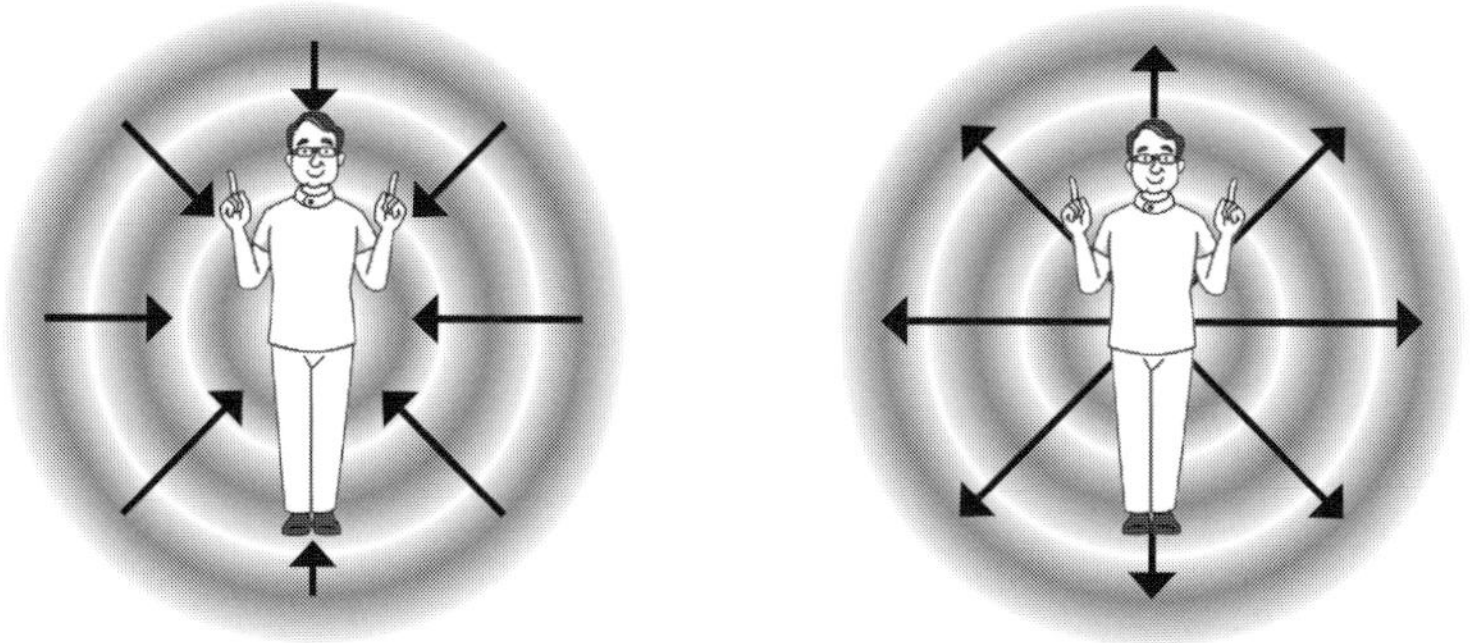

スカラー場の中で、両手の人差し指を立てると、これがアンテナの役割をし、両指先が鼓動を打つようにジンジンしてくる。これはスカラー場が、伸縮しているためかもしれない。

縦波の1種。弾性体や流体などの物体の一部に圧力が加わり局所的な密度変化が生じ，これが物体内を伝わる波となる。疎なところと密なところが交互にできるため疎密波と呼ぶ。音波や地震のP波はこの例で、圧縮波ともいう。

そのためカタカムナウタヒを詠むとあらわれる球体の中にいる人は、立てた指が揺さぶられジンジンとしたり、身体が揺れ動かされるのだ。

球体の中のスカラー波・重力波は、エネルギーを伝搬する働きがあるため、物質に影響を与える。

あくまでも私見であるが、人体にスカラー場が作用すると、人体を構成している原子や電子、素粒子にまで変化を与えてしまう。それゆえスカラー場の中で病気や症状が消える場合があると考えられる。カタカムナ人は量子の概念すらなかった時代に、スカラー場を自由自在に使いこなしていたのだろう。

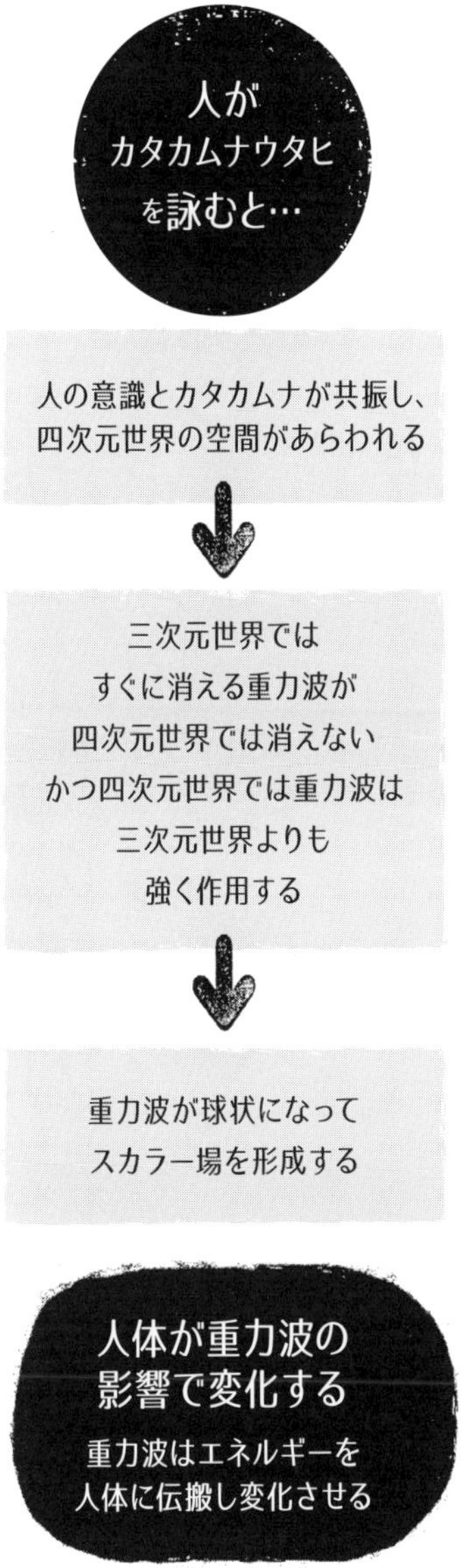
人が
カタカムナウタヒ
を詠むと…
人の意識とカタカムナが共振し、
四次元世界の空間があらわれる
三次元世界では
すぐに消える重力波が
四次元世界では消えない
かつ四次元世界では重力波は
三次元世界よりも
強く作用する
重力波が球状になって
スカラー場を形成する
人体が重力波の
影響で変化する
重力波はエネルギーを
人体に伝搬し変化させる

4 スカラー場の重力波は次元を超える

私たちの住む三次元世界に突如としてあらわれる球状の四次元世界の空間の正体は、スカラー場であり、その中に存在する重力波[8]である。

重力波の存在について1916年にアインシュタイン博士[9]は、「時間と空間（時空）は、質量によってゆがみ、重力波となって伝わっていく」と予測した（一般相対性理論）。

重力波は、水面に浮いたボールを動かすと波が発生するように、重さ（質量）をもった物体が揺れ動くと、空間のゆがみが波となって四方八方に広がり光の速さで伝わっていく。空間に伸び縮みが起こり進行方向にあるものに、ひずみを生じさせ大きな影響を及ぼしていく。いうなれば時空のさざなみである。

時空のゆがみは、宇宙にある星でも人の身体でもすべてのものを突き抜け伝わっていく。

実際、重力波は、手や本を振り回すだけでも周囲に生じているが、あまりに小さすぎて検出できなかった。それゆえに重力波は理論でしかなかったが、2015年12月、二つの

8 重力波
一般相対性理論による重力の新しい理解は、「重力は時空のゆがみである」というもの。太陽のような重い星があると、その周囲の時空がゆがみ、そのゆがみによって地球のような惑星は、太陽へと引きつけられる「重力」を受ける。中心にある重い星が、時間とともに運動していた場合、周辺の時空のゆがみも同様に受ける。
重力波は、質量が運動することで生成される波。ただし、どのような運動でもよいわけではない。たとえば、球対称な変動（球型の星の半径が一様に小さくなって収縮するような運動）では、重力波は生成され

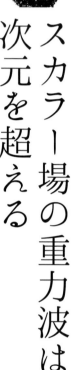

ブラックホール連星の爆発によって発生した横波の重力波が測定され存在が証明された。

『波動性科学』(たま出版)の著者・大橋正雄氏は、「原子の中から原子波・物質波(スカラー波と同意)が発生している。電子軌道において、二つの電子を許すものがあるとき、いずれもマイナスの電気を帯びているため軌道上の180度離れた位置で回転している。この180度の位置のずれによって生まれるはずの電磁波が相殺されてスカラー波となる。これが、物質のあるところすべてに必ず存在する重力エネルギーに対応している」と説明している。

スカラー波は重力波なのである。

重力波は宇宙だけでなく、人の周囲の空間や人体を構成する最小単位である原子の真空部分においてもポテンシャルとして発生している。それは原子の中の陽子の振動によって空間にゆがみが生じ、重力波が発生するからである。宇宙で起きていることは、そっくりそのまま人体の超微小空間においても起きているのである。

カタカムナウタヒを詠んであらわれるスカラー場は、宇宙からの重力波というより人体の周囲の空間や人体内の超微小空間に発生する重力波が球体の形になったものである。そのため、身体の不調や病気に、直接働きかけることができる。

ない。重力変動の影響がちょうど打ち消し合ってしまうから。重力波が生成されるのは、「四重極的な」変動をする場合。たとえば、人が手を横に伸ばして上下させるとか、二つの物体がお互いの周りをくるくるまわっているとき、と考えていただければよい。『重力波とはなにか』安東正樹著(講談社)

9 アインシュタイン博士
(1879～1955)ドイツ生まれの理論物理学者。1905年光量子説・ブラウン運動・特殊相対性理論を発表。1916年一般相対性理論を完成。重力と電磁気力との統一場理論の建設に努力。量子力学形成過程においても様々な業績を残した。1921年ノーベル物理学賞を受賞。1933年ナチスの迫害を逃れアメリカに亡命。

すぐに消えるはずの重力波が、すぐに消えないで一定程度集まると、スカラー場という空間になる。そのため重力波が治療効果を持つのである。

なぜ、重力波は球体の中で病気や症状を消すほど強くなるのか、治療効果を持つのか。それを理解するためには、次元と重力波の関係について知らなければならない。

宇宙においては、次元が高い世界ほど重力は強い作用を持ち、次元が低いほど重力は弱くなる。私たちの住む三次元世界では重力は弱い。

たとえば鉄製のクリップは手から離すと地面に落ちるが、手に持った磁石につけると地面に落ちなくなる。これは、三次元空間では磁力よりも重力が弱いことを意味している。ところが四次元以上の高次元世界では、重力は強くなり、人体を変化させるほどの力を持つようになる。これは宇宙空間だけではなく、身体の原子の中の空間にもあてはまる。

スカラー場があらわれた空間の状態は、三次元世界の空間の状態よりも明らかに微細である。スカラー場と三次元世界の境界あたりを指や手で探れば、はっきりとした境界線がわかるほどである。スカラー場は、少なくとも三次元世界のものではない。四次元世界であり、カタカムナウタヒには三次元世界に四次元世界を引き寄せ、重力波を強める働きがある。重力波であるからこそ次元を行き来できるのである。

スカラー場の中では、重力波が打ち消されないばかりか重力波の働きが強くなる可能性がある。そこは、素粒子や、その仲間の重力子があふれるほど発生している四次元世界なのだ。

スカラー場を形成する重力波は、人の身体の中の原子を始め、すべての物質から常に放射されている。しかし通常は、その発生の仕方がランダム（不規則、バラバラ）なため、重力波はすぐに消されてしまい、人体に作用するほどの力にはならない。ところが人がカタカムナウタヒを詠むと、重力波の方向性がランダムな状態からコヒーレント[10]（波動が互いに干渉しあう）な状態になり重力波は打ち消されなくなり、一定の空間にスカラー場として存在するようになる。その結果、重力波は人体の中の原子や素粒子にまで働きかけ、症状を消したり病気を治すほどの働きを持つようになる。重力波による作用は、人体の素粒子レベルにまで及ぶため、風邪でもがんや難病でも、重症度に関係なく効果を示す場合があるというのが私の考えである。

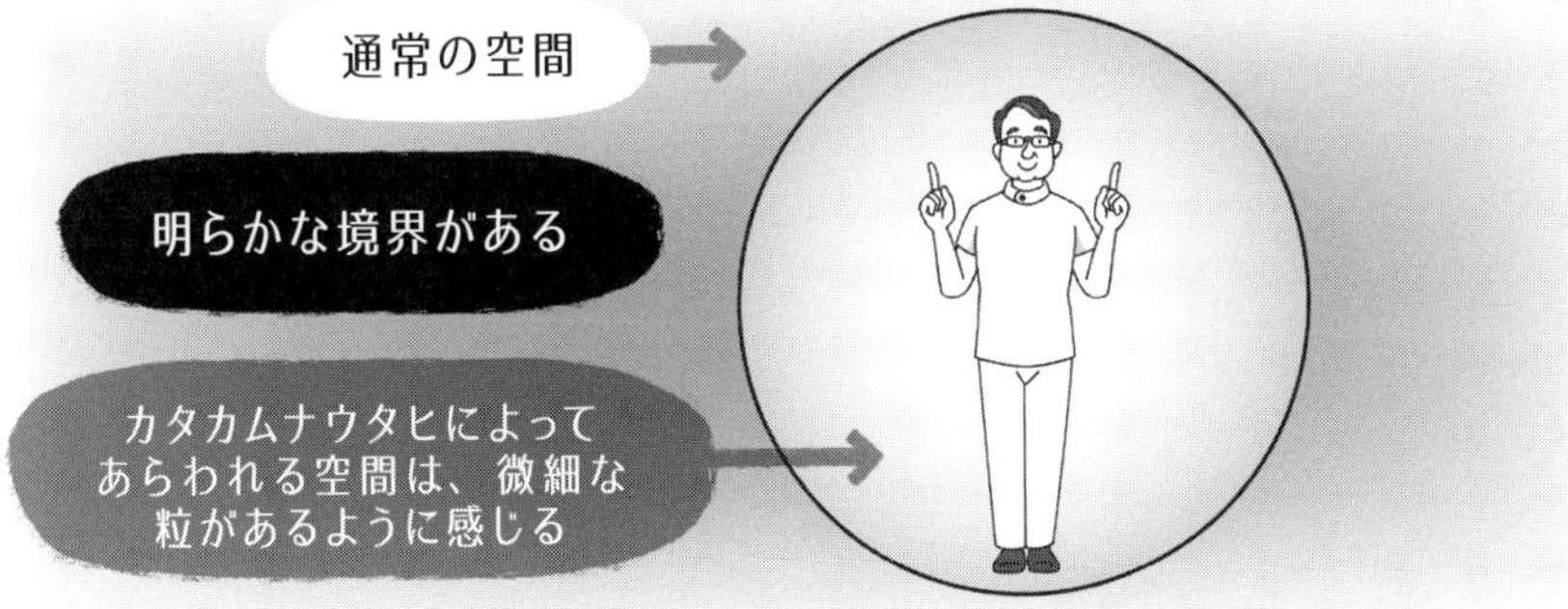
通常の空間
明らかな境界がある
カタカムナウタヒによって
あらわれる空間は、微細な
粒があるように感じる

10 コヒーレント
“干渉”するという波の持つ性質の一つ。日本語では“可干渉性”。波と波が重なり合うとき、打ち消し合ったり、強め合ったりすることを干渉という。二つの波が位相、振幅共にランダムに変更する場合、合成する波もランダムになるため、干渉縞は得られない。干渉幅を得られない状態の波。

5 カタカムナウタヒ第五首の奇跡

カタカムナの神髄は、カタカムナウタヒの第五首、そして対になっている第六首にある。

第五首

ヒフミヨイ・マワリテメクル・ムナヤコト・アウノスヘシレ・カタチサキ

第五首のカタカムナウタヒの意味を読み解いていくと、カタカムナのすごさがわかる。

「ヒフミヨイ」は、一・二・三・四・五を意味し、「ムナヤコト」は六・七・八・九・十を意味する。これらの数字は渦の巻き数を示す。ただ単に同じ向きの渦の巻き数を示すだけなら、ヒフミヨイムナヤコトと続ければいいわけである。

わざわざ真ん中に「マワリテメクル」という句が入っている

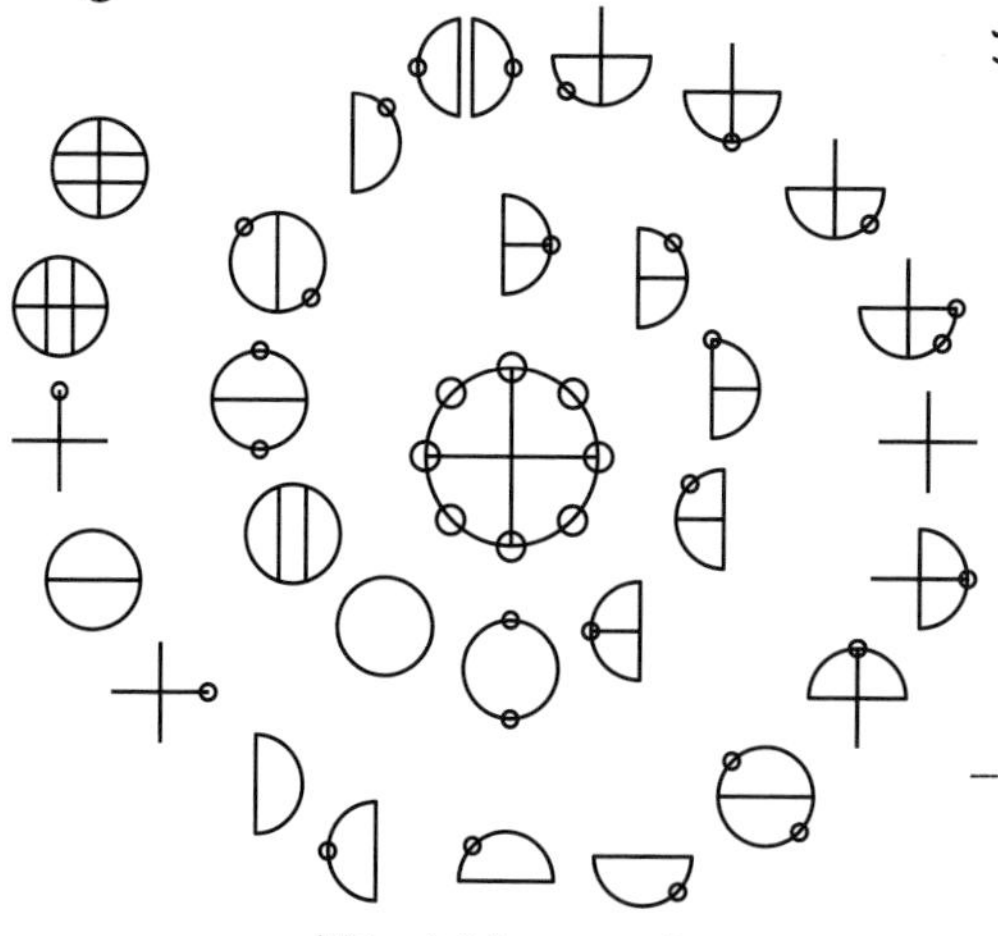

第五首－おもて

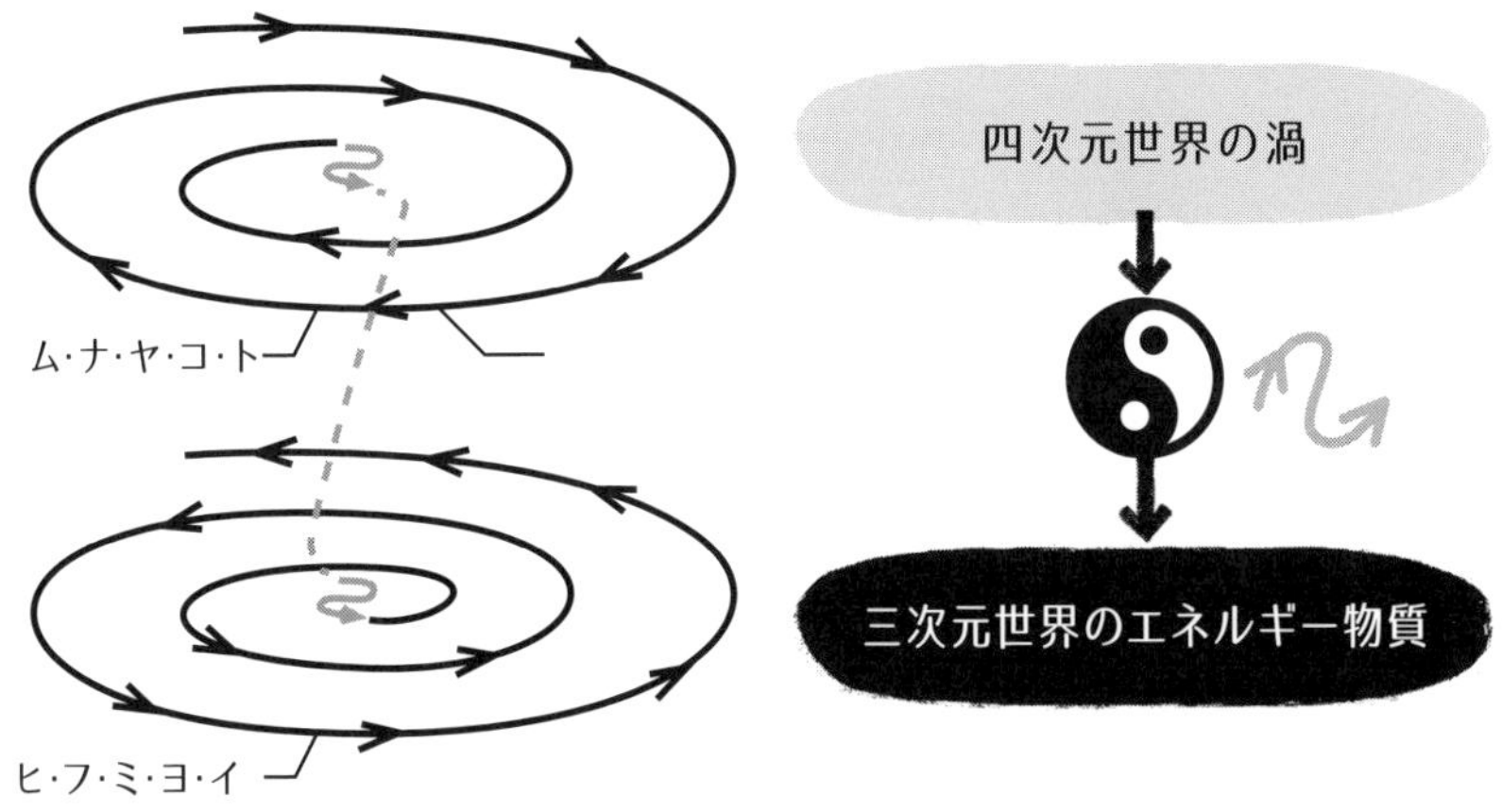

のは、イ（五）とム（六）の間で渦の回転方向が変わること、反転することを示している。

第五首の後半にある「アウノスヘシレ」は1～5の渦巻きと6～10までの反転している渦巻きには、特別な合わせ方があるということを意味する。

第4章で後述するが、「カタチサキ」は形を裂くという意味であることがわかる。

そして、二つの相反する流れを合わせると逆向き同士の流れ（対向流）が起き、その中では電気や磁気を帯びた物質やエネルギーがぶつかりあって、空間にゆらぎが生じる。その結果、重力波が発生する。それとともに＋と－の電気がぶつかりあって相殺され、電気的に中性な場が発生する。

これは宇宙や原子の世界をあらわしているのである。

第五首は、マクロ的には宇宙におけるブラックホール連星が衝突した際の素粒子や重力波の発生を、ミクロ的には原子の中の陽子がぶつかって起きる際の重力波の発生をあらわしている。

また、第五首には別の意味もある。

宇宙が上の層と下の層の二重構造からなっていることを示している。「ヒフミヨイ」は、上の層・四次元世界を、「ムナヤコト」は、下の層・私たちの住む三次元世界をあらわしている。上の層と下の層、つまり四次元世界と三次元世界は重なり合って存在する。

しかも、「ヒフミヨイ」（四次元世界）と「ムナヤコト」（三次元世界）は、つながっていて互いの世界の物質やエネルギーは「マワリテメクル」の意味する反転部分を通して行き来する。

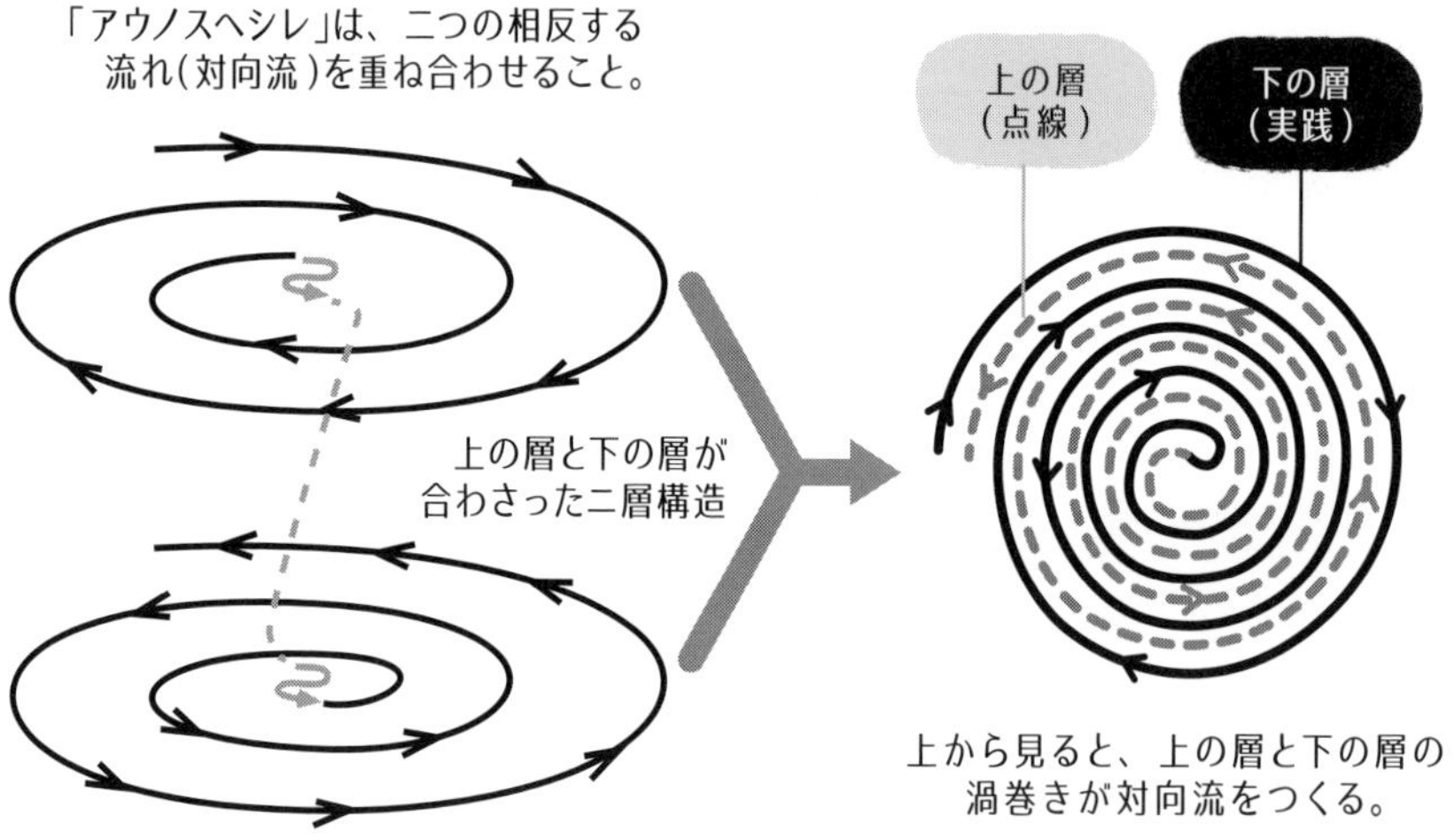

「アウノスヘシレ」は、二つの相反する
流れ（対向流）を重ね合わせること。

上から見ると、上の層と下の層の
渦巻きが対向流をつくる。

ただし「マワリテメクル」は、陰陽の形のような二次平面的な反転ではなく、立体的な反転、3D的回転である。量子力学で使われる回転変換の単位、虚数（i）であらわされる回転であり、イメージ的にはルービックキューブの列を何回か回すような回転のさせ方である。虚数を通じて私たちが、将来、四次元以上の高次元に行けることを意味するものである。

しかも、「マワリテメクル」は、四次元世界のエネルギーや物質が三次元世界のエネルギーや物質に次元変換する仕組みを示しているだけではない。四次元世界と三次元世界がまるでメビウスの帯のようにねじれながら、循環していることをあらわしている。

メビウスの帯は、不思議な形で、外側をなぞっていたかと思うといつの間にか内側を、内側をなぞっていたかと思えば外側をなぞっているように内外の区別がない。メビウスの帯と同じ構造により四次元世界と三次元世界の境界が消えるのである。これは三次元世界と四次元世界が連続していることを示している。カタカムナ文字やウタヒによって四次元世界の力を三次元世界で利用できるのは、次元と次元の間にメビウス状構造があるためである。三次元世界の症状や病気が、四次元世界に吸い込まれて消えていくように思えるのも、この構造のためである。まさにカタカムナウタヒ第五首には奇跡が書かれている。

人は四次元世界につながることができる

カタカムナウタヒを唱えたり、カタカムナ文字を身体に当てたりするだけで三次元世界と四次元世界がつながるというのは常識では考えられないことである。

しかし、カタカムナ人のスーパーヒーローのアシアトウアンだけでなく、私たち三次元世界にいる現代人もカタカムナウタヒを使うことによって四次元世界につながることができると考える。これは事実だと思う。

なぜ、そんなことができるのか。その理由は、人体の構造にある。

四次元世界と三次元世界は、メビウスの帯のようにねじれながら循環している。

人の身体もメビウス状のねじれを持っている。背中の部分は、腰の部分でねじれて大腿部の前面につながっている。一方、お腹の部分は腰の部分でねじれて大腿や下腿の後面につながっている。人の身体をよく見れば、身体の前の部分がいつのまにか身体の後ろの方に、身体の後ろの部分が身体の前の方にきているのである。これは自分のお腹や背中を触ってみるとよくわかる。背中は硬いがお腹は柔らかい。大腿や下腿の前面は硬いが後面は柔らかいので、ねじれていることがわかるはずだ。

腰から上が四次元世界と対応し、腰の部分が三次元世界に対応している。神経系についても同じである。左の大脳は右半身を支配し、右の大脳は左半身を支配している。左の大脳が脳梗塞を起こせば右半身がマヒする。このように神経系も独自のねじれを持っている。また、ＤＮＡも独自のねじれを持っている。第五首にある「マワリテメクル」の原理は、人間の体の様々な部分に見いだすことができる。それゆえ人は、四次元世界とつながり、四次元世界からのエネルギーをとり入れることができる。

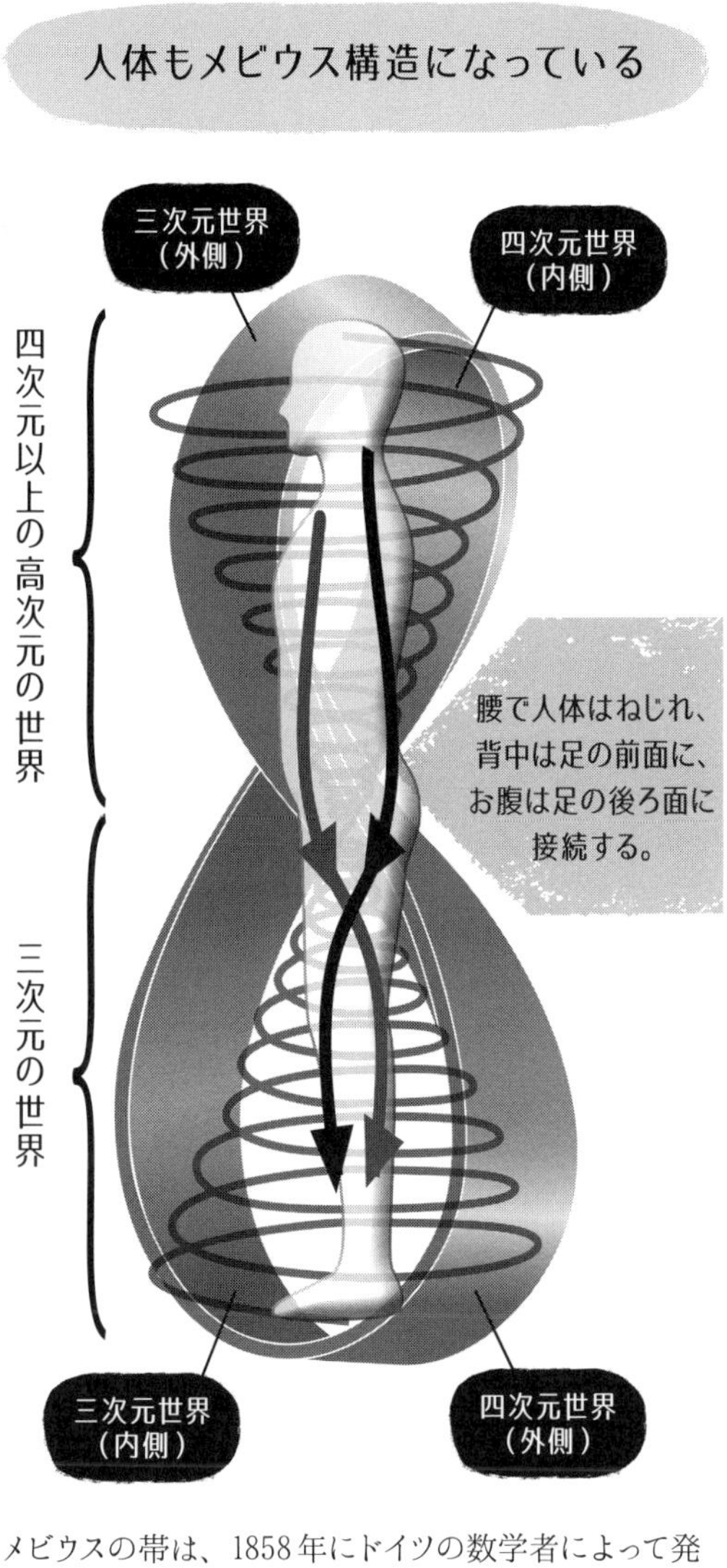

メビウスの帯は、1858年にドイツの数学者によって発見された。不思議な性質を持つ帯である。
メビウスの帯の「おもて」をたどって1周すると、「うら」の面にでてくる。メビウスの帯は、「おもて」も「うら」も区別のない帯である。同時に表側というものは裏側の正反対ではなく、裏側に連続しているということを示している。そしてこのことは、私たちの常識とは違っていて、常識は常識でありえないことを示している。

6 カタカムナウタヒ第六首の超ヒモ理論

カタカムナウタヒの中心図形の周りの一つ一つのカタカムナ文字が、何を意味するのかを記したのが第六首のカタカムナウタヒである。

第六首

ソラニモロケセ・ユヱヌオヲ・ハエツヰネホン・カタカムナ

まずは、「ソラニモロケセ」の意味を考えてみる。
「ソラ」が空間を、「モロ」はたくさんあることを、「ケセ」はあることを意味する。
「ソラニモロケセ」とは空間に満ちあふれることを意味する。
次に「ユヱヌオヲ」という言葉の意味を考えてみる。
「ユヱヌオヲ」は結えぬ緒（ヒモ）をあらわす。

カタカムナ文献では、高度な科学、素粒子のことが書かれている。

「オ」は、普通のヒモではなく、超ヒモ理論に出てくるヒモをあらわしている。

超ヒモ理論（スーパー・ストリング・セオリー）とは「ものの最小にして究極の構成単位はヒモ状の物質である」と考える現代の最先端の物理理論。この超ヒモは、かつて最小単位とされた原子やクォークよりも小さく、それ以上は分割できない最小の物質とされる。

超ヒモには両端の開いた1本の線のようなヒモと、両端が閉じた輪ゴムのようなヒモがあり、どちらも常に振動していて静止することはない。この超ヒモにエネルギーを与えると同一のヒモであっても、その振動の強さや周波数が違うことによって超ヒモは異なる粒子のように見える。ヒモの様々な振動パターンは、それぞれいろいろな素粒子に対応する。開いたヒモも閉じたヒモも激しく振動して振幅が大きく波長が短い振動パターンほど、エ

第六首－おもて

ネルギーが高く質量が重い素粒子である。

万物の根源である素粒子は、０次元の点ではなく一次元の極小のヒモからなり、その振動数、振幅の違いによって様々な素粒子になると考えれば、全ての素粒子はたった一つの「ヒモ」で説明でき、様々な計算もうまくいくのである。

人には結えないほど極微小なヒモなのである。ヒモの大きさは（10^{-35} m）、原子の大きさ（10^{-10} m）と比べてもとてつもなく小さく気の遠くなるサイズである。

しかも超ヒモのある極微小世界は、十次元に存在するとされている。十次元のうち六次元は極小の大きさに折りたたまれ、四次元が残る。この四次元こそが、三次元プラス時間の私たちの宇宙である。

ラセンになって書かれているカタカムナ文字は、ヒモをあらわしている可能性がある。そしてカタカムナ文字が異なって書かれているのは、ヒモの強さや振動数によってヒモが違った素粒子に見えることを表現している。

「ハエツヰネホンカタカムナ」は、カタカムナ文字やカタカムナウタヒがヒモを発生させるおおもとであることを意味している。

上古代に存在したカタカムナ人、特に高度な能力に秀でていたアシアトウアンは高次元

閉じたヒモと開いたヒモ

ヒモは振動の仕方によって様々な素粒子の形として見える。
48種類のカタカムナ文字の正体は、振動するヒモによってできる様々な素粒子の姿である。
○は振動するヒモの節をあらわす。

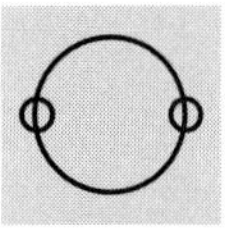
……素粒子1 ……閉じたヒモ

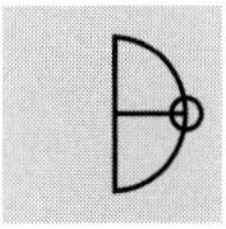
……素粒子2 ……閉じたヒモ

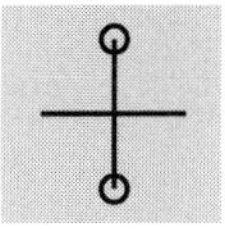
……素粒子3 ……開いたヒモ

世界の宇宙の真空に発生する素粒子やブラックホール連星による爆発、そしてそこから出る電磁波や重力波を視てカタカムナウタヒに写しとっていたのである。

もちろん、目ではなく、頭の後方の空間を意識しながら自分の意識が頭のまわりに拡大したような脳裏のスクリーンで視たのである。

目を通して見ることは、今起こっていることしか見ることができない。

ところが、視る行為は過去や現在、未来の区別なく行うことができる。そして、本当に視ることに慣れてくると、過去や未来が視えるようになる人がいるのである。

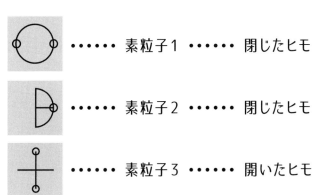

高次元を行き来する重力波

１９９９年に「私たちの暮らす三次元世界は、人間の目には見えない五次元世界に組み込まれている」と、人類の世界観を覆す概念を発表し、世界の注目を集めたのがハーバード大学の理論物理学者リサ・ランドール博士である。博士は、著書『異次元は存在する』（ＮＨＫ出版）の中で高次元の世界をバスルームにたとえてわかりやすく説明している。「五次元世界は三次元世界の縦、横、高さに時間、そして五番目の次元方向への距離で表される」と示した数式（五次元＝e-k|r|（縦＋横＋高さ－時間）＋五次元方向への距離）は、現在、世界の物理学者たちの論文に最も引用されている。

彼女は、「三次元世界の宇宙はバスルームのシャワーカーテン（ブレーン）のようなもので、三次元世界にいる私たちはシャワーカーテンについた水滴のようなもの。水滴はシャワーカーテンの上を移動できるが、シャワーカーテンから離れてバスルームには飛び出すことはできない。バスルーム全体は高次元の世界である。私たちは三次元世界の中を移動することはできるが、高次元の世界へ飛び出すことはできないし、見ることもできない。私たちの宇宙以外にも、別の異なるブレーンは、いくつもあり、ブレーンは高次元の空間全体（バルク）の境界になっている」と考えている。

唯一、三次元と五次元の間を行き来できるものは「重力」である。重力が極端に弱い力である理由は、重力エネルギーが次元を超えて行き来しているためではないかと、考えると説明がつくとある。

開いた状態のヒモである電磁波などは、ヒモがこの三次元のブレーンに束縛されているので高次元世界には行けない。閉じた状態のヒモである重力は、ヒモが三次元には束縛されていないので異なる次元に自由に行くことができる。つまりスカラー場は重力波であるからこそ三次元世界に出現できるのだろう。

物質の最小単位は振動する"ヒモ"

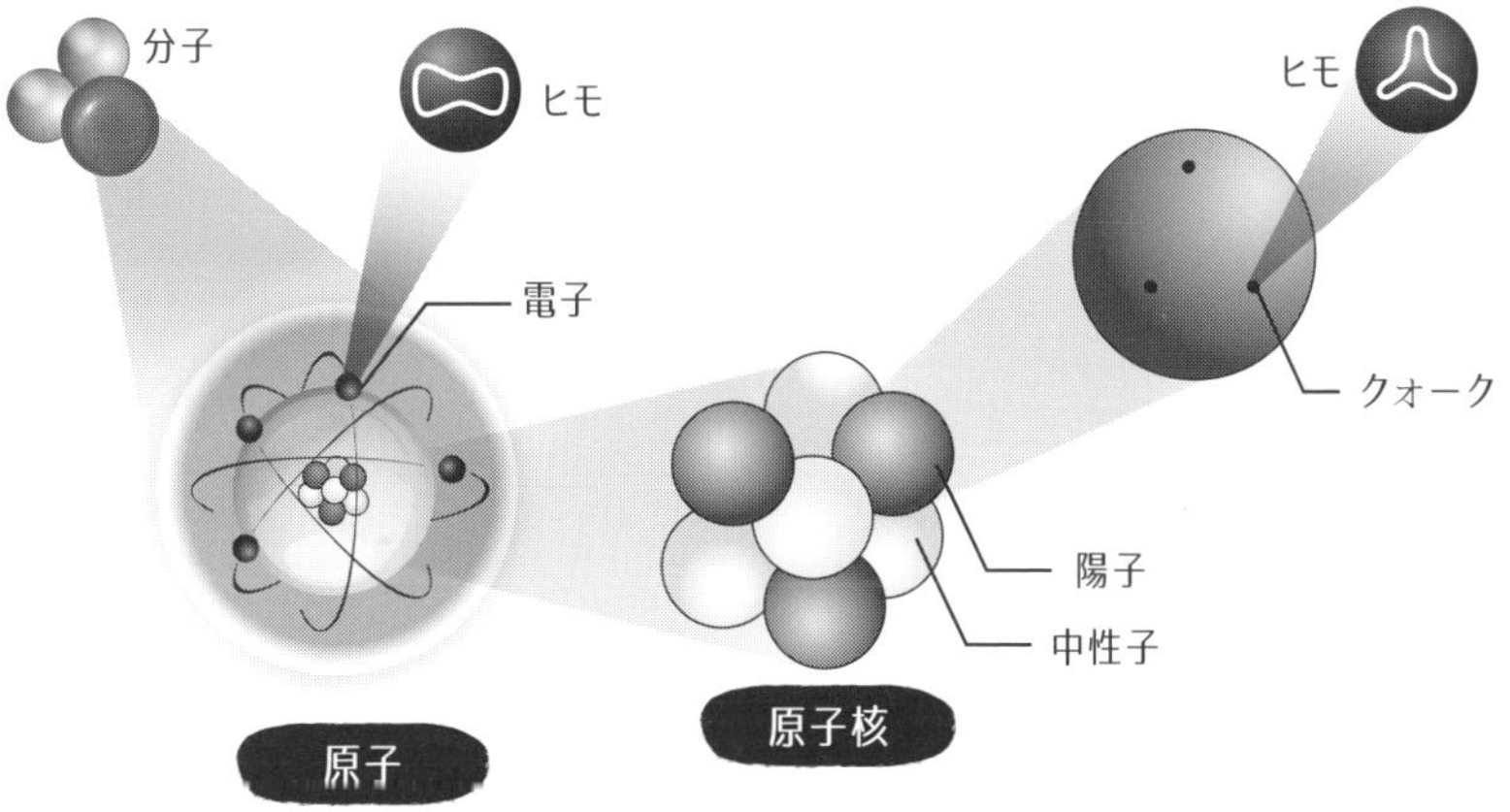

最小単位と考えられているのは、電子やクォーク。超ヒモ理論では振動するヒモと考えられている。ヒモの振動の仕方によってクォークや電子になる。

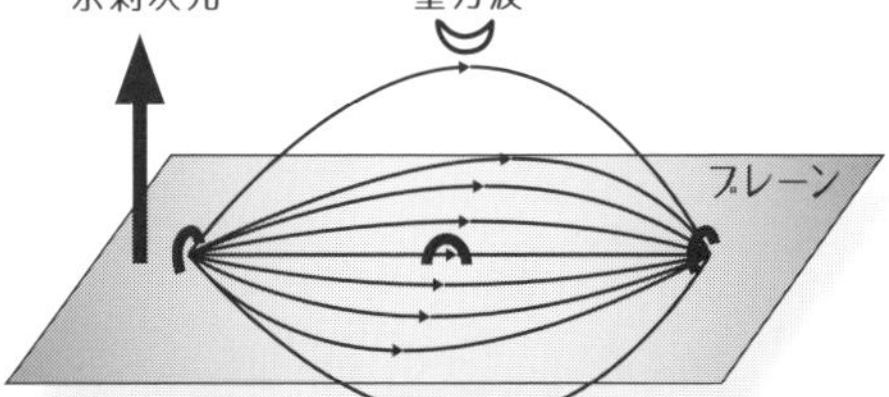

重力波はブレーンの外に出て行けるが、電磁波などは中から出て行けない。

7 カタカムナウタヒ第七首のミスマルノタマ

第七首は、カタカムナウタヒの中で大切な役割を持ち、無限の宇宙エネルギーを受けとるスカラー場、四次元空間であるミスマルノタマをつくることとかかわっている。

第七首

マカタマノ・アマノミナカヌシ・タカミムスヒ・カムミムスヒ・ミスマルノタマ

「マカタマ」とは〝陰陽〟のことである。〝陰陽〟の〝陽〟の部分は、目で見えるが、〝陰〟の部分は陰という性質のため、目で見えない。そのため、普通の人には陰陽の半分である〝勾玉[11]〟の形しか見えないのである。勾玉といえば、本当は陰陽を指すのである。

『マカタマノ・アマノミナカヌシ・タカミムスヒ・カムミムスヒ・ミスマルノタマ』とは、陰陽の中心を、右回りと左回りといった正反対のエネルギーが巡ることを意味する。

そして、右回りと左回りのエネルギーのバランスがとれた状態のときに、ミスマルノタ

---

11 勾玉
まがたまは、古来より“三種の神器”の一つとして伝わる。その形は、陰と陽(＝月と太陽)を具現化したもの、胎児の形を模したものともいわれる。魔よけや安産のお守り、若さと力のパワーを手に入れるためにこの形にされたともいわれる。

勾玉

第七首－おもて

マという異次元空間があらわれる。『マカタマノ・アマノミナカヌシ・タカミムスヒ・カムミムスヒ・ミスマルノタマ』を人の状態にあてはめると、心が中庸の状態、無や空の状態になっているときのことをあらわす。

このようなとき、人は四次元空間を自分の周りに誘導することができるのである。

「アマノミナカヌシ」は、宇宙根源の神・天之御中主の神様。宇宙エネルギーそのもの。宇宙の中央にいて支配する神である。宇宙の創造神であり、神様というよりは宇宙そのもの、ありとあらゆるところに満ちていて、お姿をとらえることはできない。目に見えない世界から神々に指令を出し、常に宇宙を操っている至上神で、その姿、言葉、行動などは何一つ知られていない、神秘のベールに包まれた

「神」である。また、エネルギーそのものであるため、特定の宗教や崇拝する偶像などの信仰の対象にはなっていない。

宇宙創世後、宇宙は膨張と収縮を繰り返し常に変幻している。そして、宇宙誕生後に「タカミムスヒ」高御産巣日の神様、「カムミムスヒ」神産巣日の神様が運営している。この三柱の神[12]は、いずれも独神、男女両方の能力を持つ全知全能の神とされている。

三柱の神の力をいただくと自分たちも宇宙創世の一端を担うことができて思いどおりのことができやすくなる。

「ミスマルノタマ」とは、不思議な球

12 三柱の神
古事記神話で、国土・人間・万物を創造したといわれている。天御中主神(あめのみなかぬしのかみ、あめのみなかぬしとも呼ぶ)・高皇産霊神(たかみむすひのかみ)・神皇産霊神(かみむすひのかみ)とも表記する。

体、宇宙球のことである。宇宙には相似形の物がたくさんある。カタカムナウタヒを唱えると、あらわれる2・5ｍほどの球体なのである。この球体は、すべてを包み、素粒子に働きかけて癒しを産むのである。すべてを創造するスカラー場、重力波である。

右頁の写真は、ある神社の御神域周辺にあらわれた「神」のお姿である。「神」を取り囲むように存在するミスマルノタマは「神」に永遠の命（生命エネルギー）を送り込んでいる。

たとえ、「神」の周りを囲むほどの強力なミスマルノタマでなくとも、もっと弱いミスマルノタマであっても、人が自身の周囲にミスマルノタマをまとうことができれば、どんなに元気でいられるか、現代医学でも難しい病気を治せるのではと考えている。

私たちの住んでいる宇宙の始まりは、アマノミナカヌシからである。

つまり、アマノミナカヌシは、私たち自身の生命の根幹の生みの親なのである。カタカムナウタヒの第七首を唱えるだけで、いうなれば生みの親と直接つながることができる。

カタカムナウタヒの意味を知らなくても、ただ詠んだだけで効果が出る。

自分の周りにミスマルノタマをつくるためには、カタカムナを詠んだり、身に着けたり、書いたり、習慣にすればいいだけである。

スカラー場を使いこなす現代版カタカムナ人

スカラー場は、超一流のアスリートがしばしば体験するゾーン（ＺＯＮＥ）に似ている。

ゾーンは極度の集中状態で体験する特殊な精神状態、フロー（ＦＬＯＷ）とも呼ばれる。もしかしたらゾーンは、スカラー場の中にいるときの人の状態を示しているのかもしれない。

野球の神様として知られた元巨人軍監督の川上哲治さんや終身名誉監督の長嶋茂雄さんはボールが止まって見える体験をしたというが、これは紛れもないスカラー場の中での出来事であろう。こうした不可思議な現象は、スカラー場の中では当たり前に起こることだと考えている。

またラグビーの日本代表の五郎丸歩選手は、独特のルーチンワークで驚異的な成績を残している。

彼のワークは、独自のスカラー場を自分の周りに出現させ、その中でゴールキックをすることで三次元世界の精神や肉体を四次元世界のものに一瞬でパワーアップさせる力を持っているのだろう。

野球のイチロー選手もスカラー場の四次元世界を自由に自分の周りにつくれる一人だと考えられる。

彼は打席に入るとすぐに、スカラー場をつくり上げ、その中では、ボールがゆっくり見える。筋力もスカラー場の膜の中にいるときの方が数倍、いや数十倍強いはずだ。だから、ホームランも打てるし、安打を増産できる。

驚異的な結果をたたき出すアスリートほど、スカラー場のつくり方がうまい。逆に、このようにスカラー場をつくれなければ、一流の中の一流にはなれない。

このようにいうと一部の人だけがスカラー場をつくることができ、四次元世界とアクセスできるように思われるかもしれない。

しかし、カタカムナを使うと、すべての人ができるようになる。カタカムナをただ見たり詠んだりするだけ、カタカムナを身に着けるだけでも、知らぬ間にスカラー場をつくり、四次元世界とアクセスできるのである。

私のクリニックに来る患者さんは、ほとんどこのスカラー場の中に入る経験をしている。というのは、診察室の中で私がカタカムナを詠み上げるからだ。「この中にいるとすごく気持ちがいいから、またあの空間の中に入れてください」という人も少なくない。

四次元世界の中にいるのも気持ちいいが、カタカムナウタヒを詠み上げていると、胸の真ん中をスースーと涼しい空気が行き来し、気持ちがいい。喜びが自然と湧き上がってくる。

8 スカラー場で人を癒す

スカラー場には無限ともいえる種類がある。

カタカムナウタヒの使い手になると、一度にいくつものスカラー場を出現させることができる。まるで自分の周りに黄色や赤色、好きな色の風船を好きなだけつくれるように、自分や患者さんがそのとき必要とするスカラー場を必要なだけ出現させることができる。

実際、複数のスカラー場を使って様々な病気と取り組んでいる人がいる。

それは私の友人の神山三津夫氏だ。神山氏は、横浜でリハビリテーションマッサージを30年以上も行っている指圧マッサージ師である。

神山氏の方法は、膜宇宙療法（Braneworld Therapy）と呼ぶもの。なんでも多面体の幾何学をつくる数字が膜をはり、組み合わせた指から流れる生体電流が膜に、そして自身の肉体細胞の中に入り、共振共鳴運動を起こすという。膜に囲まれると、膜内では粒子を隔離でき余剰次元の空間になるというのである。

---

13 スカラー場を誘導する数字
　神山三津夫氏が施術に使う数字。目的別の数字がある。
14 錐体外路系
　大脳皮質から脊髄に向って下行する運動経路のうち、錐体路以外のものをいう。骨格筋の緊張と運動を反射的、不随意的に支配する働きをし、随意運動を支配する錐体路と協調して働く。
15 自発運動
　自発運動とは外部刺激等で強制的に誘発される運動ではなく、文字通り自発的に示す運動のこと。

私は、彼はスカラー場を誘導していると考えている。たとえば、彼が「身体がやせる」スカラー場を誘導する数字[13]の「7、263、262、755」と読み上げると、その目的にあったスカラー場があらわれ、その中で患者さんは本当にやせ始めるのである。

私も彼の真似をして、患者さんに「最高に美しく」のスカラー場を誘導する数字をいったところ、5分ほどして患者さんが、自分の顔を鏡で見て本当に美しくなったことに驚いたケースがあった。カタカムナウタヒもスカラー場を誘導する力が強いが、神山三津夫氏の数字によるスカラー場の誘導も強力である。

彼が患者さんの周りにスカラー場をつくると、患者さんは自分の意思では決してできないような身体の動きをする。それは見ていて胎児がお母さんのお腹の中で動き回るような、または宇宙遊泳をしているような動きである。医学的にいうと錐体外路系[14]が刺激されたときに起こる自発運動[15]である。そして30分間ほど続いた自発運動が終わると、患者さんは、「すごく体が軽くなった」「症状がとれた」という。

109頁の図表は、彼が特定のスカラー場を誘導するときの数字、その一部を教えてくれたものである。これらの数字は、彼がチャネリング[16]によって宇宙から教えてもらったという。そんなことはあるはずがないと思っていたが、ある日彼が「宇宙と会話をしている」

---

16 チャネリング
高次の霊的存在・神・宇宙人・死者などの超越的・常識を超えた存在、通常の精神(自己)に由来しない源泉との交信法、交信による情報の伝達を意味する。

といっているとき、彼の頭の上の方で地球の言語でないと思われる言葉が聞こえた。彼は本当に宇宙と交信していたのだとわかった。

四次元世界には大小様々なフラクタル[17]な渦が満ちている。その渦の一つ一つが人体への異なる影響力を持つ。目的を叶える周波数の数字を唱えると、意図した目的に見合った渦がスカラー場の中に流入し、次元変換し三次元に出ていくことで目的が達成される。スカラー場を使って人を癒す方法は、これからの治療のスタンダードになるかもしれない。

私たちはカタカムナウタヒを何度も詠んでいくうちに、自分の周りに球体、つまりスカラー場を自由自在に生み出せるようになる。

ただし、カタカムナウタヒを何回詠めばスカラー場を生み出せるかには個人差がある。

このスカラー場は、私たちが住む三次元世界と四次元世界をつなぐコネクター（接続するもの）の役目をする一種の亜空間である。スカラー場を使うと、私たちは三次元世界にいながらにして四次元世界につながり、四次元世界のヒモやエネルギー、力、智慧を使うことができる。すると、それまで三次元世界では不可能だったことが可能になる。三次元世界で治らないがんや難病が四次元世界の力を使うことで改善する場合がある。

スカラー場は、まさにハリー・ポッターの魔法の杖以上の魔法を可能にしてくれるのだ。

---

17 フラクタル
自己相似性を持つ図形。地図上のリアス海岸線の形などのように一部分を拡大すると、もとの図形と似た図形になる性質を持つ。

スカラー場を誘導する数字

筋腫	7 562 335 555
全身美容	865 863 567 755 355
やせる	7 263 262 755
上半身やせ	7 456 753 665
下半身やせ	355 668 252
二の腕やせ	36 547 288
下腹部やせ	27 262 784 588
腹部やせ	65 238 787 788
熟睡できる	26 234 435 262 188
ダイエット専用	768 255 788
最高に美しく	54 356 687 453 668
最高に美しく	365 471 568 778

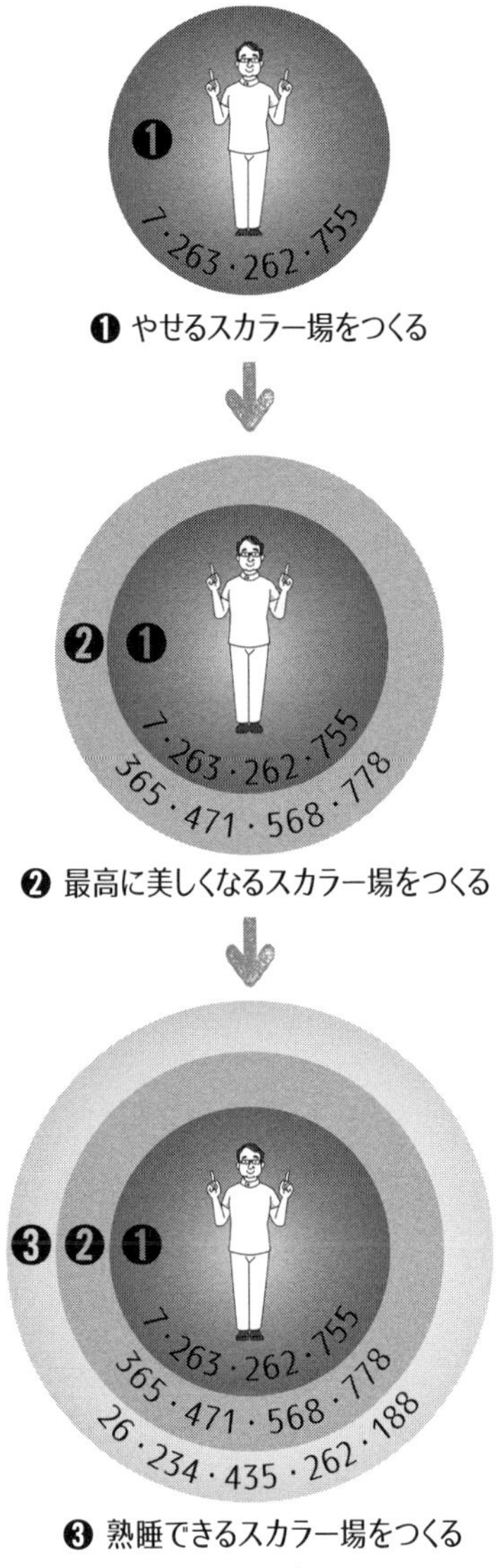

❶ やせるスカラー場をつくる

❷ 最高に美しくなるスカラー場をつくる

❸ 熟睡できるスカラー場をつくる

神山三津夫氏が施術するときに使う数字。数字を声に出して読み上げてもいいが、この値と同じ周波数の音叉(特定の高さの音を発する2叉に分かれた道具)を鳴らしてもいい。たとえば、腹部の痩身には65,238,787,788の数字をいうか、又は65,238,787,788Hzの音叉[18]を鳴らす。音の振動はスカラー場を誘導しやすい。

これらの数字は、2017年5月現在使用している数字である。これらの数字は、突然まったく別の数字に置き換わることがある。この本の出版後に、これらの数字が効果をなさない場合があるのでご了承願いたい。

18 音叉
特定の高さの音を発する2叉に分かれた道具。均質な細長い鋼の棒を中央でU字形に曲げてそこに柄をつけたもの。振動の与え方によって決まった周波数の音をかなり長い間発生させることができる。音響測定、楽器の調律などに用いられる。

9 スカラー場の14の性質

スカラー場には14の性質がある。

①スカラー場は物体を透過する

電磁波は物質にあたると吸収されるか反射してしまう。

スカラー場は吸収も反射もしないで水や岩石だろうと地球でさえも透過する。

このことを証明するため、ある実験を行った。

その実験は、鉛で完全に覆われたレントゲン室に被験者を入れ、被験者の前頭前野の脳血流を測定するというものだ。

カタカムナウタヒを詠む人（詠み手）はレントゲン室の外にいて、被験者には詠み手がいつカタカムナウタヒを詠み始めたかがわからないようにした。

もしスカラー場が鉛の遮蔽物を透過してレントゲン室の被験者に作用すれば、カタカムナウタヒを詠み始めた時点から前頭前野の脳血流は上がる。スカラー場が、鉛の遮蔽物を

脳血流の測定

カタカムナウタヒを背中につけて10分　①〜⑯の数字は脳の部位をあらわす。男性27歳

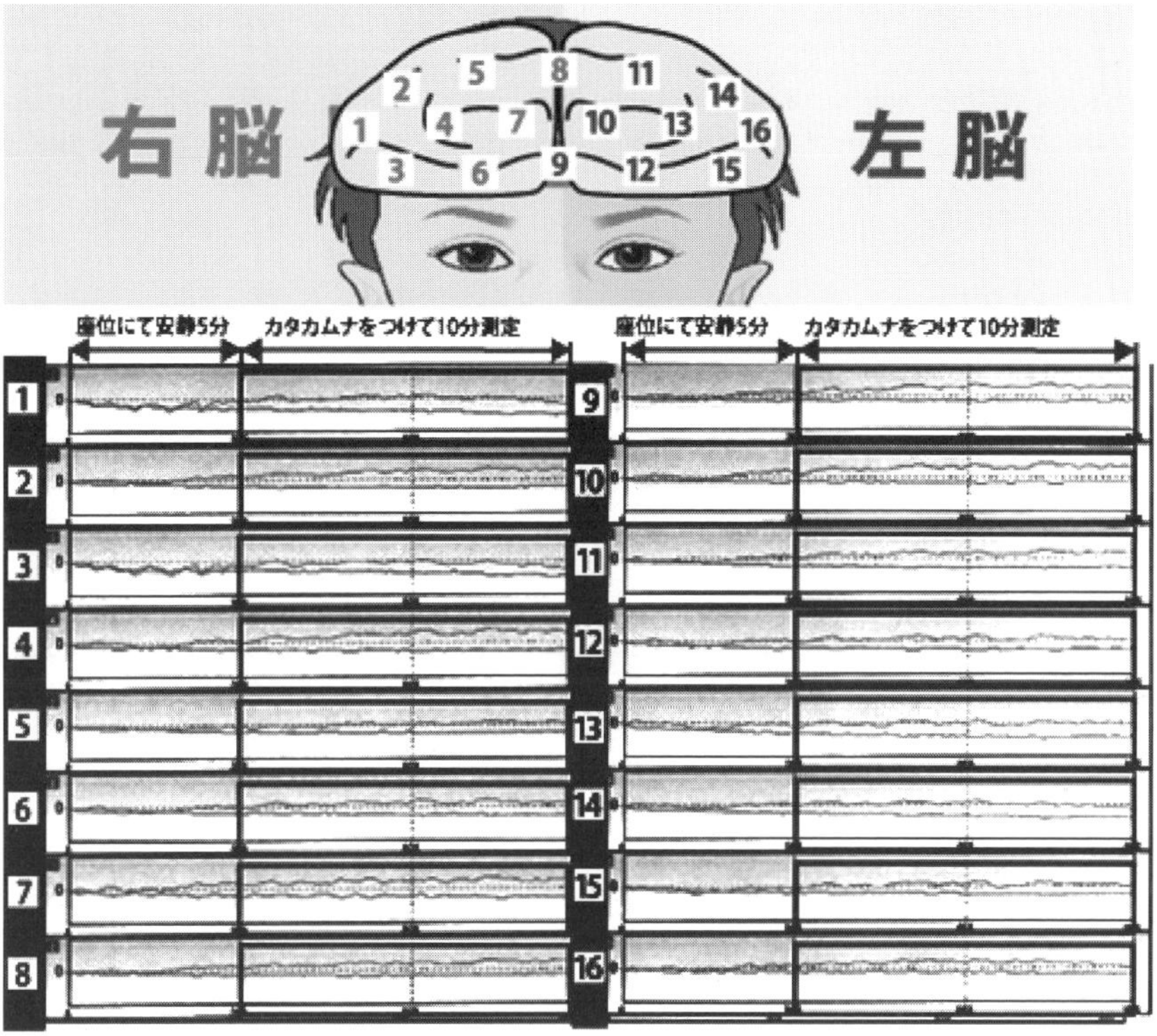

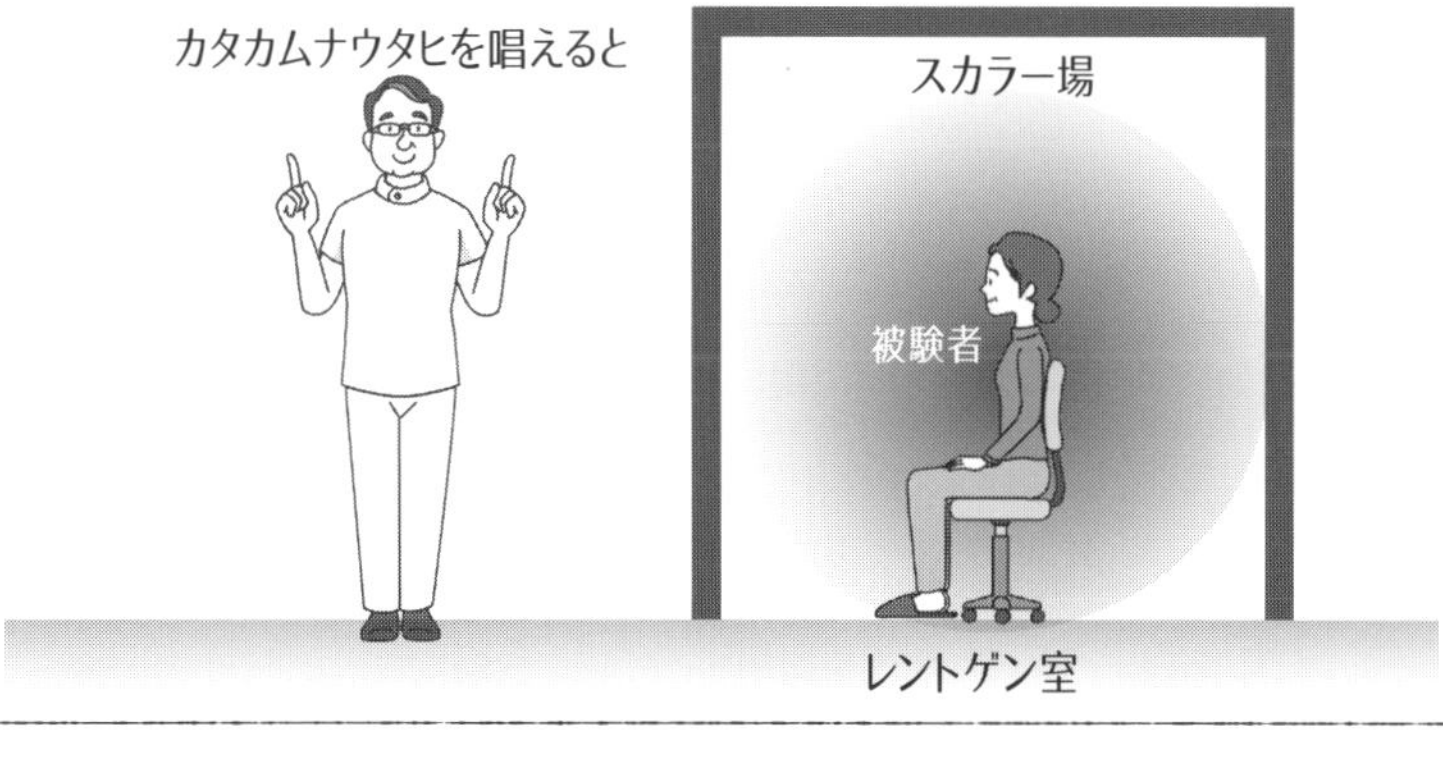

透過することができなければ、被験者の前頭前野の脳血流は上がらない。

実験をした結果、カタカムナウタヒを4回から5回詠んだあたりから、被験者の前頭前野の脳血流が上がった。それも、前頭前野のほぼ全域で上がる。

さらに被験者は、私がカタカムナウタヒを詠んでいる間、レントゲン室の中にいるにもかかわらず、頭がブアーッと上に吸い込まれるようになるという。

これは、鉛の遮蔽物を超えて、スカラー場が被験者に作用したことを示す。スカラー場が物体を透過したのだ。これは、カタカムナウタヒを詠むとあらわれる球体がスカラー場である証明にもなる。

放射線でも通過できない鉛を通過できることは、どんな場所に病気の人がいてもそこにスカラー場の力が及ぶことを意味するのではないだろうか。

②スカラー場は人体を蘇生する世界の空間、場である

四次元世界では素粒子のもとであるヒモまで利用することができる。そのため、電磁波のような物質レベルのエネルギーとは桁違い、次元違いの治療効果がある。これがスカラー場を治療法にとり入れる最大のメリットである。

実際、これまで改善しない症状を持つ人の6割以上がスカラー場で改善した。最近では、右の顔面神経麻痺で口が十分に開けられない人に、スカラー場を作用させると、ものの数分で口がもとのように開くようになった。スカラー場は人体を構成する原子の中の真空という超微小空間にも作用するので、薬以上の効果を持つことがある。

③電磁波もスカラー場も、根源は光なので相乗作用がある

これは三次元の電磁波を使ってスカラー場を増幅させることができることを意味する。

私の友人の神山三津夫氏は、スカラー場を自由自在に使って取り組んでいる。神山氏は、青、緑、黄色の色を患者さんに当てながらスカラー場を使うことで、効果を相乗的に上げている。

私も、黄金ラセンカタカムナを透明なフィルムに印刷し、それに様々な色の光を当てて治療することがある。こうすることで効果は明らかに上がる。

④スカラー場は共振する

カタカムナウタヒだけでなく第五首の内容からつくられたコイルや正二十面体、正十二

面体、水晶、光、特定の音などに共振して、あらわれることがある。

⑤スカラー場は、現代の電磁波学では測定できない

なぜなら現代の電磁波学は横波の電磁波を測定できるが、縦波の電磁波であるスカラー場を測定するようには、つくられてはいないからである。しかし敏感な人なら、指先でその存在をはっきりと感じることができる。

⑥スカラー場と磁界

電磁波学では電気が発生すると磁気が対に発生する。電気が主で磁気が従であると考えられている。

しかし、四次元の世界では磁気の果たす役割の方が大きい可能性がある。したがって、後述するが、カタカムナウタヒに永久磁石を貼ると効果が増す。

⑦スカラー場は階段状、間欠的に出現

スカラー場は一定の値を超すと、三次元に突発的にあらわれる現象である。

⑧スカラー場と生命

スカラー場は、人間の能力をバージョンアップさせることができる。スカラー場の中では身体の柔軟性は増し、筋力は強くなり、前頭前野の脳血流量が増える。

⑨反重力空間

おもしろいことに、カタカムナウタヒを唱えると体が浮き上がるという人が何人もいる。まるで反重力の空間にいるかのようになるのは、カタカムナウタヒによって空間の重力に変化が起こることを示す。この空間は四次元世界の空間である。

⑩スカラー場が次元をつなぐ

物理学者（素粒子論）の第一人者である大栗博司氏は、その著書『大栗先生の超弦理論入門』（講談社）の一節

で次のように述べている。

「超弦理論の研究から、空間の次元が変換してしまうという驚くべきプロセスが発見されました。三次元だと思っていた空間が四次元になったり、二次元になったりする現象がある。また、同じ現象でも見方によって、三次元で起きているようにも、なんと九次元で起きているようにも見えたりするというのです」と。

スカラー場は高次元の世界と、この三次元世界をつなぐ働きをする。スカラー場は次元と次元の間のコネクターの働きをする。コネクトする四次元以上の世界は無限にある。

カタカムナの達人にもなると、意識的に自分が必要とするものがある次元を選んでスカラー場でつながることができるかもしれない。

⑪地球もスカラー場

地球自体が大きなスカラー場を形成している可能性がある。世界各地にあるピラミッドは、三次元世界と四次元世界のコネクターの役目をしているからだ。

そのため、カタカムナを使って発生するほど強固なスカラー場ではないにしても、地球が常に弱いスカラー場に包まれている可能性がある。地球上にいる私たちは四次元世界につながりやすい状態にある。そして、カタカムナウタヒを詠むことで私たちはより密接に四次元世界とつながることができるのである。

⑫スカラー場で情報受信

カタカムナを使うと、三次元世界では知りえない情報や知識を得ることが可能になってくる。カタカムナを使い、スカラー場を発生させ、自分が知りたいことを意図すると、答えがインスピレーションとしてかえって来ることもあるし、頭のそばで声がして教えてくれる場合もある。脳裏に映る場合もあるが、夢の中に答えがあらわれることもある。

たとえば、子供の名前を決めかねているとき、カタカムナウタヒを詠みながら、子供の名前を意図すると、一両日中に子供の名前が脳裏にポンと降りてくるようなことが起こる。

また、私の場合は、有害な電磁波を有益な電磁波に変える方法を知りたいという意図を持ちながら、カタカムナウタヒを詠むと、しばらくして、その方法を教えてくれる文献が見つかったり、必要な部品が見つかったり、それに詳しい人が突然、訪ねてきたりすることがある。

上古代のカタカムナを書いた能力者アシアトウアンのようなスーパーカタカムナ人の場合には、カタカムナウタヒを詠むことで宇宙の創生や生命の神秘などに関する情報を四次元世界やアカシックレコード[19]からたやすく受信したに違いない。

⑬スカラー場と脳力

カタカムナ人は、スカラー場を使ってアカシックレコードにアクセスする脳力を持っていた。さらに彼らは発達した脳によって透視やテレパシー[20]さえも行っていたのだろう。

そして彼らの中の特に優れたものは、宇宙の姿が見えた。原子や量子の状態、最近まで何もないと考えられていた真空に満ち溢れるヒックス粒子[21]まで見えていた。四次元空間以上の高次元空間まで見えていたのではないかと考えられる。

実際、カタカムナに書かれている数字は、次元を意味する可能性があるといわれており、少なくとも九次元までであるという。

---

19 アカシックレコード
人智学の創始者、ルドルフ・シュタイナー提唱。宇宙の彼方に存在する全宇宙の過去から未来までのすべてのことが書かれた記録。アカーシャの記録という意味。インド神秘学に由来する言葉で地・水・火・風の次にくる五番目の元素「アカーシャ」は、地球全体を完全に取り囲んでいる精神的な媒質のこと。アカーシャの中に宇宙の発生、「時」が始まったときからの全生命体の全生涯にわたる記憶・想念・感情・意思の記録が、完全かつ永久に情報として保存されているという。『聖なる科学』実藤遠著（成星出版）

20 テレパシー

⑭スカラー場を転写

私たちはカタカムナを使って水、木材、石のような無生物の内部にスカラー場を潜在的な力として貯蔵できる。スカラー場は物体を透過はするが、波の性質を持っているため干渉し共振すれば物と一体化する。

上古代のカタカムナ人は、実際、カタカムナウタヒを使って、ただの石にスカラー場を保存しストーンサークル（環状列石）としたのではないかと考えられる。

このことを裏付けるものとして、イギリスのストーンサークルの話がある。そこでは、身体が浮くようになったり、特殊な磁場を感じることが多い。これはまさにスカラー場が、石かその土地に保存されていることを示している。

※スカラー場に関しては、実藤遠著『宇宙のスカラー的構造』（技術出版）の理論を基に研究している。

人間の心の状態・考え・イメージ・感情などが、言語・表情・身振りなどによらずに他人に直接伝わる現象。

21 ヒックス粒子

「神の粒子」とも呼ばれ、宇宙が誕生して間もない頃、他の素粒子に質量を与えたとされる粒子。

コラム3

ポテンシャル

位置エネルギー、潜在的なエネルギーのこと

物理学では、しばしば位置エネルギーのことをポテンシャルという。高い場所にあるものは、位置エネルギーが高いので落とすと強い力で地面に当たるためポテンシャルが高い。

また、ポテンシャルは様々なものに変化しうる潜在的なエネルギーといってもいい。

たとえば、何にもつながれていない電池はポテンシャルを持っているといえる。電池は、電球につながれると初めて光となる。モーターにつながれると力をつくる。電熱線につなぐと熱を出す。

電池のままでは、光を出すことも、回転数をつくることも、熱を出すこともできない。しかし、潜在的なエネルギーを持っている。ポテンシャルというのはそういったものである。

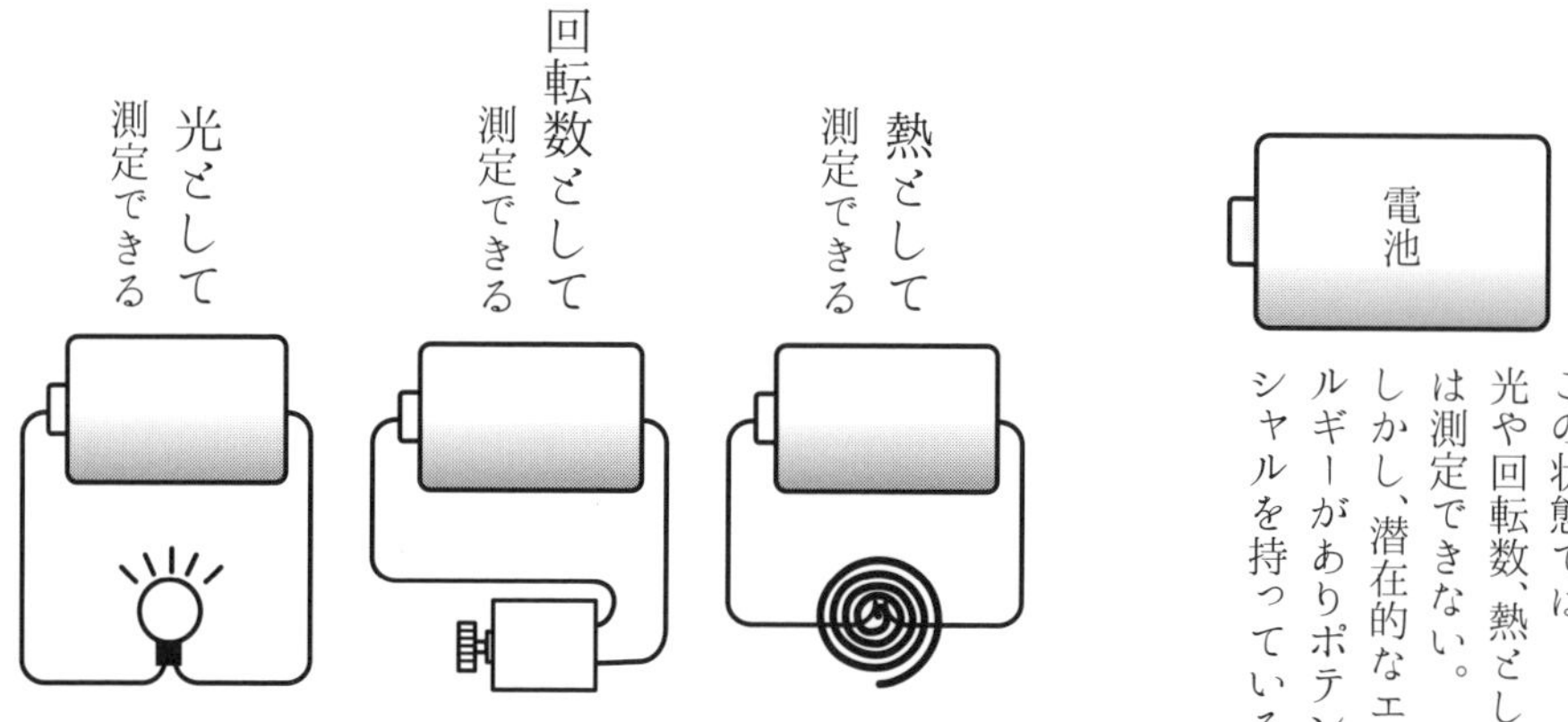
電池
この状態では光や回転数、熱としては測定できない。しかし、潜在的なエネルギーがありポテンシャルを持っている。
熱として測定できる
回転数として測定できる
光として測定できる

第4章

模索《モサク》

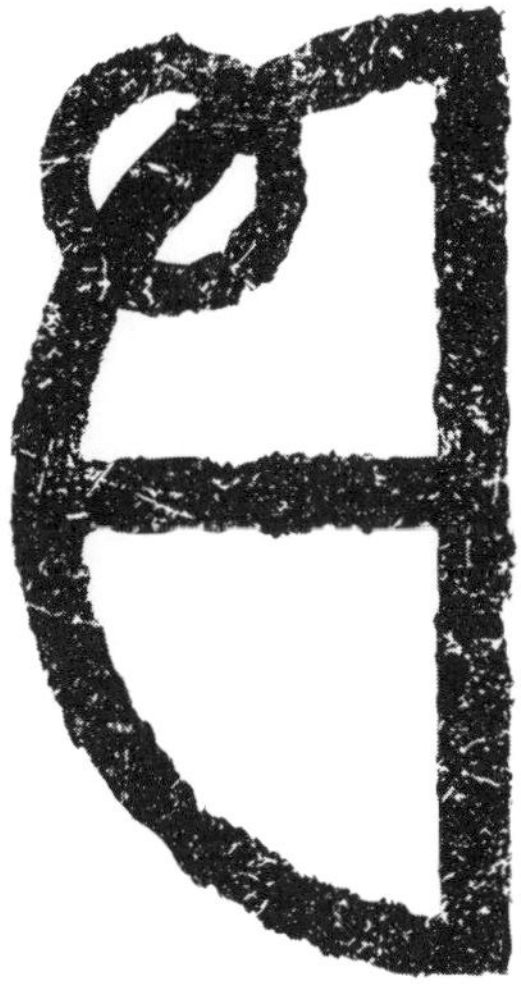

カタカムナ
効果を追究

1 カタカムナと人の意識が一つになる

カタカムナは見える世界の物事だけに作用するものではない。

目に見えない世界に直接働きかけ、そのパワーや空間を見える世界に導く働きがある。

見えない世界とは、物理学や数学で明らかにされつつある実在の世界、量子[1]の世界のことである。決して科学で確かめることができないスピリチュアルな霊や天使、神の世界ではない。宇宙における真空や真空の中に生まれては消える素粒子の世界や、これと対極にある極小の原子や素粒子の世界、量子力学の世界をいうのである。

これらは、現代科学でまだ完全に解明されていない世界である。

見える世界とは、私たちが住んでいる三次元世界のことであり、見えない世界とは四次元以上の世界のことである。

見える三次元世界には物質と空間がある。

見えない四次元世界にも物質（素粒子）と空間がある。

---

1 量子
「粒子」でも「波」でもあるという二重の性質をもつミクロの物質（素粒子、電子、原子、分子など）のこと。

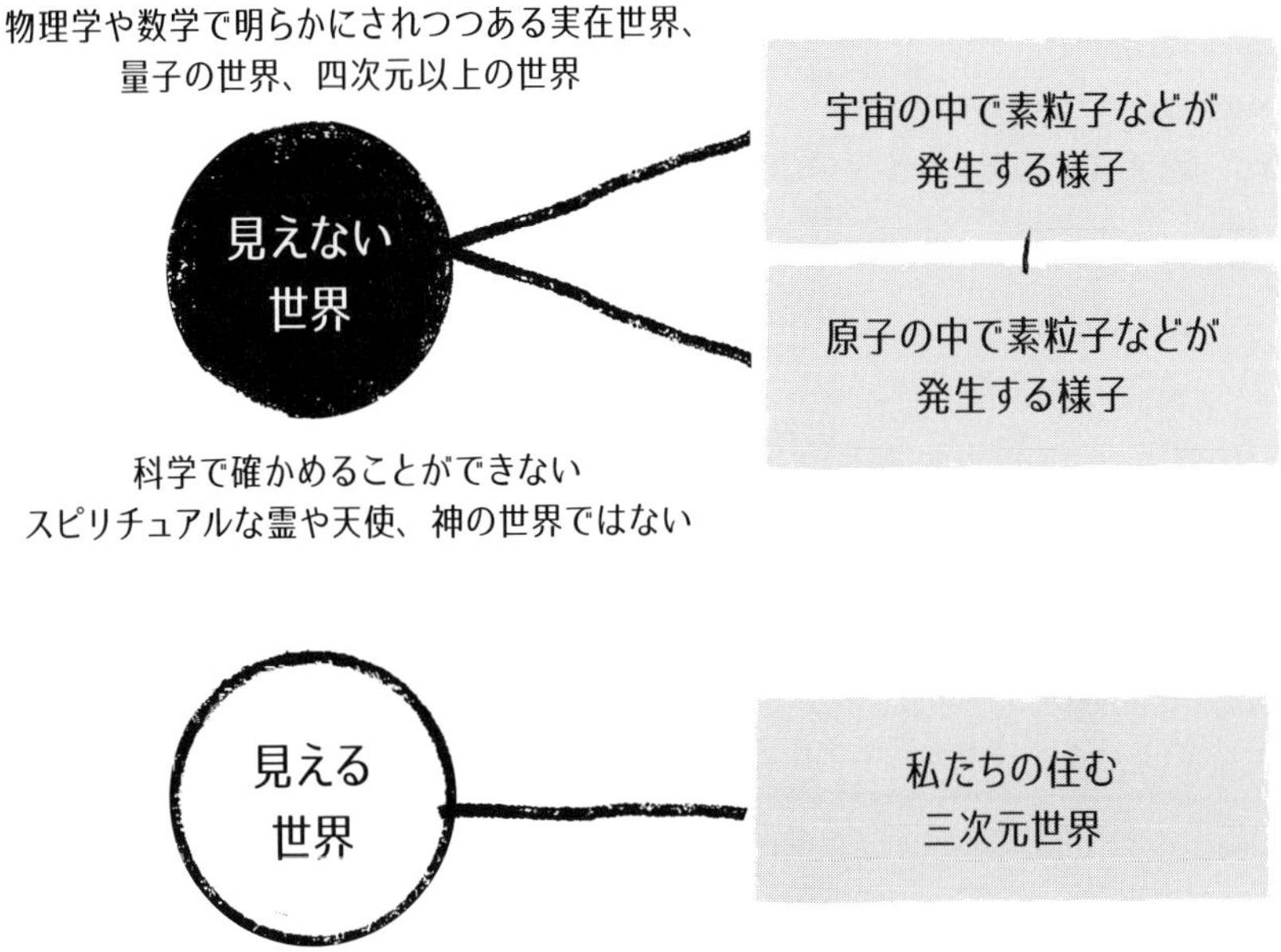

見えない世界の物質（素粒子）や空間を研究し、ミクロの世界の物理法則を解き明かし、その存在を明らかにしようとする方法が量子力学である。量子力学は、素粒子を研究している。

世の中に存在するあらゆるもの（人間も含む）は、１００種類の原子が様々なパターンで組合わされつくられている。原子を分解していくと、「中性子、陽子、電子」に、さらに、中性子と陽子は「クォーク」というもっと微小なものに分解される。これ以上分解できない最小単位のもの（電子やクォーク）が素粒子である。

量子の世界というと難しい数式が出てくると思って身構えてしまう人もいるかもしれないが、ここでは難しい数式を使わず、誰にでもわかるように要点だけを解説する。

最近の量子論が到達した結論は、『客観的に存在している、認識している事物は、人が観察する（見る）という行為のみによって実在し、誰も観察していない（見てない）ときには存在していない』ということである。

これをわかりやすくいえば、物質の素となる素粒子は、人が見た瞬間に粒子に変化し、人が見ることのできる形をとるけれども、素粒子は人が見ていないときには、波のままで形があるものとしては存在していないということである。

これが意味するところは何かというと、それは『人間の意識（見るということ）こそが、宇宙を創造している』ということである。

もし人がいなければ宇宙は混沌とした状態のままで形をなさないのかもしれない。人の意識が、物が存在するのか、存在しないのか（非存在）を決めている。

カタカムナは目に見えない量子の世界に作用するが、このとき、奇跡ともいえる変化を起こすためには、人の意識が必要不可欠である。

あらゆる物質を構成する素粒子

人もリンゴも、すべての物質を構成する基本粒子は原子からできている。
原子は原子核の周辺を電子がとりまいている。
電子は球を小さくした形で描かれるが、波の性質を持っている。

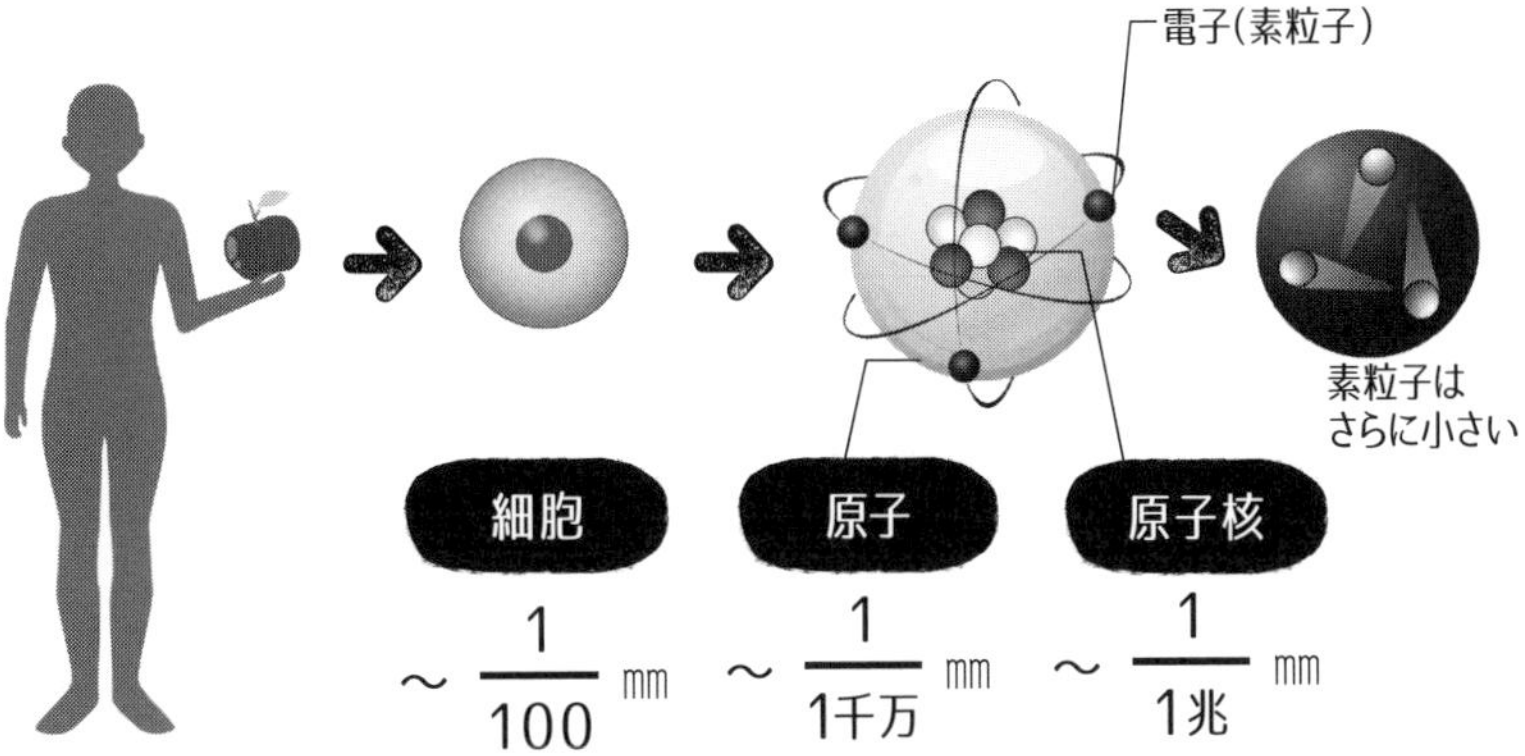

電子は観察されると粒子になり、観察されないと波となる(量子性)。

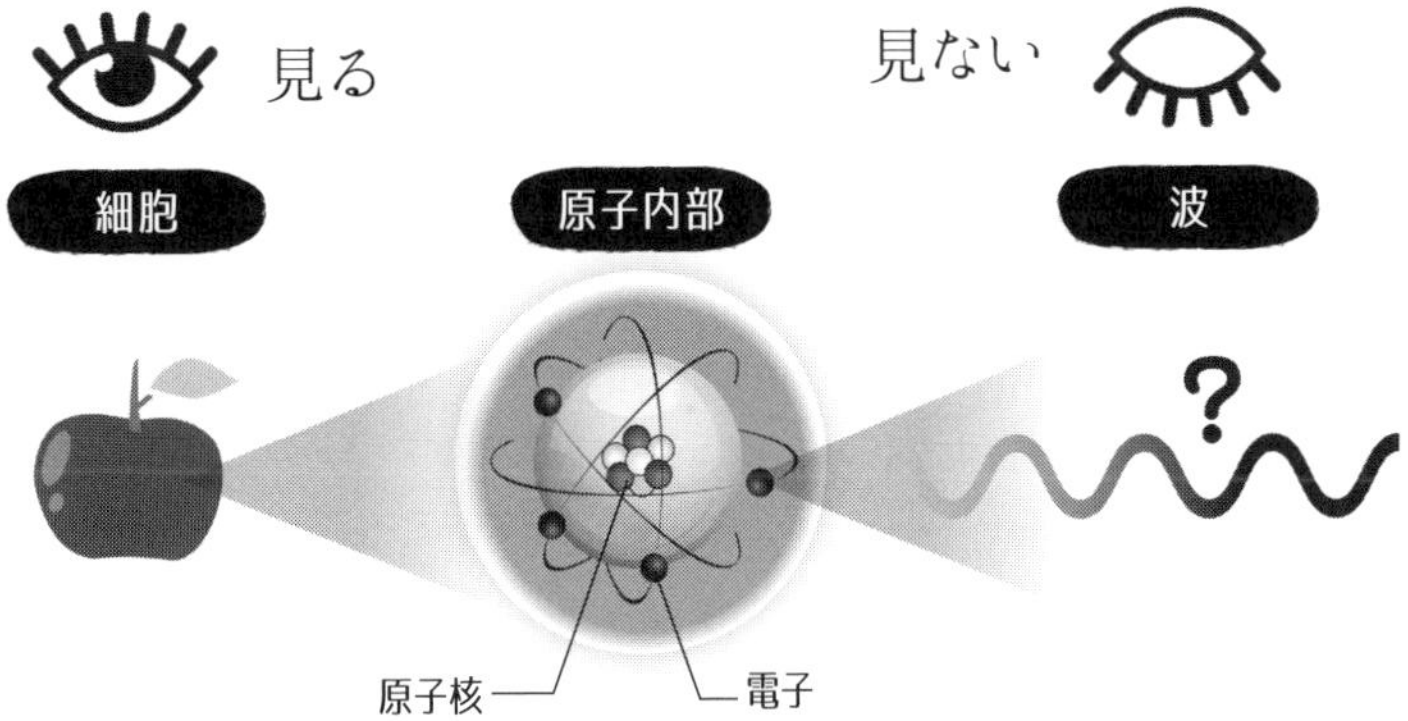

2 負のカタカムナウタヒの発見

カタカムナ文献を読み解いていくと、宇宙は、陰と陽、光と影、男と女、正と負のように正反二つの側面から成り立っているのが原則とある。

確かに世の中はペアで成り立っている。だとしたら、カタカムナウタヒの一首一首には、ペアになるカタカムナウタヒがあるはずである。では、いったいカタカムナウタヒの片割れ、ペアになるカタカムナウタヒは、いったいどこにあるのか。

こう考えた理由は、楢崎皐月氏が書き写したカタカムナウタヒには病気を治す力はあるが、その力がまだまだ弱いと感じたからだ。もし、カタカムナウタヒのペアが見つかって一緒に使うことができれば、きっと薬を超えるような効果や薬にはないようなすごい効果を示すはずだと思ったからである。

しかし、どうやってペアのカタカムナウタヒを見つけるか、まったくわからなかった。

ところが、カタカムナウタヒの第五首を毎日唱えていると、第五首の中の「カタチサキ」

というフレーズが気になり出した。

「カタチサキ」は、〝形を割く〟という意味で中心図形のヤタノカガミから周りのカタカムナ文字を引いた後の図形がペアであるということを示しているのではないかと考えた。

区別をするために、楢崎皐月氏が書き写したオリジナルのカタカムナウタヒを正のカタカムナウタヒ、私が形を割いてつくったものを負のカタカムナウタヒと呼ぶことにする。

私は見えない世界（四次元世界）から見える世界（私たちの住む三次元世界）への入り口が楢崎皐月氏によって伝えられた正のカタカムナウタヒであり、見える世界から見えない世界への入り口となるのが負のカタカムナであると思っている。

正と負のカタカムナウタヒがペアになることで、見えない世界と見える世界に双方向性のつながりが生まれる。ペアのカタカムナウタヒの使い方としては、正のカタカムナウタヒと負のカタカムナウタヒで、身体や、身体の一部分を挟むという方法がある。

実際に、正・負のカタカムナウタヒを紙に印刷して、患者さんの身体に貼ってみた（腹に正、背中に負）。すると患者さんの症状は薬を使わなくとも薬を超える効果を示したり、薬では治らないレベルの症状にまで回復し効果を示したのである。身体のだるさや関節の痛み、目のカスミ、風邪ののどの痛みにまで、かなり高い確率で、それも短時間で不快な症状がとれる効果を示したのである。劇的に効果が上がったのである。

貼り方の基本は、正のカタカムナウタヒが背中、負のカタカムナウタヒがお腹であるが、貼り方を間違えても効果はほとんど変わらない。副作用が出る心配をする人も中にはいるかもしれないが、副作用が出ることはまったくない。

ペアのカタカムナウタヒで挟まれた身体や身体の一部分は、四次元世界と三次元世界が入り混じった空間の中で変化する。

正と負のカタカムナウタヒのペアは全部で80首できる。

これら一つ一つのペアには、医学的に見てそれぞれ薬のような効能がある。その働きは漢方に似ている。たとえば、第一首のペアには頸のコリをとり、風邪を早めに治す力。第四十一首のペアには免疫を上げる効果。第六十首のペアにはお腹の調子を整える作用がある。これらは、一つ一つ試しながらわかってきたものである。これらの画像をスマホにデータで入れておいて、何らかの症状が出たときに、その症状に対応するペアのカタカムナウタヒの画像を、画面に映し出してスマホごと患部に当てると症状が消える場合がある。

上古代の知恵と現代の科学技術を合わせると、おもしろいことができる。

正と負のカタカムナ文字

上の段はオリジナル、正のカタカムナ文字、
下の段は負のカタカムナ文字をあらわす。

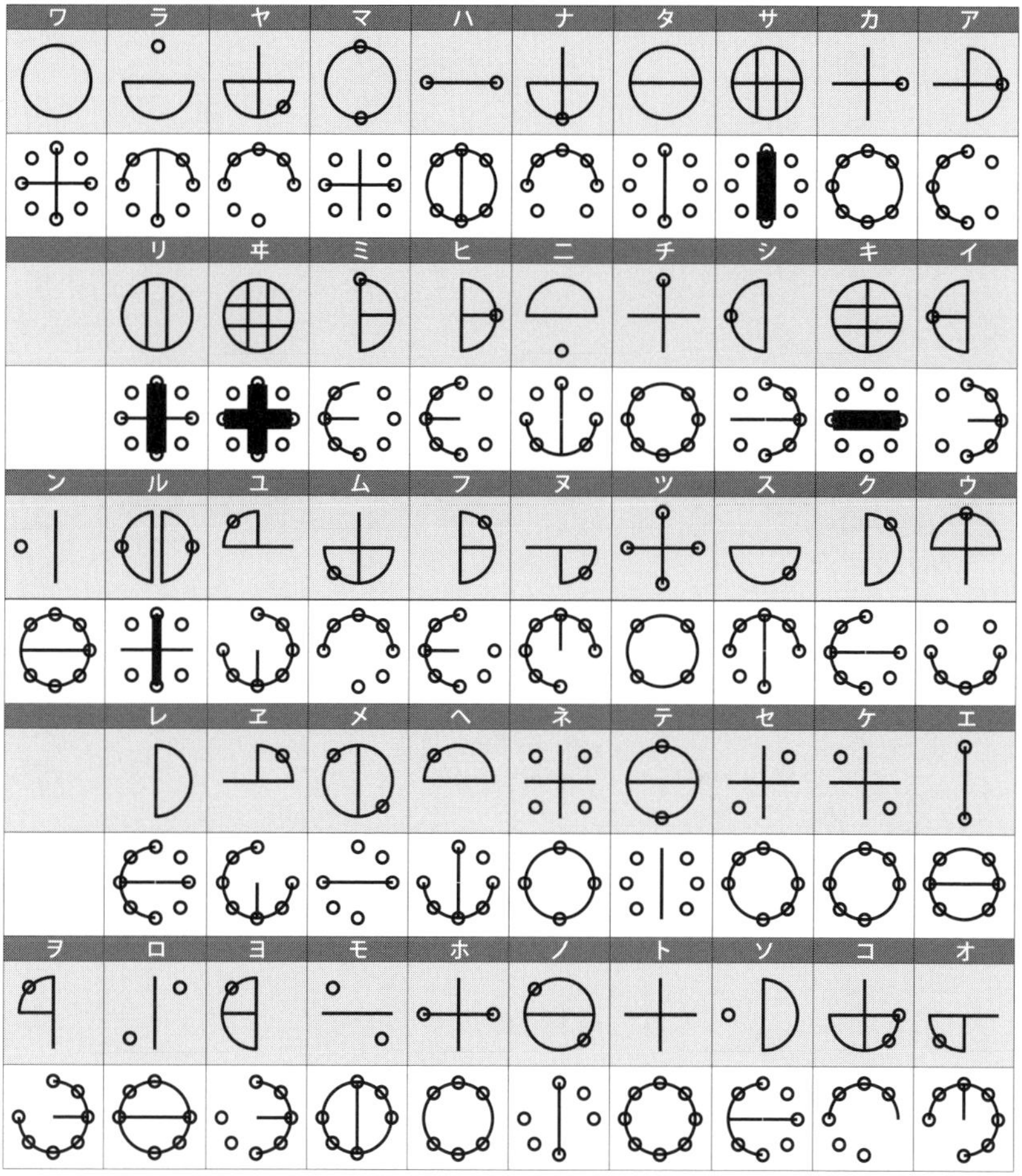

負のカタカムナウタヒのつくり方

負のカタカムナウタヒは、中心図形のヤタノカガミから周囲のカタカムナ文字の形を引き算して導き出したものである。ほとんどのカタカムナ文字は、ヤタノカガミのパーツであるため、引き算してもすっきりとした負のカタカムナ文字ができるのである。

しかし、中心図形がミマクリやフトマニの場合、負のカタカムナウタヒをどのようにして求めるかが課題だ。これらの中心図形からは、周囲のカタカムナ文字を引けないからである。ヤタノカガミのようにはいかない。そこで、様々なパターンをつくり、それを実際に症状のある患者さんに使ってみて最も効果のあった作成法を採用することにした。

その作成法は、簡単にいうと、正のカタカムナウタヒの中心図形がミマクリであっても、フトマニであっても、負のカタカムナウタヒをつくるときは、中心図形をヤタノカガミに一度置き換えてから、周囲のカタカムナ文字を引き算すればよいと、わかった。ただし、カタカムナウタヒの中心図形は、ミマクリの場合はミマクリに戻し、フトマニの場合はフトマニに戻す。

このようにして、正と負のカタカムナウタヒのペアを全部で80首つくった。

負のカタカムナウタヒの考え方

数字にはプラスの数字がある。
これとペアになる
マイナスの数字もある。

↓

オリジナルのカタカムナウタヒがあるならば、これとペアになるカタカムナウタヒがあるはず。

→

ペアのカタカムナウタヒは、オリジナルのカタカムナウタヒの中心図形ヤタノカガミから周囲のカタカムナ文字を引いて残った図形になる。
引き算して出てきたカタカムナウタヒであるため「負のカタカムナウタヒ」と名づけた。

負のカタカムナウタヒのつくり方

カタカムナの「正」と「負」は、中心の図形から各図柄のパーツを引いたものが「負」の図柄になる。

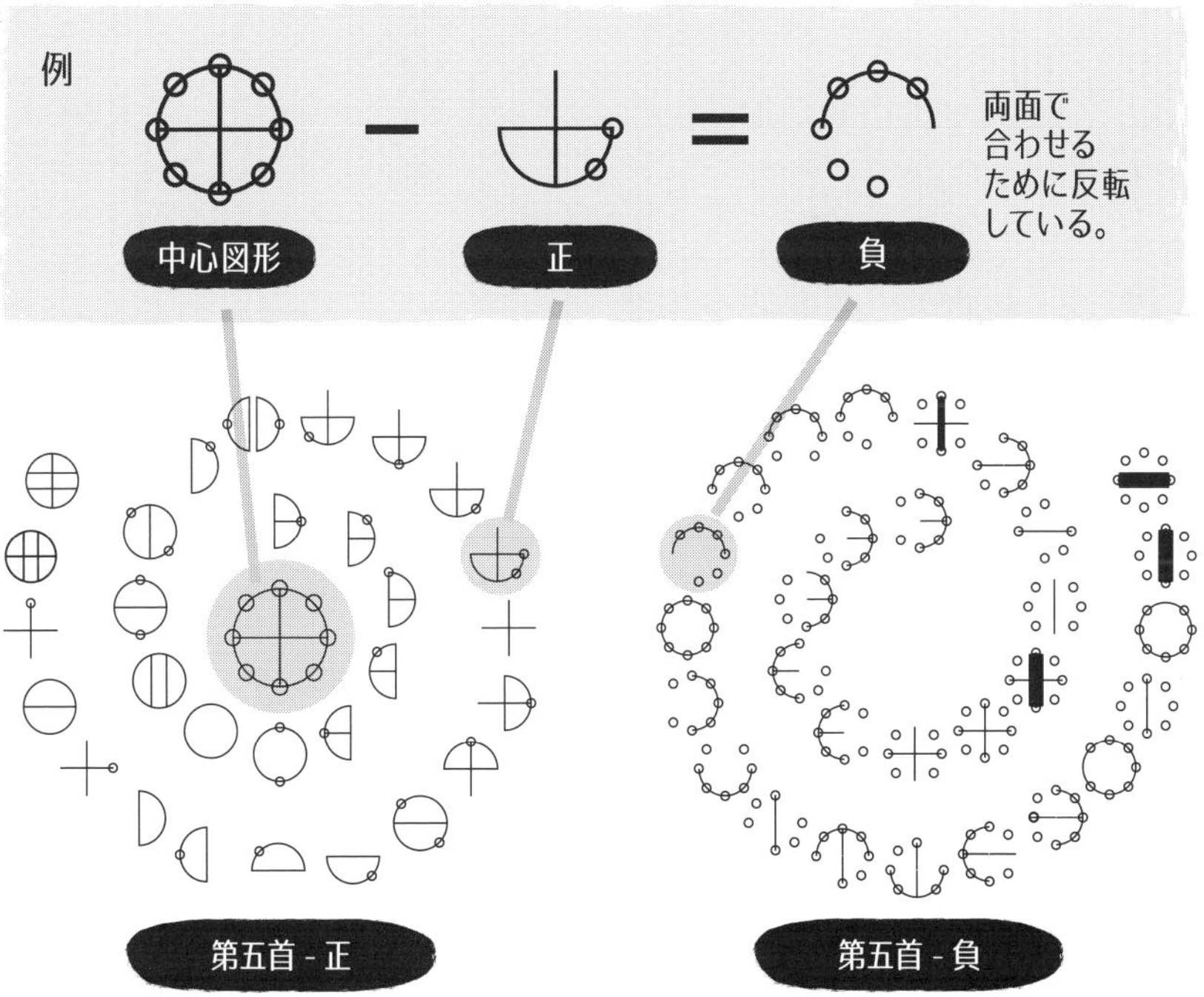

3 正・負・鏡面像、四つのカタカムナウタヒ

カタカムナ文字は、見える世界と見えない世界をつなぐ文字である。

量子力学は見える世界と見えない世界をつなぐ文字である。

この両者が扱う世界は同じである。したがって量子力学の世界を知ることは、カタカムナ文字の世界を知ることになる。

量子の世界を解明する手立ては数字である。

量子を解析するときに使う数字の要素をカタカムナ文字に付け加えると、見える世界と見えない世界のつながりが強くなり、その結果、カタカムナ文字の病気への作用がよりいっそう確かなものになるのではと考えた。

数字は、大まかに分けて正（プラス）の実数、負（マイナス）の実数に加えて、私たちが日常でほとんど使わない正（プラス）の虚数[2]や、負（マイナス）の虚数がある。

見える世界は比較的簡単な実数や負の実数を使うことによって解明できる。しかし、見

2 虚数
実数ではない複素数のこと。「虚数」 imaginary number は i であらわされる。二乗すれば−1になる i。虚数が物質の存在の基礎方程式にあらわれることを受け入れた結果、原子や電子のようなミクロの世界の物理法則を解き明かすことになる量子力学が誕生し、それまで説明がつかなかった電磁気現象や物質の性質などが説明できるようになった。トランジスタやダイオードなど半導体を使った電子部品がつくれるようになった。エレクトロニクス技術は量子力学のおかげで誕生したといえる。アインシュタインも、この

えない世界である量子の世界を解明しようとすると、虚数の概念が必要となる。

虚数は、2乗してマイナス1になる数字で、i（imaginary number）であらわされる。量子力学では、虚数（マイナスの虚数も含む）を受け入れた結果、原子や電子のようなミクロの世界、見えない世界の物理法則を解き明かせるようになった。それまで説明がつかなかった電磁気現象や物質の性質などを説明できるようになった。

カタカムナ文字には正や負の実数に相当する正と負のカタカムナ文字があるのだから、さらに正や負の虚数に相当するカタカムナ文字があるに違いない。しかし、正や負の虚数に相当するものをどう導きだせばよいのか、皆目見当がつかなかった。

たとえるならば、実数は手でつかむことのできる目の前のリンゴのようなもの、虚数は目の前にあるように見えるが、鏡に映る手を伸ばしてもとれないリンゴのような気がした。

そこで、正と負のカタカムナとこれらを鏡に映したカタカムナウタヒからなる図形をつくってみた。鏡面像をつくることがカタカムナを虚数の世界に近づけることになるかどうかわからなかった。しかし、虚数の本を読みあさっているうちに、虚数を鏡と関係づけて説明している文章があった。

「鏡はその内に長さがあるように見えるが、実際はなく奥行きはゼロである。しかし奥行

i（虚数）という魔法の数字を使えば、時間と空間をまったく同じものとして利用できることを、ミンコフスキーという数学の先生に教えてもらった。しかし、量子力学の世界で使いこなすには、シュレディンガーという物理学者の発見まで、待たなくてはならなかった。このiが、自由に使えるようになったからこそ、携帯電話やPCを便利に利用できている。

きに長さがあるように見え、画像のイメージとして奥行きはある。しかし実際は長さはゼロであり、これこそ虚で実体は無い」とある。

そもそも虚数は数字ではない。ルービックキューブ[3]を、列ごとに何回も回転させるような回転の仕方を示す回転単位である。渦が平面上の回転とするならば、虚数は、渦が立体的に三次元的な回転を可能にするイメージだと考えた。確かに虚数なら次元を自由な方向に変換できる。

医師としての私が、せめて、がんや関節リウマチの痛みくらい簡単に消せるくらいにしたいとカタカムナのパワーを全開にするために鏡面像をつくったことと、カタカムナの虚数に相当するものをつくることは、つながっていたのだ。

もちろん、このとき鏡面像にすることでカタカムナの完全な虚数バージョンが完成したとは思わなかった。まだ何かが足りない気がする。

正と負のカタカムナウタヒ、正と負の鏡面像、合わせて四つのカタカムナができた。これを使ってみると、四つのカタカムナが病気の症状を吸い込むブラックホールのような効き方をした。

四つのカタカムナを印字した紙を患者さんの症状のある場所に貼りつけると100人中

3 ルービックキューブ
エルノー・ルービックが考案した立体型パズル。各面3×3、9個の正方形に区切られた6色、六面体の色合わせパズル。

70人もの症状が改善するか、消えたのである。現代医学では治らないような病気の症状にも効いたのである。身体に悪い何かが紙の方にすうっと吸い込まれていくような感じがして短時間で症状が消えた人は多い。

枕の上にこのカタカムナを印字した紙を置き、寝てもらうと、10人中7人までがまるで枕に吸い込まれるように、ついつい眠ってしまいそうになるという。猫背で背中が何年も痛かった女性が、これを敷いて寝ると家族がびっくりするほど猫背がよくなり、痛みがそれっきりなくなったこともある。

この四つのカタカムナでつくった図は、間違いなく病気の症状や原因を吸いとってくれるミニブラックホールのような働きをする。

薬でないものでこれほど人体によい影響を及ぼすものが見つかったことは何よりの喜びであった。

	量子力学世界		カタカムナ世界	
見えない世界	-1 負	+1 正	-1 負のカタカムナ	+1 正(実)のカタカムナ
見える世界	-i 負の虚数	i 正の虚数	-i 負の虚数カタカムナ	i 正の虚数カタカムナ

4 ガウスカタカムナウタヒ

正と負のカタカムナウタヒを鏡に映して、正と負の虚数のカタカムナウタヒとした。しかしまだ何かが足りない。ただ単にカタカムナウタヒを鏡面像にしたものを、虚数のカタカムナウタヒといってよいのだろうか。

そんな私の迷いを払拭するようなものが見つかった。

それは複素数[4]という数字である。

複素数は、実数と虚数を組み合わせた形（a＋bi）をしている。私は、複素数のうち実数はこの三次元世界を、虚数は四次元世界をあらわし、複素数は、まさに三次元と四次元空間が混然一体となった世界を示すと考えた。

どうにかして、複素数の概念をカタカムナ図形に入れたい。そんな熱い想いで複素数について調べていくと（a＋bi）であらわされる複素数のaやbが整数で、しかも素数の複素数、ガウス素数があることを知った。

4　複素数（ガウス整数）
整数や素数などの概念を、複素数（実数と虚数という複数の要素が足しあわされてできる、新しい数の概念）の世界に拡張する研究を行ったのは、ヨハン・カール・フリードリヒ・ガウス。ドイツの数学者、天文学者、物理学者である。実部と虚部がともに整数となる複素数（３－２ｉなど）をガウス整数という。このうち、ガウス整数の積としてあらわせないものをガウス素数という。

ガウス素数は、複素数のうち、実数と虚数の部分がともに整数で、ガウス整数の積としてあらわせないものである。別の言い方をすると、他の整数を用いた積に因数分解できない整数である。例えば、（1＋i）という複素数は、これ以上分解できないので、ガウス素数になる。ところで、ガウス素数のaやbが整数であることには、どんな意味があるのだろうか。

次に、私なりの解釈について述べる。

aやbが整数でない複素数には、四次元世界、またはそれ以上の次元の世界の間を橋渡しする作用があるが、私たちの住む三次元世界と四次元世界を橋渡しする作用はない。そのため、三次元世界にいる私たちは、何の影響も受けない。

一方、aやbが整数である複素数には、三次元世界と四次元世界をつなぐ作用がある。このように考える理由は、自然界を見渡せばわかる。

三次元世界では、リンゴは一個、二個というように整数で実るが、0・6個、0・15個というようには実らない。三次元世界は整数が主な世界なのである。

もう一つ、ガウス素数が素数であるということは何を意味するのであろうか。

これから述べることも、私独自の解釈である。

ガウス素数を図形化したもの

原点を中心に放射状の独特のパターンを示している。宇宙には私たちの住む三次元世界以外に様々な次元が存在している。各次元世界は、相互につながり複雑なネットワークを形成している。私たちの住んでいる三次元世界と私たちが必要なネットワークだけを取り出すために、カタカムナの図形にガウス素数を使っている。

素数は1と自分以外の約数をもたない数のことである。これは、三次元世界と無数にある四次元世界のうち、特定のおそらく一つの四次元世界とアクセスすることを意味するのではないかと考えている。三次元世界といくつもの四次元世界が同時にアクセスすれば、焦点が定まらなくなってしまうからでは、ブレが生じるからではないかと考えている。

このようなことから、私はガウス素数を図形化したもの（原点を中心に放射状の独特のパターンを示す）を実数、虚数、負の実数、負の虚数にあたる4種類のカタカムナウタヒの中央に置くことにした。すると、それまで四つのカタカムナウタヒからつくられた図形を患者さんの身体に貼っても消えなかった症状が消え始めた。

量子力学的に、また数字的にこういったやり方が正しいかどうかはわからないが、患者さんに優れた効果が出たものは、迷わず臨床で使うことにしている。

こうした理由から、ガウス素数を第五首の四つのカタカムナウタヒの中央に配置した図、これをガウスカタカムナウタヒと名づけた。

ガウスカタカムナウタヒを様々な患者さんに使用していったが、薬か薬以上の効果を示すケースを多く経験した。何といっても、何カ月も続いていた私の右腕の激痛が消えたのには心底驚いた。

脳血流測定

ガウスカタカムナウタヒをお腹と背中につけて、前頭前野の脳血流をスペクトラテック社の脳血流測定器(OEG-SPO$_2$)で測定。その結果全領域で血液量が上昇した。

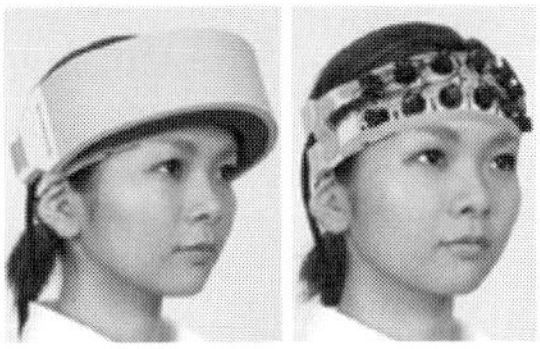

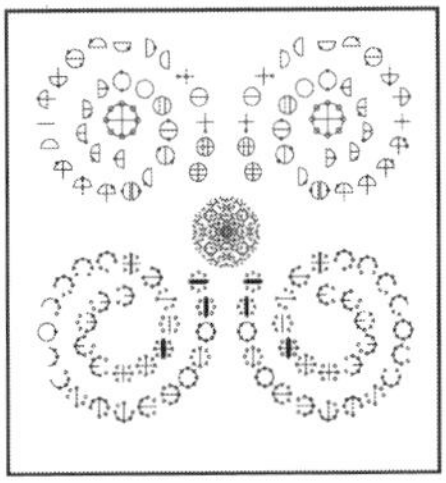

第五首

第五首のガウスカタカムナウタヒを背中に貼る

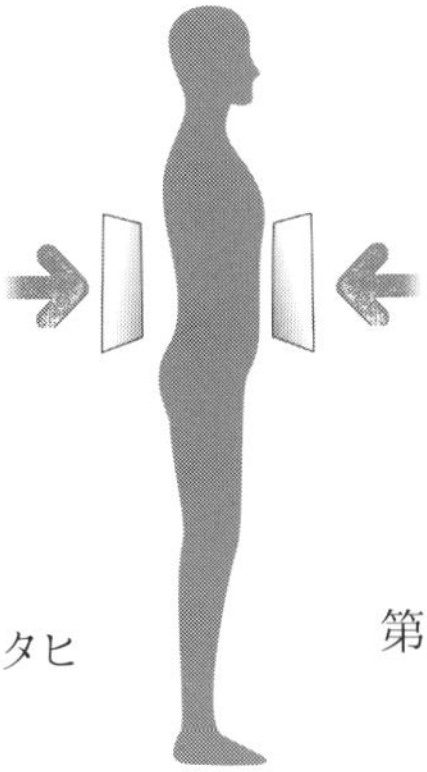

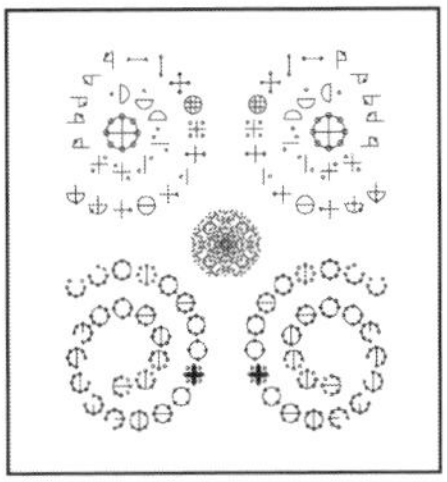

第六首

第六首のガウスカタカムナウタヒを腹部に貼る

そこで、ガウスカタカムナウタヒが人体に与える影響を前頭前野の脳血流量で調べてみた。

第五首のガウスカタカムナウタヒをA4判用紙に印刷して人の背中に、第六首のガウスカタカムナウタヒを同様に印刷して人の腹部に貼ってみた。

すると、前頭前野の全領域で血流量が上がった。これは、ガウスカタカムナウタヒが脳の機能を確実に上げることを示す。

このような前頭前野の血流量が増えた状態が続くと、免疫能力が上がり人は健康になる。さらに才能が開花したり、新たな能力が突然覚醒することがある。

カタカムナ皿で四次元エネルギーを食べる

ガウスカタカムナウタヒを印字したお皿をつくった当初の目的は、お皿の上に食べ物を置くと、四次元世界のエネルギーが入るかどうかを調べるためである。

まず皮を剥いたリンゴを八等分し、四つを普通の皿に、残り四つをカタカムナ皿にのせてみた。

2、3日経つと、カタカムナ皿の上のリンゴのほうが新鮮さが保たれているように見えた。一週間も経つと、カタカムナ皿の上のリンゴは、普通の皿の上のリンゴに比べて明らかに小さくなった。まるでリンゴがミイラ化したみたいである。四次元世界のエネルギーが入ったかどうかは証明できないが、カタカムナ皿からは通常の皿からは出ないエネルギーが出ていることがわかった。

次にイチゴで同じような実験をした。すると、普通の皿の上のイチゴはカビが生えて形が崩れ、水分が漏れ出していたが、カタカムナ皿の上のイチゴは形はまったく崩れず、カビも三個のうちの一つ、それもイチゴの先端にしか生えなかった。

そして、殻を割った生卵を普通の皿とカタカムナ皿に一週間ほど置いて比べた。カタカムナ皿の上の卵黄の色味は濃い黄色を示し、黄味の厚さも保たれていた。普通の皿の上の黄味の色はやや白味がかって厚さも薄くなっていた。たしかにカタカムナ皿上に置いてあるものには何らかのエネルギーが入るのである。

四次元世界の情報やエネルギーが入った食べ物を食べると、内側から身体が変化し、病気が治る可能性が出てくる。身体に悪い影響を与える食べ物の中の要素を消すためにも役立つのではないかと思う。

もう一つの目的は、カタカムナ皿で身体の不調を改善することである。カタカムナ皿を患者さんの身体に当てると、やはり当てたところが温かくなる、熱くなる、コリがとれた、痛みがとれたというようなケースが見られた。左下の写真の女性は、右耳に針で刺すような痛みがあったが、カタカムナ皿を右耳に当てると5分で痛みが消えた。お皿の形状がパラボラアンテナのようにエネルギーの反射や吸収の作用を増幅させ、効果が著しく上がったのかもしれない。

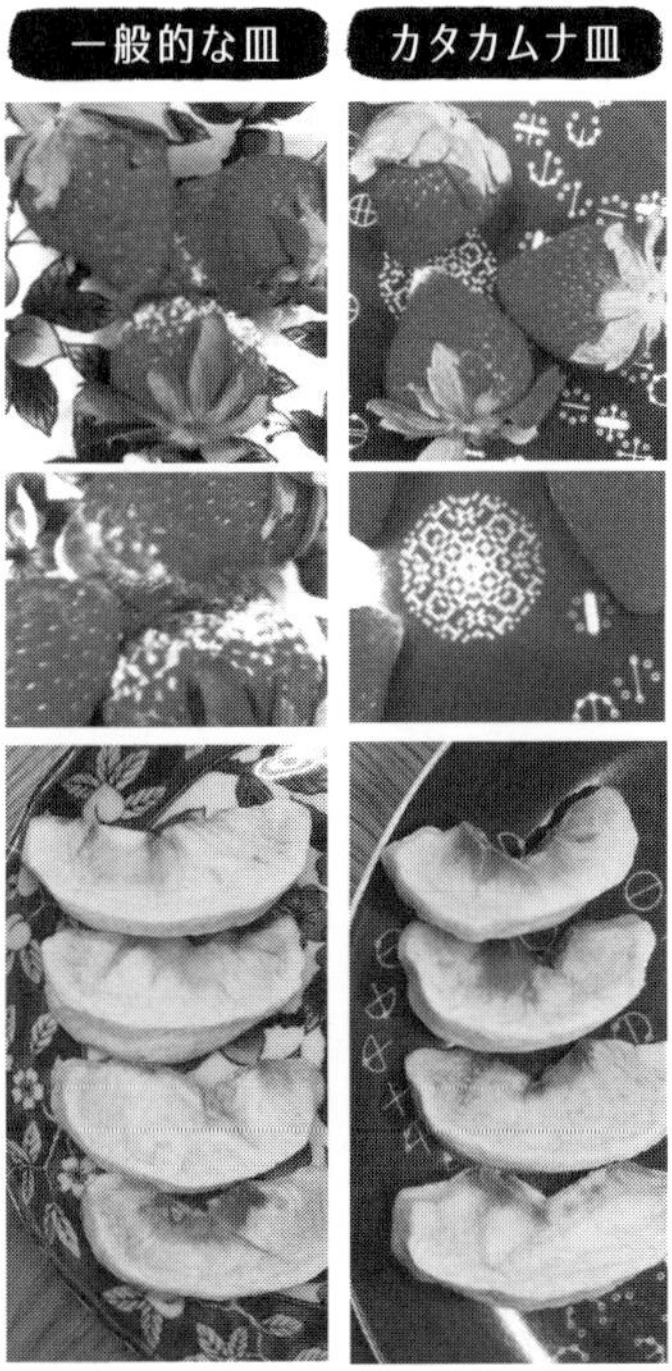

お皿に貼ったのは、パラボラアンテナのお皿状の部分と同じ形だからである。

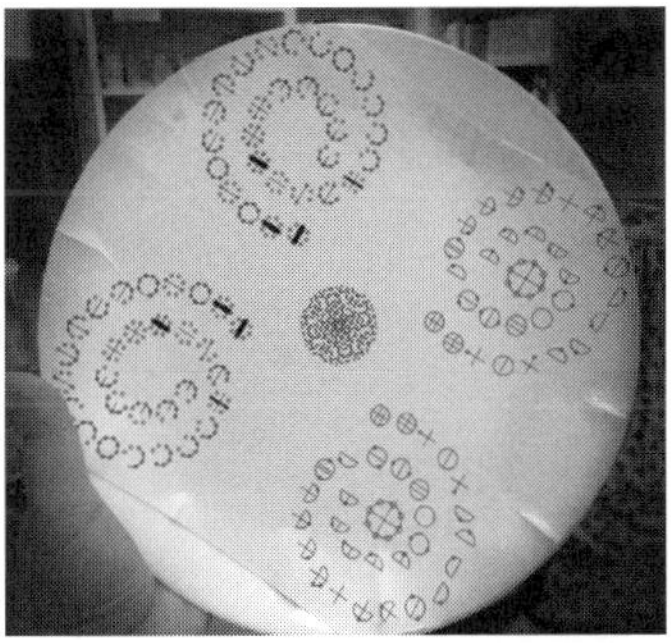

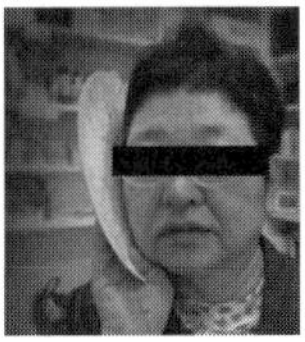

ひどい痛みの右耳に、カタカムナウタヒをお皿に貼ったものを当てている。

カタカムナ「ラセン」の意味

カタカムナウタヒが右巻きのラセンで書かれていることには意味がある。

カタカムナウタヒをただ単純に読ませることや内容を伝えるだけなら、単純に短冊を書くように上から縦に書いたほうが読みやすいし伝わりやすいはずである。

それをあえて右ラセンに書いたのは、それ相応の理由がある。

その理由の一つとして、カタカムナ人はラセンがある種のエネルギーを出すことを知っていたからではないかと推測した。

台風は、小さな渦から発生し、大きな台風に成長していく。アメリカでよくみられる竜巻やハリケーンも小さな渦が次第に大きくなって成長し、建物や人に甚大な被害をもたらす。銀河系宇宙も渦の形をしている。

カタカムナ人は、台風や竜巻が渦を巻くことで大きくなり、パワーを持つことや、宇宙が渦からできていることを知っていたのである。そのため、彼らはカタカムナウタヒをパワーが発生する形である渦の形に書いたのではないかと考えられる。

もう一つの理由として、彼らが量子力学のことを知っていた可能性がある。彼らは、量子力学に不可欠な虚数が回転単位であることも理解していたかもしれない。そのため、カタカムナウタヒに回転の要素を入れたのではないだろうか。

さらに考えられることは、カタカムナ人の中でも最も卓越し進化した脳を持つアシアトウアンなら、脳裏で宇宙の誕生から素粒子の発生まで、まるでそこに居合わせたようにリアルに宇宙の四次元世界に存在する素粒子がラセンに渦巻くのを目の当たりにしたのではないかということだ。

これが、カタカムナウタヒがラセンに書かれた理由であろう。

私もカタカムナウタヒを詠んでいるときに、宇宙の根源から渦を巻いて物質が生まれるのを視ることがある。そのとき目の前の患者さんも同じものが視えるというから、これが本当の理由かもしれない。

カタカムナ文字を
書く
見る
詠む
身に着ける
残り97%の脳が動き出す
これらを繰り返せば、脳力や能力は飛躍的に上がるだろう。
時空を超える
カタカムナ人のように特異な脳の働きが可能になるかもしれない。

5 カタカムナウタヒ黄金ラセン

さらに研究していくうちに、カタカムナウタヒのラセンは黄金比という特別な比率からつくられた黄金ラセン[5]であることがわかった。

黄金ラセンは四次元世界の基本となるラセンである。なぜなら黄金比や黄金ラセンは、四次元世界にフラクタル状に存在する幾何学であり、エネルギーや情報を三次元世界に伝達する働きがあるといわれてきたからである。さらに黄金比や黄金ラセンは、植物の成長具合やＤＮＡの形さえもコントロールする自然界の支配的な比率である。

楢崎皐月氏が書き写したカタカムナウタヒは、黄金ラセンで書かれていないが、これを黄金ラセンに書き直すと、人体に対する効果がさらによくなるのではないかと考えた。

まず第五首のカタカムナウタヒのラセンを黄金ラセンにつくりかえ、患者さんに試してみた。身体に貼ってみると、予想外に効き目が悪く、まったく効かなくなってしまった。

おかしい、こんなはずはないと思って、第六首のカタカムナウタヒも黄金ラセンで書き直

---

5 黄金ラセン
正十二面体を支配している比率の黄金比から導き出された渦状のラセン。四次元世界の空間は、様々な大きさの正十二面体（すべての面が正五角形）によってビッシリと埋め尽くされている説がある。正十二面体や正五角形は、黄金比によってできているため四次元世界のラセンは、黄金比を持った黄金ラセンになる。

してみたが、やはり効き目が悪い。カタカムナウタヒに使うべきラセンは、間違いなく黄金ラセンであるはずなのだが、うまくいかない。一旦はあきらめかけた。

黄金比でラセンをえがけないことに、何かしらのもどかしさを感じながら毎日カタカムナウタヒとにらめっこし読み続けていると、ヤタノカガミにある東西南北の四つの小円が気になってきた。そこで、この四つの小円の一つ一つに第五首、第六首、第七首、第八首のカタカムナウタヒを配置してみることにした。四首を一つにまとめる作業でもあった。

しかし、四つの正のカタカムナウタヒをもとからのラセンを変えないで、そのまま一つに配置しようとすると、カタカムナウタヒ同士が重なり合ってしまう。それではだめだ。そのとき、ふとカタカムナウタヒを黄金ラセンに書き直したものを使えば、いいのではないかとひらめいた。そして、黄金ラセンに書き直した四つのカタカムナウタヒを一つのヤタノカガミに配置してみると、そこに美しい図形があらわれた。これだ、この図形こそが究極のカタカムナウタヒになる、そう確信した瞬間であった。四つの負のカタカムナウタヒも同じようにヤタノカガミの四つの小円に配置してみた。素粒子が四次元空間の中を乱舞するようで、これも美しい。それぞれ正と負のカタカムナウタヒ黄金ラセンと名づけた。

四つの正のカタカムナウタヒ黄金ラセンと、四つの負のカタカムナウタヒ黄金ラセンをを背中合わせにして、ぴったりと合うように調整した。この正と負のカタカムナウタヒ黄金ラセン4首合一を使うと、これまでの治療でもよくならなかった人の症状が瞬時に消えたり、完全に消えるほどでなくとも確実によくなった。自分のクリニックのみで起こっている効果ではないかと考え、他の場所でも使ってみたが同じ効果が得られた。

やはり、カタカムナウタヒのラセンは黄金ラセンなのだ。それゆえに四次元世界とつながりやすくなり、人体に対して著しい効果が出たのだ。四つのカタカムナウタヒが一つになったことでも効果が増した可能性もある。

今度は第一首から第四首までのカタカムナウタヒ黄金ラセンをつくり、症状のある人の背中に貼ってみた。やはり効果がある。第五首から第八首までのカタカムナウタヒ黄金ラセンを子宮がんの人の背中に毎日貼ってもらった。二週間ほど後来院したときに「紙を貼っているだけなのに毎日背中にびっしょりと汗をかく、温かいを通り越して熱い」という。

体温が一度上がると免疫は数倍上がるといわれている。カタカムナウタヒ黄金ラセンを背中に10分ほどつけ前後の体温の変化を調べた結果、10人中6人で体温が上昇した。これは、免疫を上げることを示す一つの重要な証拠である。

カタカムナウタヒを四首ずつ一つにまとめていくと、80首は20首の新たな効果の強いカタカムナウタヒ黄金ラセンに生まれ変わった。20首がみんな同じような効果を持つのか、それとも、それぞれ異なる作用を持つのかはわからないが、効能を調べることは喜び以外のなにものでもない。20首の全部を一つにして身体に貼ると、どのくらいすごい効果が出るのか、想像すると背筋がゾクゾクする。

カタカムナウタヒ黄金ラセン20首をひとまとめにしたものを頭痛持ちの人の頭に乗せるだけで頭痛が消え身体が軽くなった。他の症状の人では、10人中8～9人の症状が変化した。最近では、膵臓がんと胃がんの患者さんにそれをみぞおちに貼ると、自分の意思と関係なく身体が動き出し、しばらくして、患者さんは「楽になりました」といった。こうした自動運動が起きる場合、がんや難病でも改善する場合が多い。身体に貼ったところがスーッとして、何かが吸い込まれていくように感じる人は少なくない。

その様子を脳裏で視ると、患者さんの身体から病気をあらわす黒い影が一瞬で剥げ落ちるように視える。さらに空間が大きく揺らぎ、身体の一部又は全部が、ブラックホールの形状にそっくりな漏斗状の管に吸い込まれていくように視える。この一連の映像は、黄金ラセンカタカムナが四次元世界を三次元世界に導入することにより、四次元世界の重力波と深く関係しているブラックホールとつながっている可能性を示すものである。

黄金ラセン

黄金比は、一つの線を二つに分割するとき、全体に対する大きな部分の比と、大きな部分に対する小さい部分の比が等しくなる分け方である。大と小との比は約1・618対1、最も調和的で美しい比率とされている。

黄金比はギリシアのパルテノン神殿やギザのピラミッドといった歴史的建造物、ミケランジェロの「アダムの創造（Creation of Adam）」やダ・ヴィンチの「モナ・リザ」の絵画などの美術品の中に見いだすことができる。意図的に黄金比を意識して創作した芸術家も数多くいる。

その美しいラセンのデザインは、銀河系や太陽系、台風、植物の花や葉、アンモナイトの化石の中にも見つけることができる。

私たちの脳は、黄金比を利用している物体やイメージを好む、ほとんど無意識の反応があるようである。黄金比を利用してデザインを微調整することで、脳により強いインパクトを与えることができる。

四次元世界の空間には直線は一つもなく、様々な大きさの正十二面体（すべての面が正五角形）によってビッシリと埋め尽くされているという説がある。正十二面体や正五角形は、黄金比によってできているため四次元世界のラセンは、黄金比を持った黄金ラセン構造になる。

無限に続く渦のようなラセンは、何らかの波動、エネルギーを得ているのかもしれない。しかし、人が認識し意識を向けてこそ、初めてその形の力（形自体の力）「波動」が「有効に」出力され、共振すると考えられる。

オウムガイの断面図と黄金比

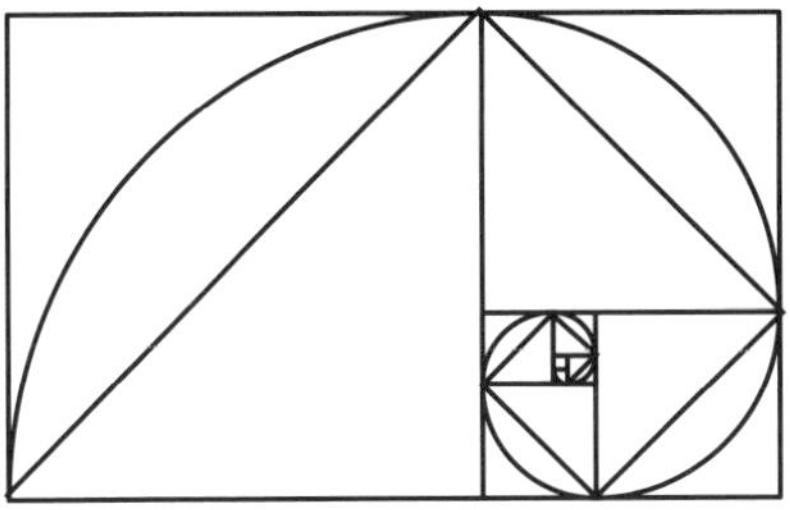

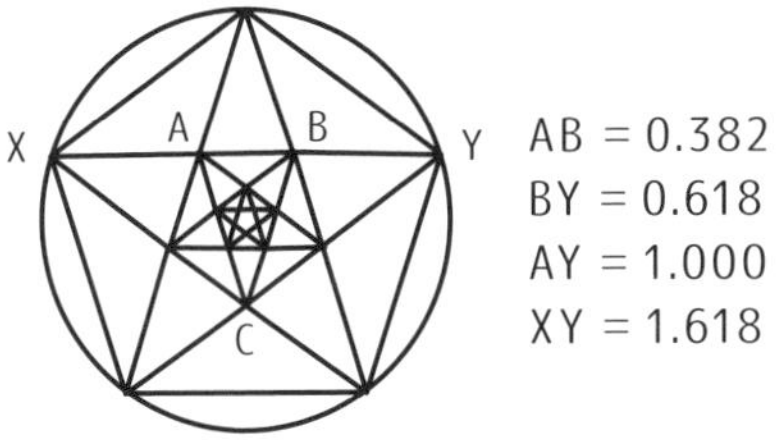

正方形を用意し、片方の長さを1.618倍にすると、美しく均等のとれた「黄金長方形」を作成できる。正方形と長方形を並べることで、黄金比を表現できる。一番左の長方形に黄金比を適用すると、正方形の大きさが次第に小さくなる。
縦と横の長さの率が1対1．618になっている長方形を「黄金矩形」という。この中に入れ子構造（箱や立体が順次中に納まるような構造）のように1対1の正方形と1対0．618の小さな黄金矩形があらわれる。この割合は無限大から無限小まで続いている。

6 エイトドラゴン&ガウス&FOLカタカムナ

四つのカタカムナウタヒを一つにまとめてつくったカタカムナウタヒ黄金ラセンでも症状を半減するほどの力を十分に持っている。

しかし、この後、中心図形のヤタノカガミには八つの小さな円があることが気になり始めた。八つの小さな円があるから、一つ一つの小さな円にカタカムナウタヒを接続するのが正しいのではないかと、八つのカタカムナウタヒを一つにまとめることにした。

ところが、カタカムナウタヒを八つずつまとめようとすると、問題が起きた。

たとえば第一首から第八首を一つにまとめようとすると、中心図形が異なっている。八つの中心図形のうち六つはヤタノカガミ、残りはミマクリとフトマニ、中心図形のなるカタカムナウタヒを一つのヤタノカガミでまとめることに抵抗があった。

困ったときにはカタカムナウタヒを唱えるとうまくいく。すると、解決策が見つかった。

中心図形がミマクリやフトマニの場合には、これらの図形を周囲の図形の先端に移してヤタノカガミに接続すればよいことがわかった。

実際、八つの首を一つにしてみると、これまでにない驚きのカタカムナパワーが発生した。新たにできた図を見ると、8匹の龍が渦巻いているように見えたため、この図を八龍カタカムナ、エイトドラゴンカタカムナという名前にした。

80首のカタカムナウタヒを八つずつまとめていくためエイトドラゴンカタカムナは全部で10種類できる。

10種類のエイトドラゴンカタカムナを一緒にして人の身体に当てると、多くの人が温かいというより「あったかーい」感じがするという。物理的な温かさでなく、何かに包まれるようなあったかさがあるという。病気や症状を消す効果も増したようだ。

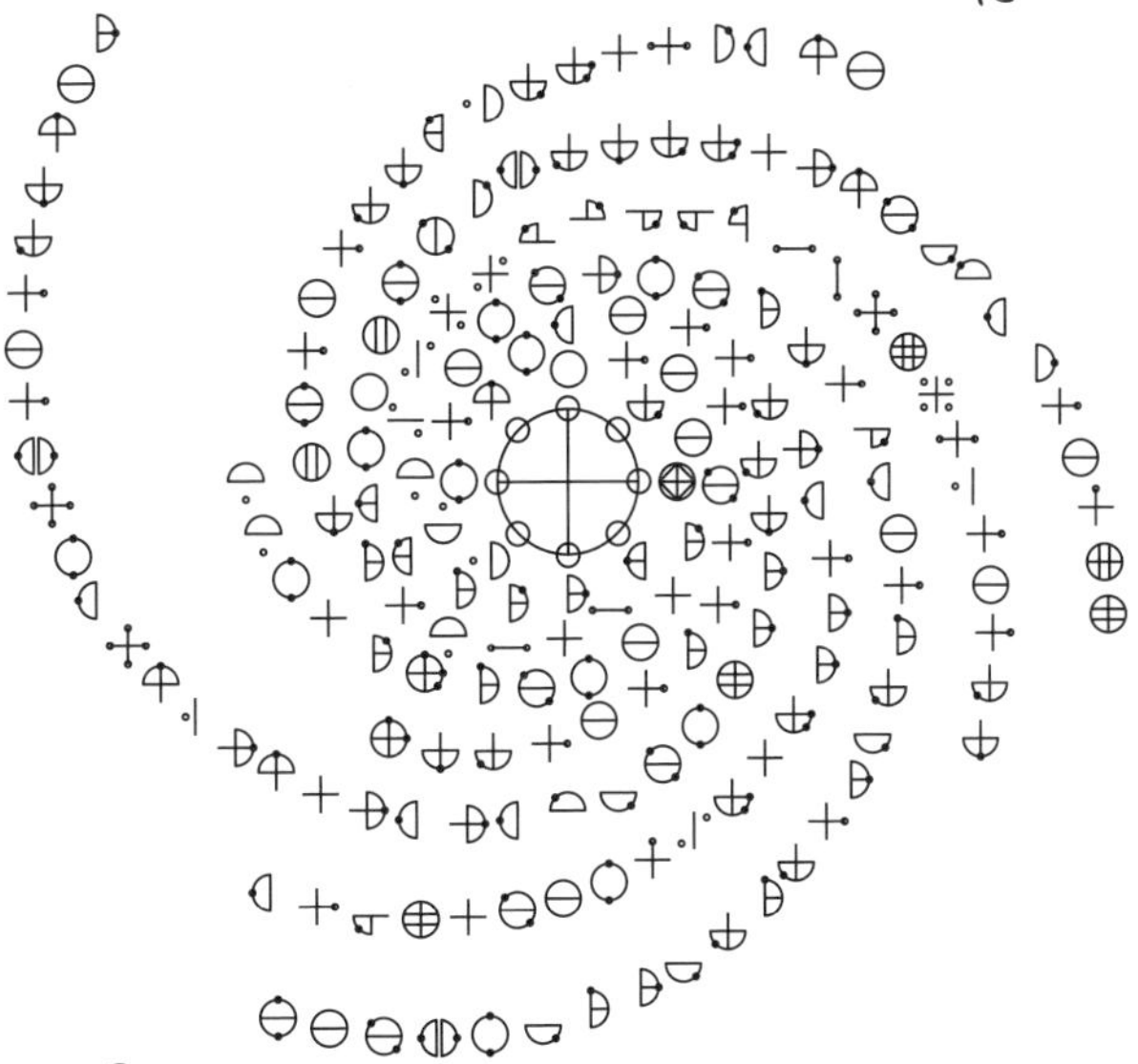

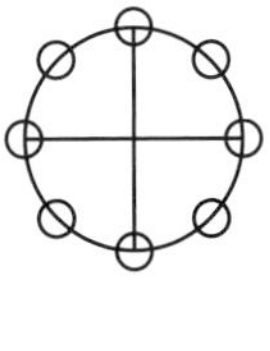

八つの小円に
カタカムナウタヒを接続

エイトドラゴンカタカムナ
（カタカムナウタヒ黄金ラセン8首合一）

どこまで、カタカムナ文字の効果を高めることができるのか知りたくて、エイトドラゴンカタカムナに虚数の要素をつけ加えるため、ガウス素数を使った。これをエイトドラゴンガウスカタカムナウタヒと名づけた。

図は、第一首から第八首を一つにしたエイトドラゴンガウスカタカムナである。これはただのエイトドラゴンカタカムナをはるかに超える効果を示した。何らかの症状がある人にこれを当てると、悪いものがスーッと吸いとられていくようだという。これを背中に貼ると、飛行機のファーストクラスのシートにもたれたような、お母さんの腕の中に包み込まれるような心地よい感じを受けるそうだ。

今度は、10種類のエイトドラゴンガウスカタカムナを連結させ、一つの大きなシーツにしようと考えた。そうすればその上で寝る人の病気がそれに吸いとられ朝起きたときには病気の原因そのものがなくなるはずである。

実際に、10種類をメビウス状に配列してクリニックのベッドのシーツとして使ってみたら、患者さんに様々な変化があらわれた。

重症のアトピー性皮膚炎のかゆみが止まり、関節リウマチの痛みが約30分で消えた（個人差がある）。さらに、ほとんどの人が身体が温まる、頭だけでなく身体まですっきりするという。もし、このシーツを敷いた布団の上に毎日寝たら、高血圧や糖尿病、関節リウマチ、アレルギー性疾患など多くの病気がよくなるかもしれない。10人中9人までが『気持ちがいい、あったかーい、身体が楽になった』という。

今後、様々な病気を持つ人に、このシーツを使ってもらって、現代医学の薬の効果と比較してみたい。シーツを介して、四次元世界の空間やエネルギーが三次元世界に姿をあらわす。その中では人体が素粒子レベルで変容すると私は考えている。

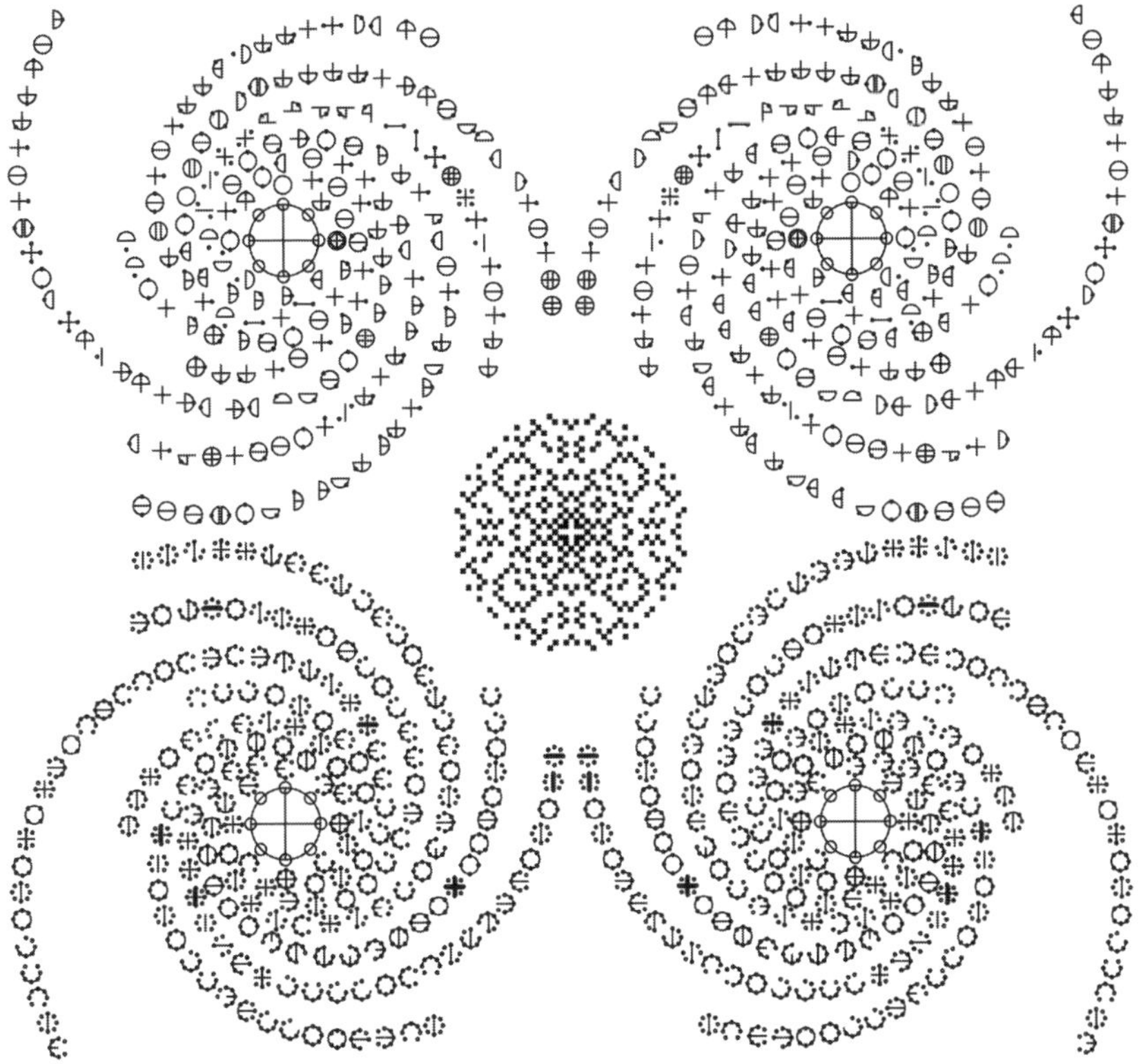

エイトドラゴンガウスカタカムナ
（カタカムナウタヒ黄金ラセン中心図形ガウス8首合一）

カタカムナ図像をデザインする

宇宙一の超科学書、カタカムナウタヒを独自にアレンジし、見る人、触れる人、誰でもが健康で元気になるようにしたい。

カタカムナに魅せられた私は、まるでどこかのデザイナーのように、様々な図像をつくりあげた。

たくさんの種類の図像がある。

では一体、どの図像を使えばよいのか、誰もが迷うところである。

結論からいうと、自分が好きな図像を使えばよいのである。自分が気に入ったものが、その時点での自分に必要なもので、自分の意識の次元とコラボするのである。

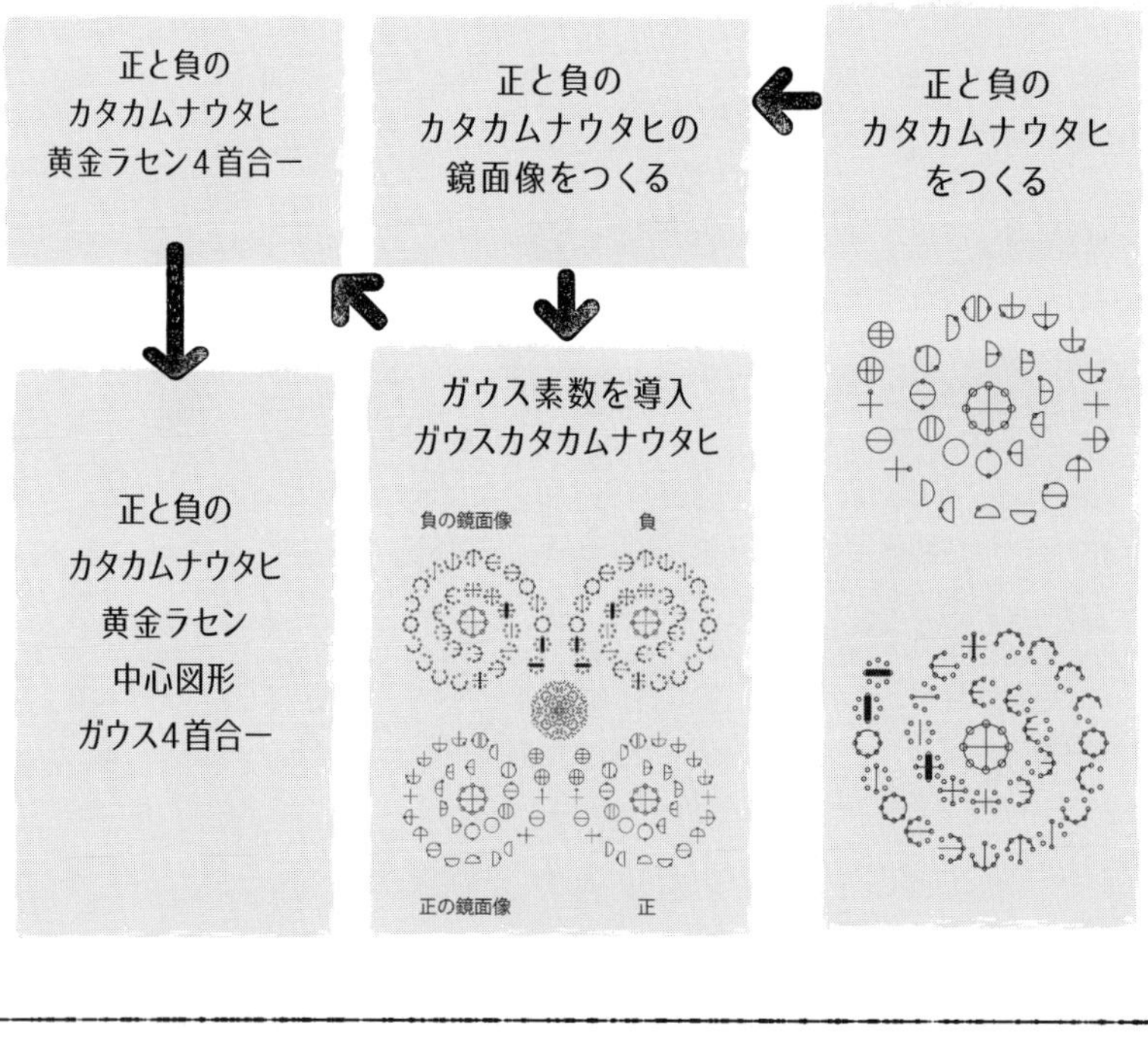

カタカムナ図像は自分の意識を四次元に移動させる乗り物のような役目をする。ある図像を使っていると、次は違う図像が欲しくなったり気になったりする。そのときが自分の意識と共鳴する次元が変わっているときなのだ。魂は肉体にだけ宿るのではなく、意識はいろいろな図形にも反応するのである。

間違いなくカタカムナ図像は、自分の意識を変えてくれるための一つのツールになる。図像集もペラペラめくっているうちに、今度はこっちが気になり始めたとなれば、それがそのときの自分に必要な図像なのである。そのとき意識は、その図像と関係するような次元、時空と完全に共鳴する。言い方を変えれば、自分が心を惹かれるカタカムナ図像が、自分を必要な次元、時空へいざなってくれるということだ。

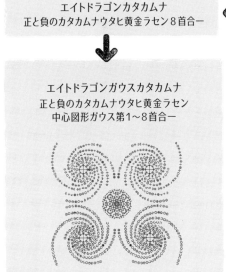

エイトドラゴンカタカムナ
正と負のカタカムナウタヒ黄金ラセン8首合一

エイトドラゴンガウスカタカムナ
正と負のカタカムナウタヒ黄金ラセン
中心図形ガウス第1～8首合一

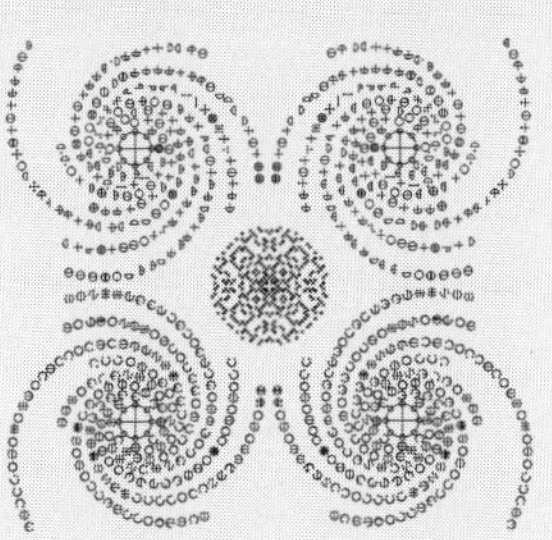

正と負の
カタカムナウタヒ
黄金ラセン中心図形
FOL 8首合一

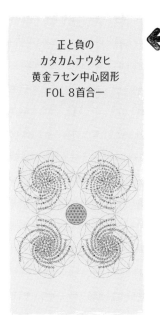

カタカムナの数字

スピリチュアル系の雑誌『StarPeople』（ナチュラルスピリット）の中に「神代文字」としてカタカムナの数字にまつわる記事が書かれていた。このカタカムナの数字は、単なるものの個数を数える数字なのか、または、何らかのパワーを秘めた数字なのかわからないので、実際に検証することにした。

しかし、カタカムナの数字が持つパワーをどのように検証すべきかが重要である。

ただ単に数字をでたらめに並べてみて、数字に力があるかどうかを見ることはできない。

そこで、私の友人である神山三津夫氏が、宇宙から受け取った数字をカタカムナの数字に変換して、そのパワーを検証することにした。

神山氏は、宇宙と話をして様々な情報を受け取っている。彼が宇宙と話をしているとき、聞いたこともない言葉が彼の頭の上で聞こえてくることがある。だから彼が本当に宇宙から情報を得ていることは間違いないと思っている。

その彼が最近、受け取ったのがオールマイティーの数字の情報である。この数字をカタカムナ数字に変換し色をつけたものを患者さんの腕や頸部（背骨）に貼ると、数字のまま貼るより、はるかに優れた治療効果を示すことがわかった。

たとえば、背中が痛い人に、これを貼ると数十秒で痛みがとれた。風邪の人は、体が軽くなり、数分で頭痛、咳などの症状が消えたという。この他、10人ばかり試してみたが、10人中7人の症状がすぐに消え、中には、息切れを訴えてきた人もいたが、これをつけると気持ちがよくなり息切れも治ったそうだ。

これまで神山三津夫氏が宇宙とチャネリングして得た情報の数字をカタカムナの数字に置き換えてみると、その通りになることを高い確率で確認した。宇宙が教えてくれた数字を、ただそのまま使うよりカタカムナ数字に変換し色をつけるとパワフルになる（神山氏の許可を得て本書では巻頭に付録としてつけた）。カタカムナ数字は宇宙から地球人に伝えられたものなのかもしれない。

カタカムナの「神」からのメッセージ

夢の中にカタカムナの「神」があらわれた。夢の中でも姿は、はっきりとしない。私にカタカムナの80首を4首ずつ用いて正四面体を20個つくるようにイメージで示してくれた。さらにこれを大きなシェルピンスキーのフラクタル図形のように組み立てて家に置くように指示をしてくれた。できあがったものを見ると、まさに神の塔であった。シェルピンスキーのギャスケットはフラクタル図形の一つであり、自己相似的な無数の三角形からなる図形である。各家庭に置くと、カタカムナの「神」のネットワークができる。

カタカムナでＤＮＡを変換する

日々カタカムナを実践していくうちにカタカムナから「ＤＮＡセンタリング」が伝わってきた。

これは人のＤＮＡを高次元レベルにアップデートしてくれる方法。パソコンで、アップデートというと、機能の向上や不具合の修正をするためにソフトウェアやデータなどを、より新しいものに書き換えていくことであるが、この場合のアップデートは、簡単にいうとＤＮＡのラセンの中心、センターにアマノミナカヌシの「神」のエネルギー（生命の源泉）を入れる方法である。

「ＤＮＡセンタリング」には三つの方法がある。

一つ目はセンターに光を入れる方法。二つ目は電気や磁気（電磁波）を入れる方法である。そして三つ目はセンターに光と電磁場の両方を入れる方法である。

一つ目の光を入れる方法を使うと、敏感な人は光を感じる。二つ目の電磁場を入れる方法を使うと、生体が安定し身体の不調がとれる。三つ目の光と電磁場を入れる方法を使うとＤＮＡは変容し、人はまったく別次元の脳力や能力を手に入れることができる。

そのための設計図を巻頭口絵に示した。この設計図は光は通り道を直進すること、電磁波は十から一には進むが、＋と＋、－と－の間は電気は進まないこと。磁気はＮからＳに進むが、ＮとＮ、ＳとＳとの間では反発して進まないという、シンプルな理論からつくられている。

使い方はこれらの設計図に触れるか、見る、ということだけのシンプルなものである。それでも驚くほどの変化が起こる。私は人体が長時間「ＤＮＡセンタリング」に触れることができるように布団カバーやシーツの絵柄にして多くの人に使ってもらおうと考えている。そうすれば寝ているうちに人のＤＮＡが変容を遂げ、その進化に本人も驚くだろうと思われる。

さらにカタカムナから伝わってきたのは「ＤＮＡトリプレットコード」、ＤＮＡを二重鎖から三重鎖にしていく方法である。ＤＮＡの二重鎖は基本64種類のパターンからなっている。ＤＮＡを三重鎖にしていくには基本となるパターンを64×64で４０９６種類に増やせばよい。それを可能にするのが下図に示した「ＤＮＡトリプレットコード」である。

信じられないかもしれないが、これに触れたり見たりするだけでＤＮＡが三重鎖へ変換していくと考えられている。

さらにＤＮＡトリプレットコードに光と電磁波のセンタリングを入れると、無限大のＤＮＡの変容が起こると思われる。

ＤＮＡトリプレットコード

コラム4

量子

量子の世界を成り立たせている虚数

光には「粒子」でも「波」でもあるという二重の性質があり、そのような性質を持つミクロの物質（素粒子、電子、原子、分子など）を「量子」と呼ぶ。

量子を知らなくても毎日、量子コンピュータでつくられた携帯電話やパソコンが使われている。今や量子がないと現代社会は機能しなくなっているほどなのである。

量子の世界は虚数で成り立っている。虚数は数というよりも回転変換の単位である。実数が、ルービックキューブの一つの辺の点（位置）を指し示すものであるならば、虚数は、ルービックキューブを縦や横に様々に回して揃えるような回転変換をあらわしている。個数を数える次元のものではなくて、時間と空間を飛び越えて、次元をつなぐことのできる魔法の道具なのかもしれない。

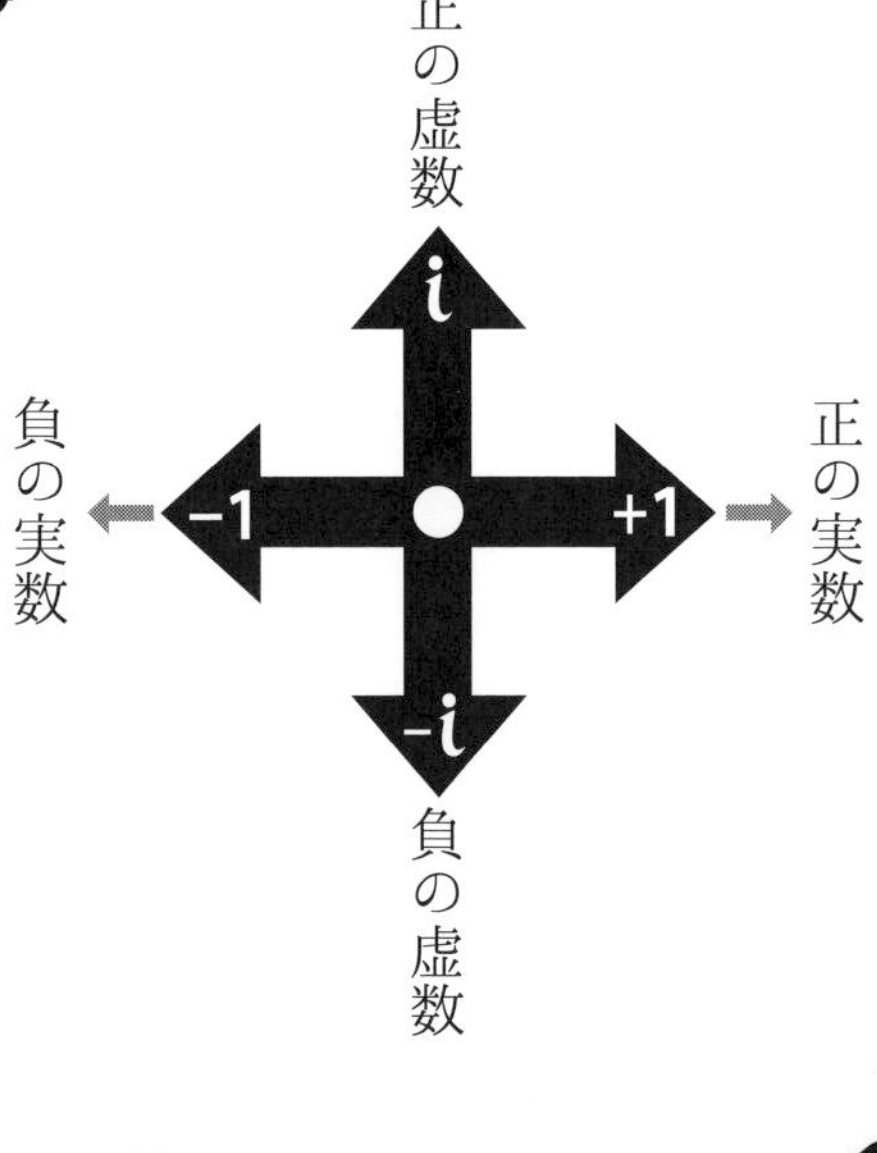

実数・虚数と数直線

＋1を正の実数とすると、−1は負の実数。
数直線を使って考えると、右図のようになる。
正の実数や負の実数には、虚数がある。
虚数は、二乗してマイナス1になる数である。
実数は数直線上の点としてあらわすことができるが、虚数は数直線上にないため、
数直線上の点であらわせない。
虚数は、数直線と離れたところ、
数直線以外の空間に存在する数である。
あえて示すなら数直線から離れた、
上の部分か下の部分に書くことができる。

第5章

解明《カイメイ》

カタカムナは未来医療のカギ

1 四次元世界と三次元世界の接点

カタカムナを研究してわかったことがある。それはカタカムナウタヒには、四次元世界と三次元世界を結ぶ働きがあるということ、そしてカタカムナウタヒには、次元と次元が出合う場所、接点を生み出す力があるということである。

四次元世界には超ヒモ理論に出てくる量子のヒモが存在する。このヒモは振動の仕方によって様々な素粒子になる。重力場のもとになる重力子もこのヒモからできている。ヒモは、振動しながら四次元世界の黄金ラセンにそって様々な次元の振動数が入り乱れて存在する場（これを次元接点と呼ぶ）に向かう。

ヒモが、次元接点の中に入ると、ヒモは電子と共振融合し、三次元世界の物質やエネルギーなどに変換される。

私はこの次元の接点をあらわすものがカタカムナウタヒの中心図形のヤタノカガミであ

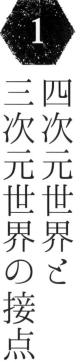

ると考えている。カタカムナウタヒ第三首に『ヤタノカカミ・カタカムナカミ（ヤタノカガミはカタカムナの神である）』と書かれている。神とは万物を創造するものである。ヤタノカガミは、四次元世界のヒモから三次元世界の万物を創造する働きをするため神と見なされた。

実際にヤタノカガミのような次元の接点は、まだ科学の世界で見つかっていない。しかし三次元が四次元に変わり、その後二次元に変わるというようなことは起こりうるといわれている。次元接点は必ずあるはずだ。

次元接点とは、一体どのようなものなのだろうか。

それには、まず四次元世界や三次元世界がどういった世界なのかを理解する必要がある。

次元接点は、三次元世界と四次元世界をつなぐものであるため、これらが混然一体となったもの、または四次元世界の性質と三次元世界の性質を合わせ持ったものでなければならない。そうでなければ、四次元世界のヒモと三次元世界の電子が次元接点で出くわすことができないからである。

形から考えると、私たちが住んでいる三次元世界の基本的な形は、六芒星や正六角形などの二次平面である。

たとえば、三次元世界では、ハチの巣や化学式のベンゼン環[1]、氷の結晶など正六角形が基本形になってつくられているものが多い。三次元世界では三次元より一次元低い二次平面を隙間なく埋め尽くすことができる正六角形が基本的な形になっている。三次元空間を正六角形または正六角柱で隙間なく並べたハニカム構造がよく知られている。

ある次元の基本構造は、その次元より一次元低いものであるといえる。

では、四次元世界の基本構造は、それより一次元低い三次元立体ということになる。

三次元空間を隙間なく埋め尽くすことができるのは、正五角形や正五角形だけでつくられた正十二面体[2]の立体である。正十二面体や正五角形は黄金比や黄金ラセンからなる。

つまり、四次元世界の基本的な形は、正五角形や正五角形からなる正十二面体や黄金ラセン、黄金比ということになる。

それぞれの次元には、次元空間を隙間なく埋め尽くす図形があり、その図形こそが、その空間に存在する各種のエネルギーと共振しやすい形なのである。

カタカムナでは平面図形として書かれているヤタノカガミであるが、本来は三次元立体か超立体であると思われる。平面のヤタノカガミの形から三次元立体のヤタノカガミを導き出すことで、次元接点の姿を浮かび上がらせることができる。

1　ベンゼン環
　ベンゼンなどの芳香族化合物に含まれる、6個の炭素原子からなる正六角形の構造。炭素の六員環。
2　正五角形や正五角形だけでつくられた正十二面体
　ピタゴラスは、正五角形に基づく「五芒星」を神聖な形として教団のシンボルに、プラトンは、正五角形の面で構成された正十二面体を「神の図形」と呼んだ。

四次元世界と三次元世界の基本構造

四次元世界の基本構造

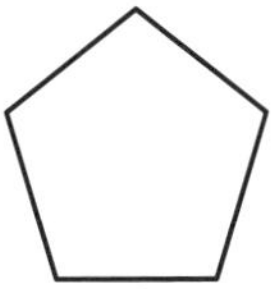

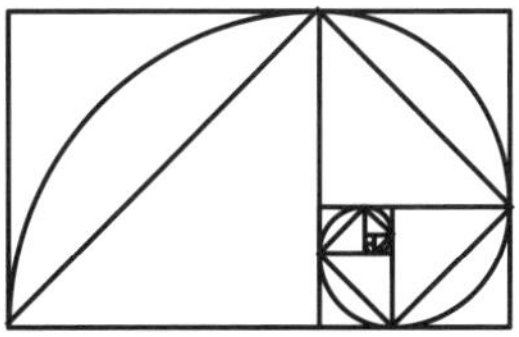
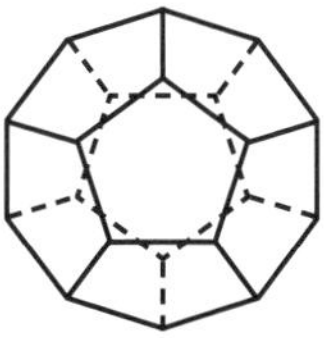

正五角形だけで立体はつくれるが、
正五角形で二次平面は埋め尽くせない。

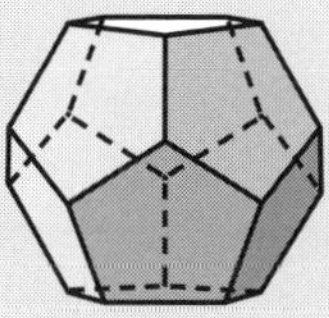

三次元世界の基本構造

正六角形だけで立体はつくれないが、
正六角形で二次平面は埋め尽くせる。

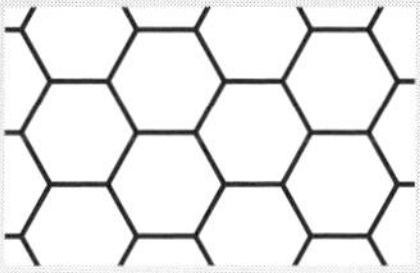

2 次元接点の構造はバッキーボール

次元接点は、四次元世界と三次元世界を結ぶ。さらにヤタノカガミが次元接点をあらわす。これらのことから、次元接点がどのような構造になっているか考えてみよう。

次元接点としては、四次元世界の基本構造である正五角形と、三次元世界の基本構造である正六角形の性質を合わせ持った超立体が最もふさわしい。

このような構造を持つものにバッキーボールといわれる物質がある。

バッキーボールはサッカーボールに非常によく似た形をしている。六角形の中心を頂点とする正六角形20枚と正五角形12枚の32面でつくられた多面体、正式名は切頭二十面体多面体で60個の頂点に炭素原子がサッカーボール状に結合し中空の球構造をしている（60本の単結合、30本の二重結合）。余った結合が出ない安定した構造で、別名「賢者の石[3]」と呼ばれ、超伝導の性質を持つことから注目されている。

ヤタノカガミとの関係を考えてみよう。

---

3 賢者の石
　錬金術における至高の物質。卑金属を金に変え、癒すことのできない病や傷をも瞬く間に治す神の物質。

バッキーボールとヤタノカガミ

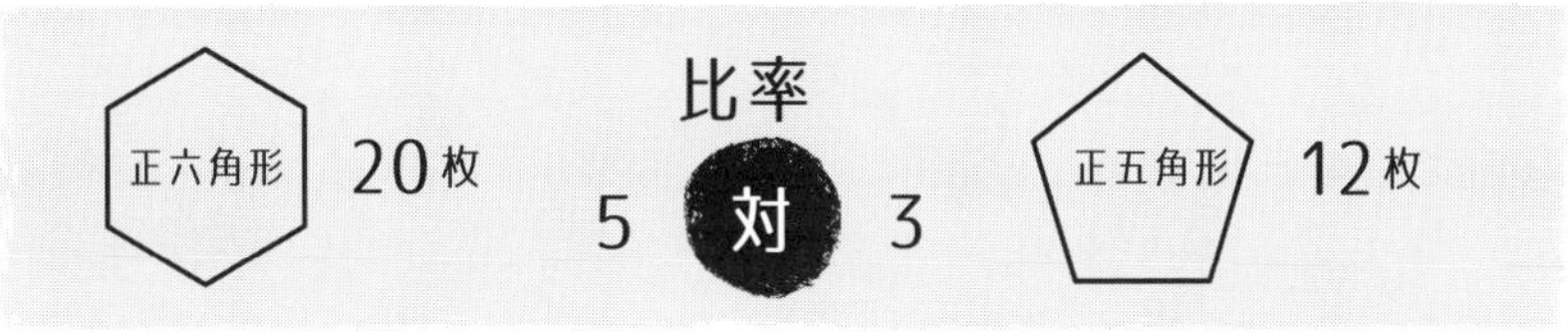

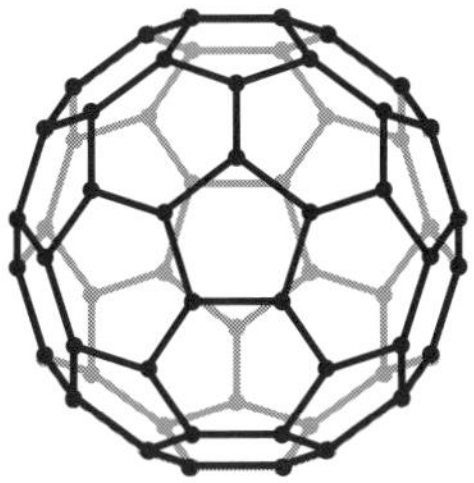

この線上には八つの図形
（正五角形又は正六角形）がある。

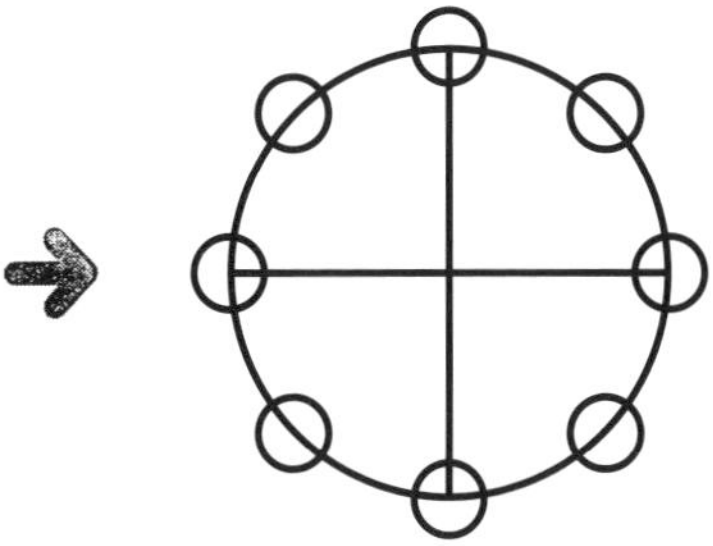

ヤタノカガミの八つの小円を
示しているのではないか。

ヤタノカガミの円周上にある小円は8個あるため、ヤタノカガミの基本的な数字は8と考えられる。バッキーボールの32面の32の数字は8を4倍したものである。さらにバッキーボールの20枚の正六角形と12枚の正五角形の比率は、5対3で、足すと8になる。極めつけはバッキーボールを正五角形が真上にくる位置で真っ二つに切ると、八つの窓があらわれる。これこそがヤタノカガミの8個の小円だと思われる。

　これらのことから考えると、ヤタノカガミはバッキーボール状の構造をしている可能性は高い。

次元接点がバッキーボール状の構造をしているとなると、これまで述べてきた話と整合性がつきやすくなる。四次元世界の基本は、黄金比である。そのため、素粒子のもととなる四次元世界のヒモは、黄金比からなる正五角形のパターンを含んでいる。

四次元世界のヒモは、黄金ラセンによって次元を下降していき、四次元と三次元世界が出会う場所、次元接点にたどり着く。この次元接点は、正五角形と正六角形からなるバッキーボールのような形をしている。バッキーボール状の接点の正五角形の入り口部分から接点の内部に入る。この内部では電気的に中性なヒモと、プラスとマイナスの電気が存在している。ヒモが球体の中で電気が持つ電子と融合すると（電子と共振）、三次元世界の素粒子やエネルギーのもとになるものに変換される。

その後、これらは、正六角形の部分から三次元世界に出ていき物質やエネルギー現象となってあらわれる。正六角形の部分が、物質やエネルギーのもととなるものを正六角形にする鋳型の役目をするため、私たちの住んでいる三次元世界では、氷や水晶の結晶、化学式のベンゼン環やハチの巣の構造など、正六角形の構造が基本になる。

これまで述べてきたことはまだ仮説の段階だが、あながち間違いではないような気がする。むしろ、この仮説は近い将来、その正しさが証明されるのではないだろうか。

四次元世界は
正五角形に代表される
黄金比が司る世界のヒモ
(素粒子や重力波のもと)である
量子のヒモが発生する。

次元接点

四次元世界以上のヒモと
三次元世界の電子が
入り乱れて存在する。

四次元世界以上のヒモは
三次元世界の電子と共振融合し、
新たな素粒子を生み出す。

三次元世界に
正六角形に代表される
比率が司る
物質·エネルギーが誕生。

四次元世界

ヒモがバッキーボールの
五角形の窓から入る。

三次元世界

物質に変換され
六角形の窓から出る。

バッキーボール＝フラーレンの特性

バッキーボールを発見したリチャード・スモーリー教授は、ノーベル化学賞を受賞している。

バッキーボールの公式名はバックミンスターフラーレン（Buckminsterfullerene）で、アメリカの建築家バックミンスター・フラーが考案した「ジオデシックドーム（正三角形を多数組み合わせた球形ドーム）」のような構造から名づけられた。

なぜ、フラーレンが、世界中の科学者たちの間で注目をあびているのか、それは、フラーレン、32面体が、エネルギー、宇宙科学、医学、薬品、化粧品などの分野で限りなく応用できる未知のスーパーパワーを秘めているからである。

まず、フラーレンは不活性で毒性はない。非常に小さく直径は1nm（ナノメートル）と、人間の毛髪の太さの数万分の1のスケール。ボール状の炭素分子で、滑らかでほぼ完全な球形をしているので電気的な偏りがない。毎秒1億回を超える速度で回転しており、ステンレス板に時速約2万4千kmでぶつかっても衝撃に耐え壊れず跳ね返ってくる。また、まるで分子の針山といわれるように他の化学物質を好きなだけくっつけられるので細胞、タンパク質、ウイルスなどと相互作用を起こしやすい。中空構造をしているため、内部に薬品を挿入することも可能である。チューブ状にも形成できる。経口摂取で十分に吸収され、しかも腎臓でも変化せず排泄されるので臓器を損なわない。研究用のものは人工的に合成しているが、星間物質として、また、その他の世界や、ロシア産の岩石の中にあることもわかっている。

現在、フラーレンを使ってヒト免疫不全ウイルス（HIV）、ルー・ゲーリッグ病（筋萎縮性側索硬化症）、骨粗鬆症、がんなど、様々な病気に有効な新タイプの治療薬が開発されつつある。フラーレンの中空構造に治療薬を乗せて血管を通り、体内のウイルスや病巣に作用する、まさにナノテクノロジーな治療法になるだろう。フラーレンなら、たとえ、放射性元素を入れても体内から完全に排泄され取り除かれるので腫瘍部位の画像診断に用いる光感受性薬品を腫瘍細胞まで運ぶことも可能である。

すでに身近なところでは、活性酸素の対策として、優れた抗酸化力を発揮する成分として化粧品に応用、商品化されている。その抗酸化力はビタミンCの172倍といわれ、老化の原因となる様々な種類の活性酸素を吸着して酸化を防ぐ、しかもその効果は11時間続くのだ。フラーレンの持続力と安定性は驚異的である。構造ゆえに持っているエネルギーかもしれない。

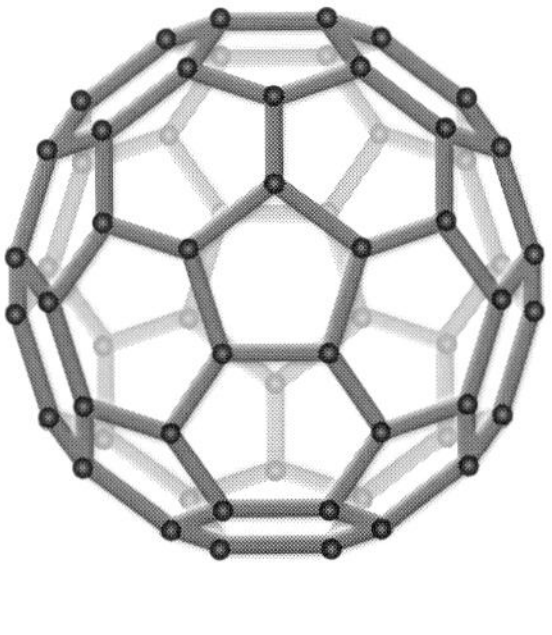

3 ヤタノカガミとバッキーボール

第3章でヤタノカガミの立体モデルを示した。

ところがこの章では、ヤタノカガミはバッキーボールのような形をしているのではないかという話をしている。

これは一見矛盾しているように思えるかもしれないが、本来ヤタノカガミは超立体であるため、三次元世界の形としてあらわしきれないと思われる。

超立体であるヤタノカガミの一面を取り出すと、立体のモデルになり、他の面を見るとバッキーボール状に見えるのではないかと現時点では考えていてもらいたい。

現時点で私が考えるヤタノカガミは、これら二つの立体の要素に加えて、第五首に書かれている対向流を発生するコイルのような要素を持つものと考えている。

カタカムナウタヒを詠むと球体があらわれる。この球体の中の空気は、通常の三次元世界の空気とは明らかにちがう。この空間の中に入ってしばらくすると四次元世界の空気がヒタヒタと肌に浸透してくるような感じを受ける。おそらくこの中では、エネルギーや物質は波になったり粒子になったりしながら変化するのであろう。

さらに、四次元世界のヒモがあふれ、三次元世界の電子と反応することで新たな素粒子が生まれ、人体は素粒子レベルで変化するのである。この球体こそが三次元世界と四次元世界がともに存在する次元接点であり、重力波からなるスカラー場という空間である。

スカラー場という空間は、エネルギーを伝搬するので球体の中に入った人が温かいを通り越して熱さを感じる。それほどスカラー場の中のエネルギーは強いのである。

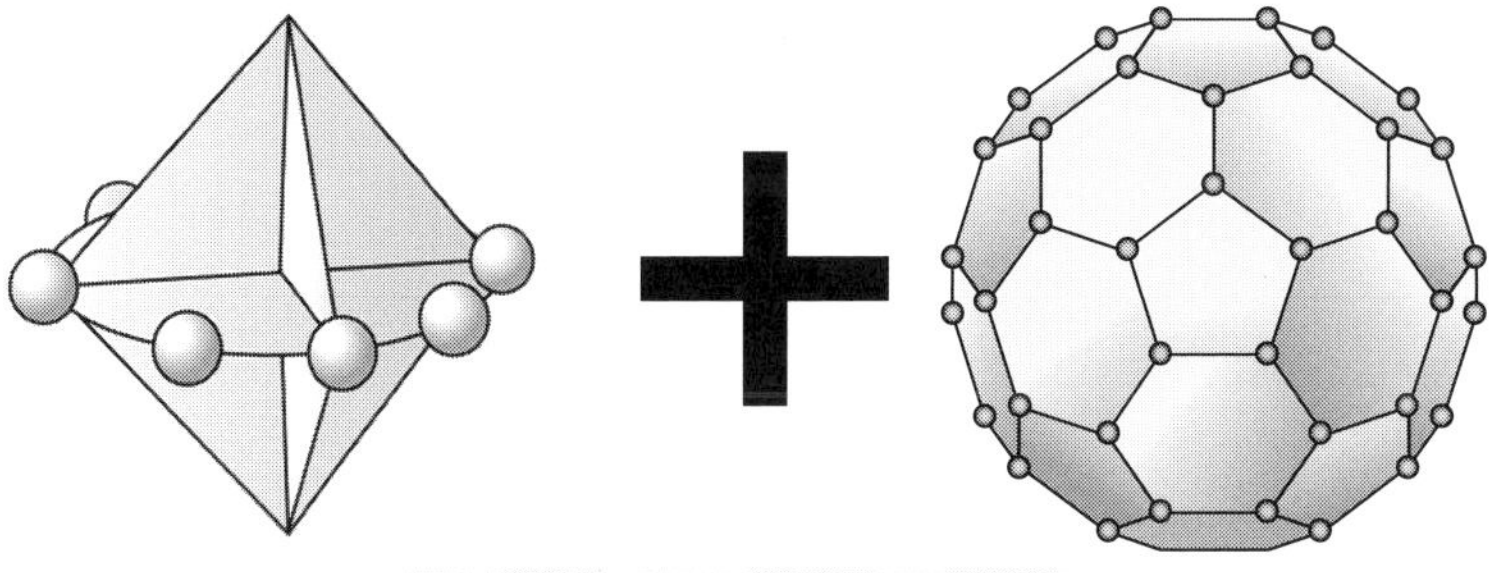

これら二つが合体したような
三次元立方体又は超立方体が次元接点で
あると考えている。

その一方で、スカラー場の中にいるとスースーするという人がいる。

もしかしたらミニブラックホールがスカラー場の中に出現して病気のもとや、いらないものを吸い込んで消してくれているのかもしれない。

実際、素粒子レベルの大きさのミニブラックホールは宇宙が発生した初期に存在したと考える物理学者（イギリスのスティーブン・ホーキング博士[4]）はいる。理論的には、どんなに小さなものでも十分に小さくしていけばブラックホールにできるといわれているが、質量の小さなものをそこまで押し縮めることのできる自然現象は、現在知られていない。

ミニブラックホールができるには、非常に高密度な条件が必要で、ホーキング博士たちによると、宇宙初期、ビッグバンの直後に、物質の密度のゆらぎが極端に高密度になった場所でできた、と仮定している。その大きさ、質量もバラバラ、素粒子から原子サイズなどのミニブラックホールも存在する可能性があるそうだ。かつてブラックホールは物質を吸い込んで、その質量は大きくなるばかりと思われていたが、博士は量子論を適用し、ブラックホールがその質量に反比例した温度で光を発し次第に蒸発していくことを示した。

もしかしたら視える人が視ると、この球体はバッキーボール状に見え、その中にミニブラックホールを見るかもしれない。

---

4 スティーブン・ホーキング博士
1942年英オックスフォード生まれ。英国の理論物理学者。大英帝国勲章(CBE)受勲、FRS(王立協会フェロー)、FRA(ロイヤル・ソサエティ・オブ・アーツフェロー)。ブラックホールから粒子が逃げ出す「ホーキング放射」やブラックホールの蒸発などの研究で、アルバート・アインシュタインに次ぐ世界で最も有名な宇宙物理学者となった。ケンブリッジ大学にて約３０年間ルーカス記念講座教授を務め、２００９年秋に退官。21歳でALS(筋萎縮症性側索硬化症)を発症し、現在は、話すこともできないため、ワープロと音声シンセサイザーを操作し合成言語により会話や著述活動を行っている。「車椅子の天才」として高名。

四次元世界

正五角形や正五角形からなる正十二面体。黄金比が基本となる世界、重力子や素粒子のもとになる量子のヒモが生み出されている。

共振したエネルギーを増幅させる力が、四次元世界の黄金比ラセンにはある。

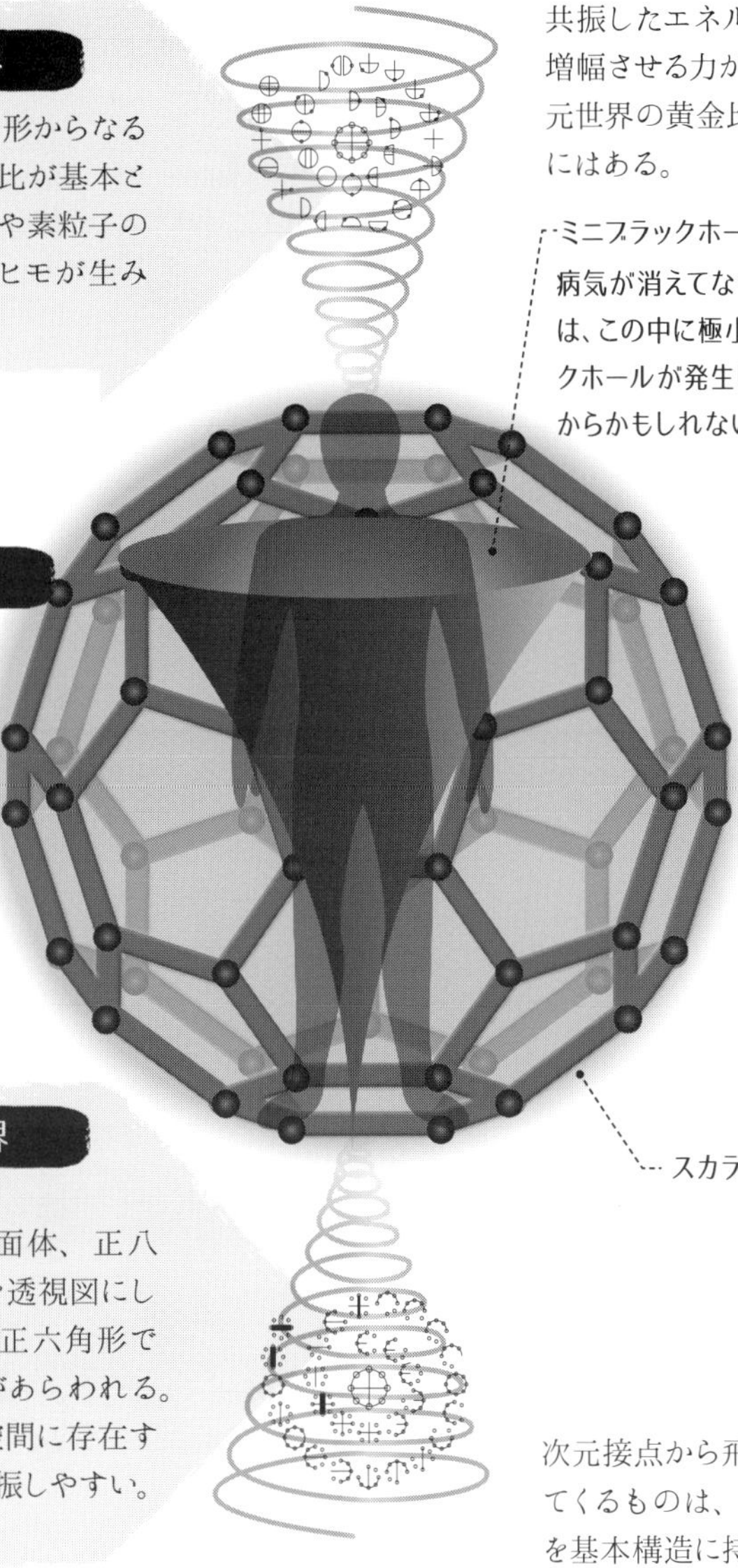

ミニブラックホール
病気が消えてなくなるのは、この中に極小のブラックホールが発生しているからかもしれない。

次元接点

この中で四次元世界からの量子のヒモに変化が起こる。電子と量子のヒモが重合し、新たなものが生まれる。

スカラー場

三次元世界

正四面体、正六面体、正八面体。正八面体を透視図にしてみると、周りを正六角形で囲まれた六芒星があらわれる。六角形は三次元空間に存在するエネルギーと共振しやすい。

次元接点から飛び出してくるものは、六角形を基本構造に持つ。

ＤＮＡの構造から学ぶ

人のＤＮＡの構造は、四つの塩基と糖、リン酸からなっている。塩基は六角形、糖は五角形。四次元世界をあらわす正五角形の構造（黄金比と黄金ラセンが基本となる構造）と三次元世界をあらわす正六角形の構造の両方が備わっている。

ＤＮＡをモデル化したものを、上から見ると六芒星（正六角形の合う頂点を結んでできる図形）を二つ重ねた十二角形になっているタイプが多い。五芒星と六芒星の両方の原理が交錯している。

さらに、このモデルを横から見たときに、そのラセンのピッチと直径の比は黄金比率になっている。

このように、私たちの生命のもっとも基本になるＤＮＡが、正五角形と正六角形の組み合わせになっているのは、まったく驚くべき事実である。また、人の細胞が分裂して成長するときに、その細胞の増加率を示す数比も黄金比である。

ＤＮＡや細胞は、四次元と三次元と交錯する次元接点と同じ性質を持っているのだ。そのため、私たち人間は四次元世界の力やエネルギーを獲得し、三次元世界に役立てることができるのである。

DNA二重ラセン

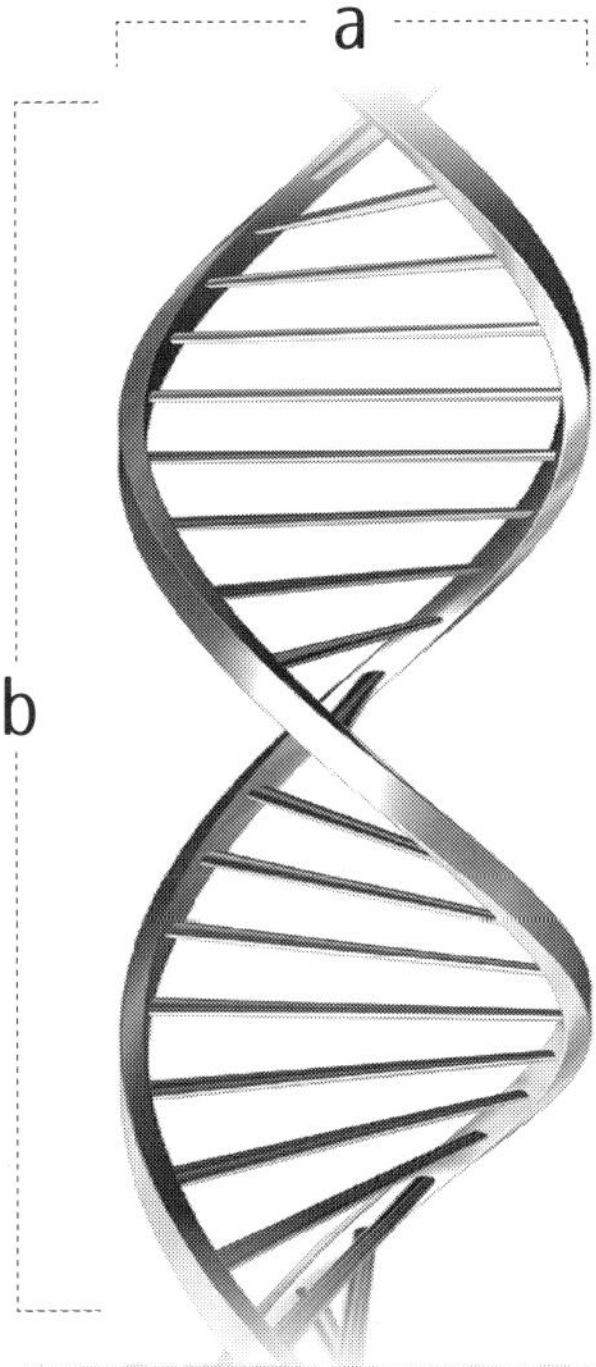

DNAのプロポーション(ラセンのピッチと直径)にも
黄金比が秘められている。

$$\frac{b}{a} \fallingdotseq \Phi = 1.618$$

DNAの模式図

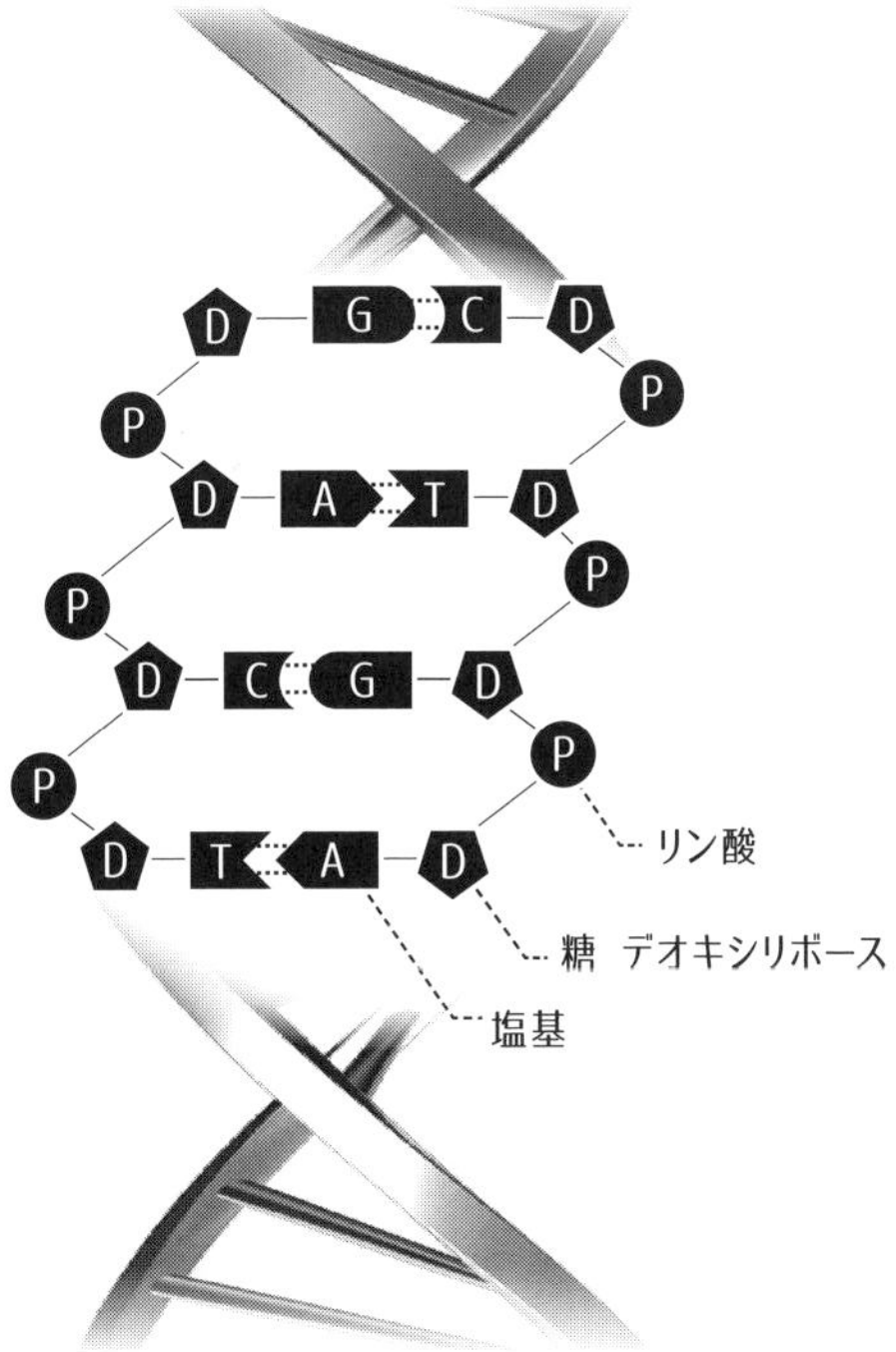

DNAを形成する四つの塩基、アデニン、チミン、グアニン、シトシン。
アデニンとチミンは、五角形と六角形が組み合わさった構造、グアニンとシトシンは六角形の構造をしている。

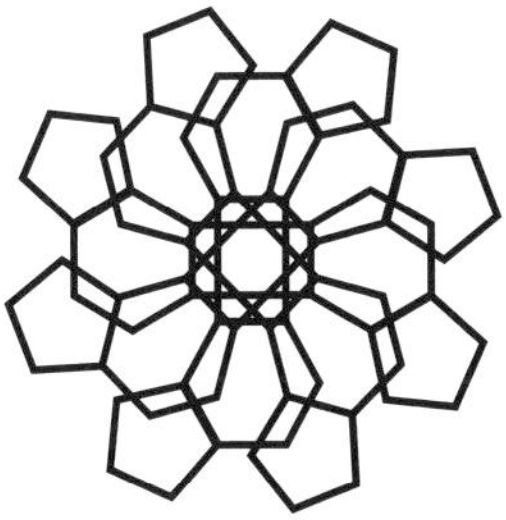

DNA ラセンの一部をなす五角形と六角形

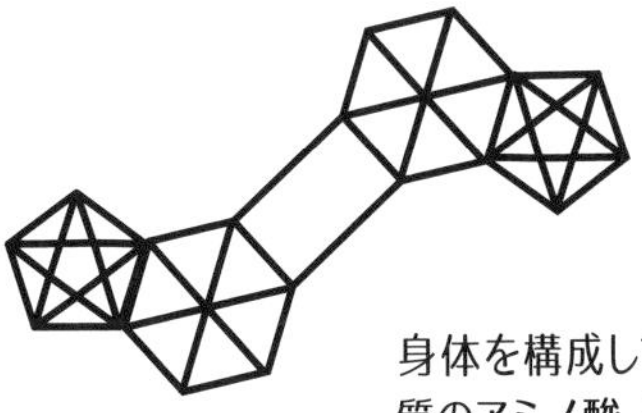

身体を構成しているるタンパク質のアミノ酸、ビタミン類も性ホルモンなども基本構造は五角形と六角形から成り立っている。

4 カタカムナパワーをマックスにする三つの方法

カタカムナウタヒの効果を最大にするために、第4章で様々な図像を探求してきた。ここでは、カタカムナウタヒの図像はそのまま用いながら、より効果的な方法を探る。

1カタカムナ動画をつくる

カタカムナ文字が振動する量子のヒモであることがわかった以上、カタカムナウタヒに振動の要素を入れたかった。もし、振動の要素が入れられないとしても、カタカムナウタヒに動きの要素を入れたかった。そこで、カタカムナウタヒの動画をつくることにした。動画にしたらその効果がより強くなるかどうかはわからなかったが、とにかく薬を使わなくても多くの病気が治るようにしたいと考えつくってみた。

そして、カタカムナウタヒを見て、一つ一つのカタカムナ文字は、振動するヒモや、電子がスピンした様子を写したものではないかと考えていたので、動画にしたほうがカタカ

カタカムナウタヒが公転しながら自転

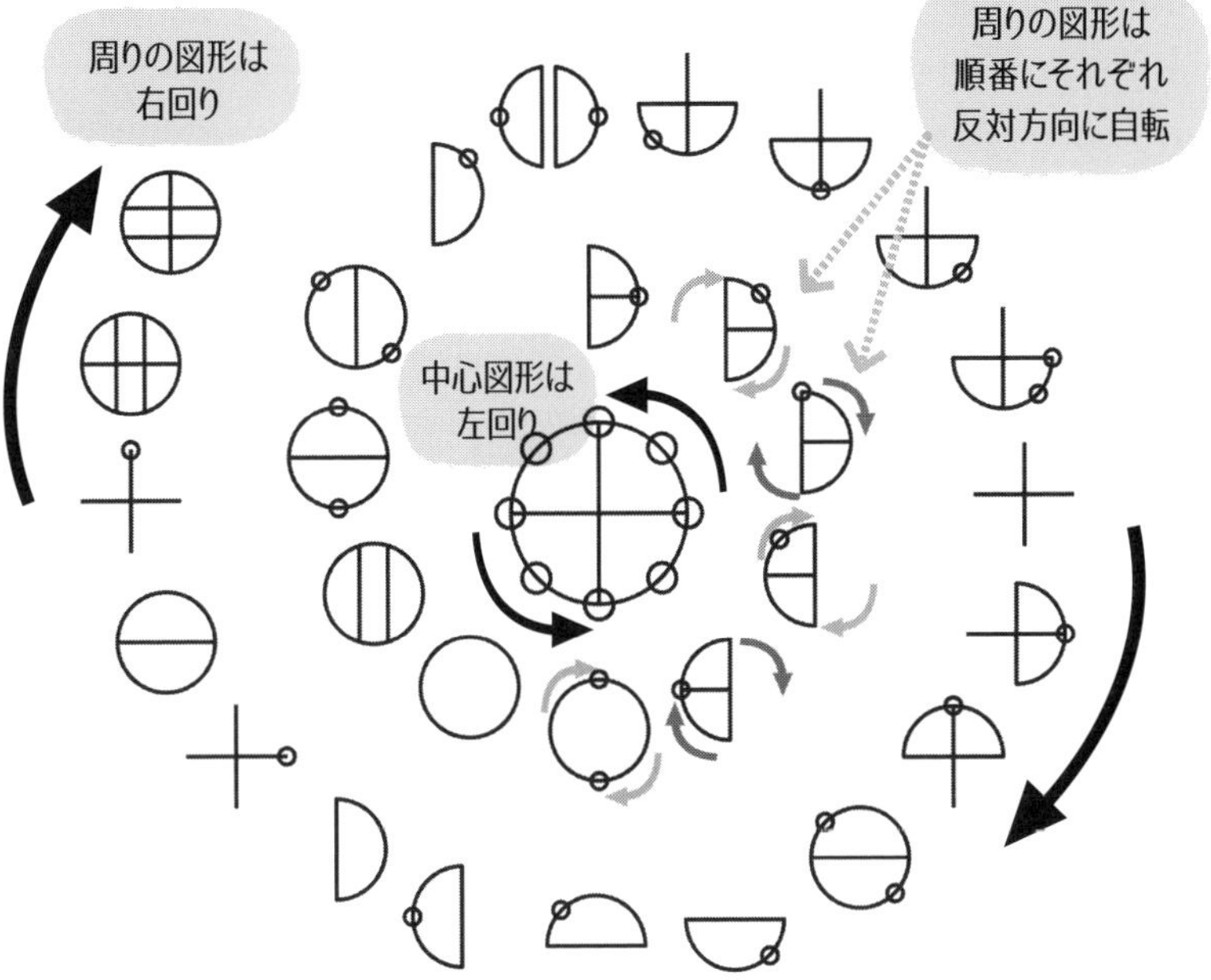

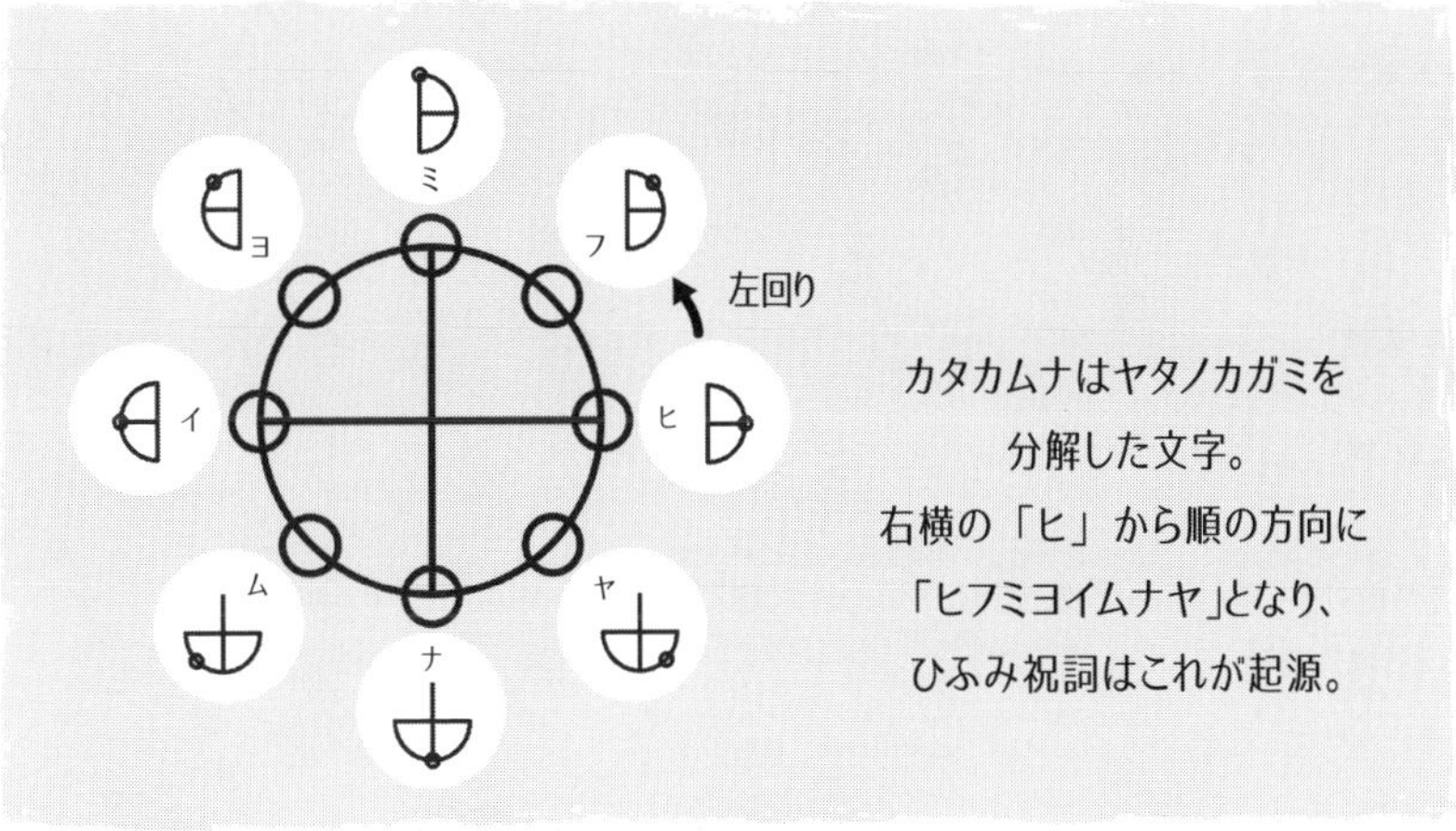

カタカムナはヤタノカガミを
分解した文字。
右横の「ヒ」から順の方向に
「ヒフミヨイムナヤ」となり、
ひふみ祝詞はこれが起源。

ムナウタヒの真意を伝えることができるのではないか、もしかしたら動画を見る人の脳に進化が起こりやすくなる可能性があるのではないかと考えたのである。

動画をつくるには、カタカムナウタヒの図形の回転を考えなければならない。

中心図形の一つ、ヤタノカガミを分解し、左回りに読んでいくと、前頁の図のように「ヒフミヨイムナヤ」という一二三（ひふみ）歌になる。そのため、ヤタノカガミは反時計回り、左回りに回転する。

中心図形のヤタノカガミを除くと、カタカムナウタヒの詠む順番から、全体としては時計回り、右回りに回転することがわかる。地球が太陽の周りを公転するように、ヤタノカガミの周りを時計回り、右回りに公転する。しかも、その個々のカタカムナ文字は、地球が自転するように、それぞれ自転している。まるで太陽の周りを地球が自転しながら公転しているようにも、また原子の周りを電子がスピンしているようにも見える。動画では、個々のカタカムナ文字の自転は、まるで隣り合わせの歯車同士が反対向きの回転をするように順次回転させてつくった。

動画から出るエネルギーは、強大であり周囲の人の肉体的、精神的側面にも作用し、四方の空間の場のエネルギーを一変させる力を持つ。その様子は、前頭前野の脳血流の増加という変化でとらえることができる。

動画を数分間見るだけでも肩こりや頭痛が消える場合や、一定の空間でただ流しておくだけで、そこにいる人の症状が消える場合がある。今後さらなる研究が必要だが、動画の回転速度を変えることで、様々な病気に対応できることになるだろう。

2カタカムナにナノインク（金銀）でアンテナをつくる

カタカムナは、三次元空間と四次元空間を結ぶものである。まず思いついたことは、カタカムナウタヒを四次元世界の空間にある磁気や電気を受信するアンテナのようなものにつくりかえることであった。

アンテナをシルバーなどの金属でつくると効果的だと思われたが、シルバーでつくることは費用的にも技術的にも難しい。

それで、カタカムナウタヒそのものがアンテナになるようにナノシルバー[5]インクを使って印字した。

これを人の身体に当てると、当てた周囲の皮膚の電場や磁場がシルバーによって変化を起こし、身体がよい方向に変化する。

---

5 ナノシルバー
ナノシルバーはナノテクノロジー（10億分の1のサイズの世界）より生まれたナノサイズの銀の粒子。銀の粒子を超極小化し、各種菌との接触面積を増やすことにより殺菌効果を向上させ持続性を高める。抗生剤が約6種類のバクテリア・病原体を殺菌するのに対し、シルバーでは650種類以上のバクテリア、ウイルスを殺菌し、菌に対しての耐抗性種はつくらない。人体に無害で安全である。抗菌・殺菌効果による、消臭・脱臭効果があり、さらに紫外線遮断の効果、電磁波遮蔽、帯電防止などの効果も活用できる。

というのは、皮膚は電気を持っており、特有の周波数で振動しているからだ。そして皮膚には、外部からの電気や磁気の変化を脳に伝える作用があるからである。皮膚には脳にある受容体と同じものがあるといわれ「第三の脳」と考える皮膚科学者もいる。

ナノシルバーインクで印字したカタカムナ文字を人の身体に貼ると、頭痛や腰痛の症状がある人の場合、十中八九痛みが軽減する。

皮膚には色や形、文字などを識別する力があるといわれている。それを活用したカラー療法（障害を受けた細胞から出る波長に対してそれと同じ波長を持った色を身体の必要なツボに貼付して、色の波長が病気やけがの波長を打ち消して細胞や組織を正常化させていく）は知られているが、ナノシルバーインクでの印字によって、より皮膚がカタカムナウタヒの文字を識別しやすくなるのである。

ただの文字が人体に作用するはずがないという人がいるかもしれない。しかし、電磁波遮断や帯電防止効果のあるナノシルバーインクを使ったものなら、身体に作用することがわかるはずだ。

3カタカムナと磁力を組み合わせる

三次元世界では、どちらかといえば、電気が主で磁気は従と考えられる傾向がある。しかし、四次元の世界では、電気より磁気のほうが主である。

それゆえ、カタカムナウタヒで四次元世界のエネルギーや重力波を誘導する（スカラー場をつくる）には、磁気の助け（永久磁石や交流磁気を作用させる）があると、より効果的である。

カタカムナウタヒの第五首と第六首を二つの永久磁石で挟み、四次元世界に誘導しやすいようにする試みを行った。

この方法を乳がんの女性（49歳）に使うと、抗がん剤を投与されていたのにもかかわらず腫瘍マーカー[6]が激減し、正常になった（185頁グラフ参照）。

磁気の助けをかりると、十中八九の患者さんに、何らかの症状の改善が見られる。患者さんは、「スーッとして、痛みや不快な感じがどこかに吸い込まれていったような気がする」といい、その後、実際に症状が消えたケースは多い。また、関節リウマチの患者さんの半数以上が数日以内に腫れが消え赤みもなくなった。

---

6 腫瘍マーカー
がんなど腫瘍が発生したときに、血液中に増える特異物質のこと。この物質の血中および尿中濃度を測定すれば、がんの存在やがんの種類を知る手がかりとなり、また、がんの大きさや進行度なども推定できる。しかし、がん以外の要因で高値を示す偽陽性の場合や、がんが存在しても高値を示さない偽陰性の場合もあり、これだけで確定診断とすることはできない。主にがん診断の補助的手段として、また治療効果の観察や再発を監視するモニタリングなどの目的で用いられる。

磁石の使用法

1

ガウスカタカムナウタヒの中央にあるガウス素数の図形の中心に、第五首はＮ極を上にし貼り、第六首にはＳ極が上になるように貼る。

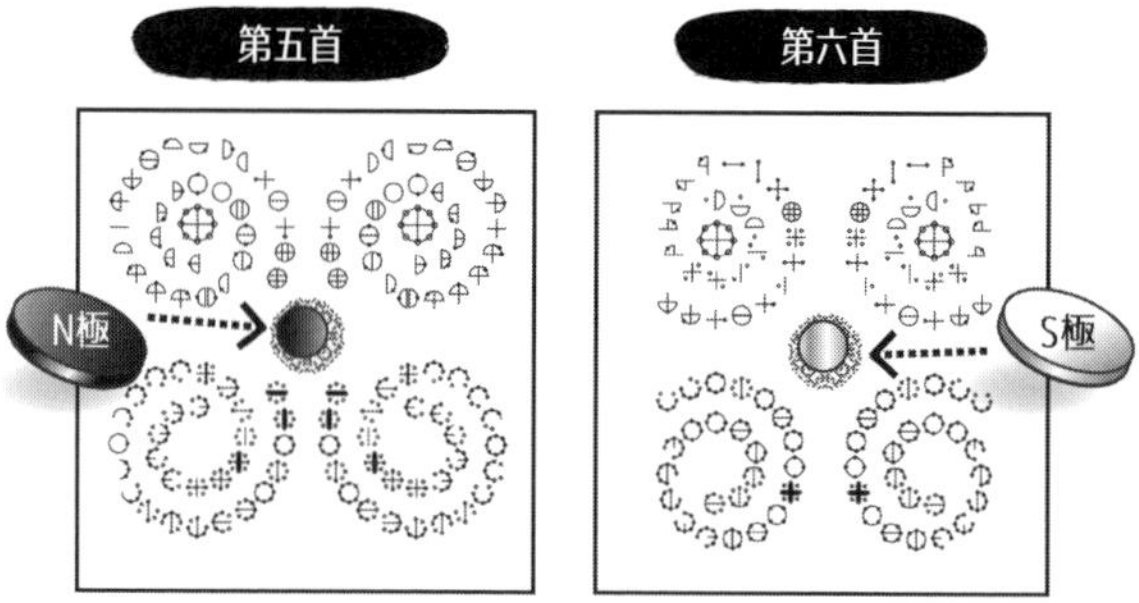

2

第五首と第六首のガウスカタカムナウタヒを背中合わせにして一つに貼る。

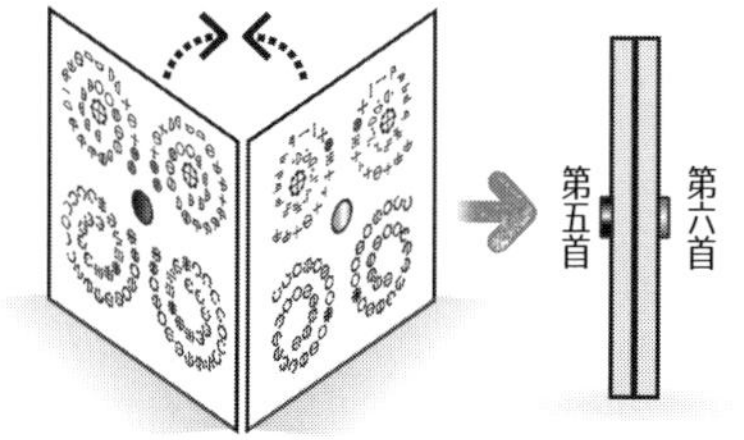

3

2を人体の全面や背中に図のような向きで貼る。

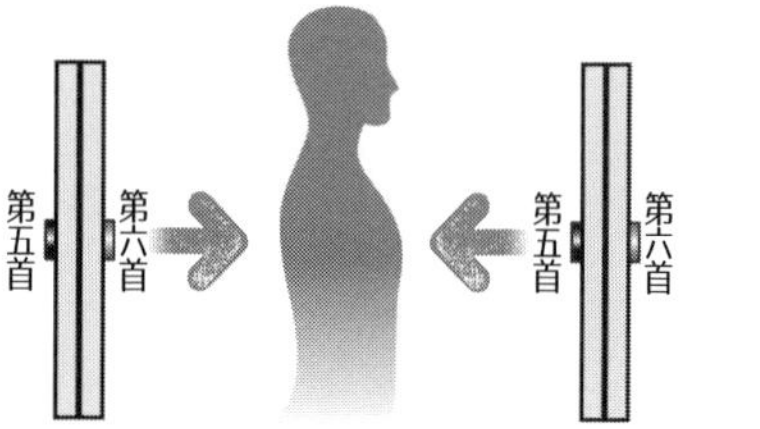

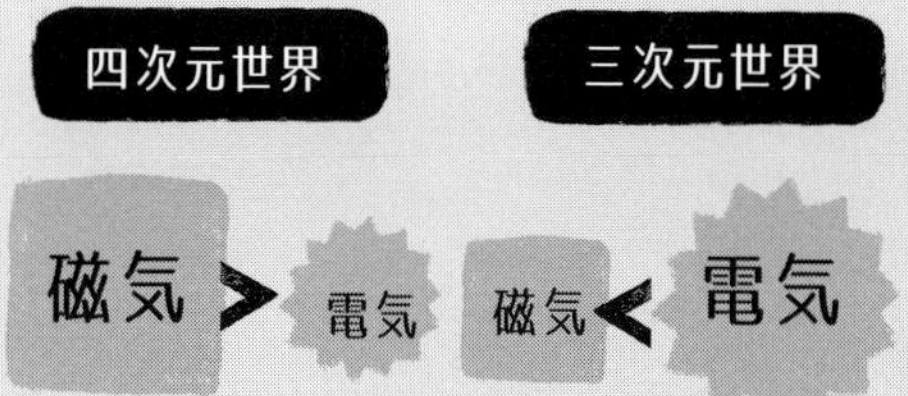

三次元世界では、電気が主、
四次元世界では磁気が主である。
四次元世界のエネルギーや重力波などの力を利用する場合には、
磁気を用いると効果的である。

4カタカムナウタヒをカラーに

カタカムナ文字にはそれぞれ特有の形がある。カタカムナウタヒを色の付いたカタカムナ文字で書き直すと、単色の黒で描いたものよりも効果がやや高くなるようだ。それは症状が消える確率が高くなることからわかる。

CA15-3腫瘍マーカー　乳がん49才女性

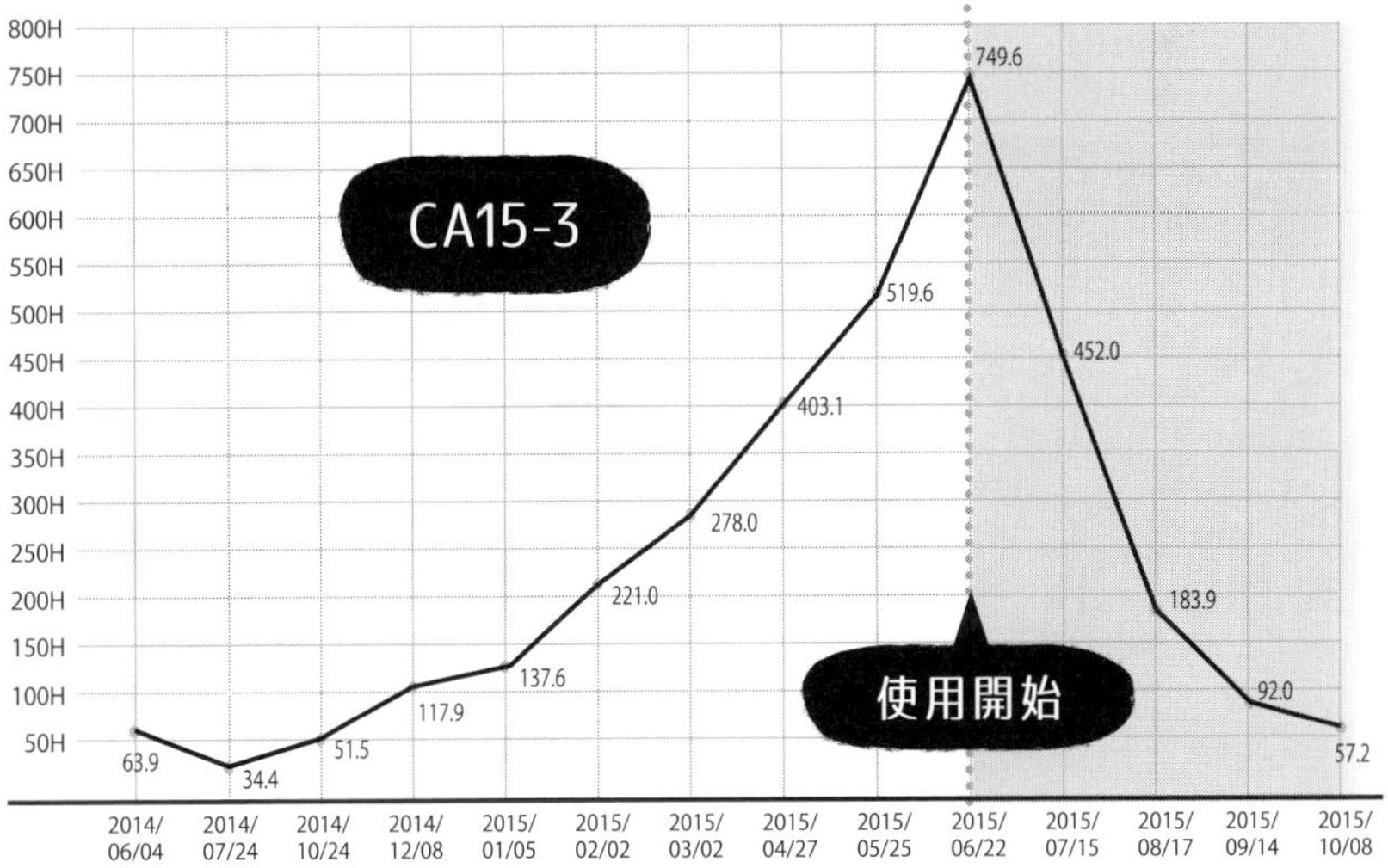

CA15-3は、乳がんの腫瘍マーカーの一つ。
CA15-3は、乳腺以外のがんに対して反応しづらい特異的な性質を持つ、乳がんで最もポピュラーなマーカー。がん再発の目安とされる。CA15-3の正常範囲は25U/ml 以下。初期の乳がんでは、ほとんど陽性を示さず、転移性乳がんに陽性率が高い。卵巣がんや肺がん、前立腺がんでも測定値は上昇し、子宮内膜症や骨盤炎症性疾患、肝炎でも高値を示す。

5 第五首から誕生した銅製コイル

カタカムナウタヒ第五首『ヒフミヨイ・マワリテメクル・ムナヤコト・アウノスヘシレ・カタチサキ』には、球体状のスカラー場を誘導する以外にがんや難病を治す治療器具のつくり方が書かれている。

第五首の内容に従って銅線を巻く。そうしてできた銅製のコイルを患部に貼ると痛みやかゆみ、コリなどが消える場合が多い。しかも、治らないような症状が消える。

この銅製コイルに関しては、偶然、このコイルを使った女性の医師から突然お手紙をいただいたことがある。彼女は、手の湿疹が十数年も治らなかったらしい。何件もの皮膚科にかかったが一向によくならない。たまたま、私が作成した銅製コイルが目にとまり、取り寄せて使ったらしい。すると十数年来の手の湿疹が消えたというのである。一時的に改善しただけなのかと思ったが、冬場になっても手の状態はそのままだという。驚きと感謝の気持ちを手紙にしたためて送ってくれた。さらに銅製コイルの使用前、使用後の手の湿

---

7 見かけ上ゼロのスカラー場
「＋」と「－」の磁気がお互いに拮抗し打ち消しあって磁力が存在しない特殊な場所を、ゼロ磁場と呼ぶ。打ち消し合うため見かけ状はゼロであるが、何もない「０」ではなく、プラスとマイナスの大きなエネルギーがバランスを保つ「全て」を持ち、命を育むエネルギー場を形成するといわれている。ゼロ磁場のまたの呼び方を「スカラー場」ともいう。潜在的に次元の異なる宇宙エネルギーが存在してると考えられている。

第五首のカタカムナウタヒによる銅製コイルの作成法

ブラックホールの中心にある反転部分と同じ構造をした銅製コイル。コイルは2層(二重構造)になっていて、上の層と下の層では、電流や磁気が流れる向きが逆になっている。この銅製コイルがゼロ磁場を発生させると考えている。

疹の様子を記録した写真まで同封してくれた。カタカムナの研究をしていて本当によかった、そう思えた瞬間であった。

第五首の内容からつくられた銅製コイルには、コイル周囲の磁場を相殺して、磁場を見かけ上ゼロのスカラー場[7]にする働きがある。スカラー場では、重力場によって素粒子の変化が起こる。それで、現代医学で治らない病気の症状にも効果を示すのである。

最近ではセミノーマ[8]という睾丸のがんの人が、自分の陰部に銅製コイルを貼ってがんが小さくなったと報告してきたケースまである。

しかし、銅製コイルだけでは、がんや難病が治らないケースもある。そこで、この効果をさらに高めるために、コイルの数を多くし身体を一周す

8 セミノーマ
精巣腫瘍の一種。精巣腫瘍は大きくわけて、生殖細胞由来の胚細胞腫瘍と、性腺基質由来およびその他からなる非胚細胞腫瘍とに二分される。造精(精子をつくる)細胞形成の要素が分化して腫瘍化したものがセミノーマである。

るほどの長い銅製コイルをオリジナルでつくった。

さらにコイルを巻くときの銅線を、金属粒子の密度が低い単線よりも金属密度の高い平角線の方が電気や磁気の処理能力が高いと考え、単線から平角線に変えた。

実際、平角線で、銅製コイルを幾重にも重ねたものを末期がんの患者さんの身体に巻きつけると、抗がん剤も放射線治療も効かなかったのに、末期がんが消えたケースがある。

ケース1は、余命3カ月といわれた末期の肺がん患者さん（男性通院時67歳）、銅製コイルだけの方法で半年後に肺がんが消失。2年後には、がんを宣告した病院が、がんの陰影が消失したことをCTで確認、6年たった今でも元気である。

ケース2は、原発性肺がんとその肺内転移を指摘された末期の肺がんの患者さん（男性通院時76歳）、銅製コイルと薬用人参を発酵させた漢方を服用して6カ月後にがんが消えて、10年以上生存している。

その他、末期乳がんや大腸がんから肝転移していた患者さんがよくなったケースもある。もちろん、すべてうまくいくケースばかりではないが、まったく治療法がないといわれた人にでも効果を示すことができた。現在、平角線より高密度な金属を用いて長い銅線コイルをつくり始めているが、高密度であればあるほど、がんや難病に効果的であるようだ。

金属粒子の
密度が高い
平角線

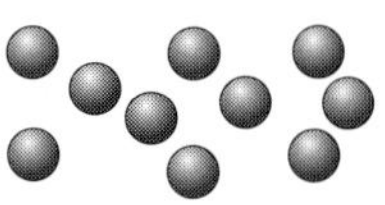

金属粒子の
密度が低い
単線

ケース1　余命3カ月の末期肺がん患者

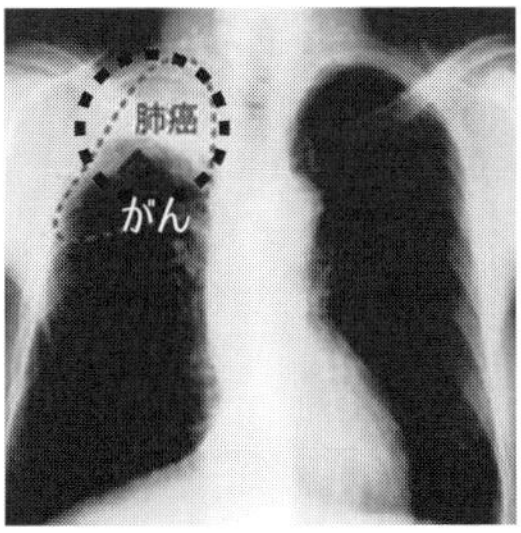

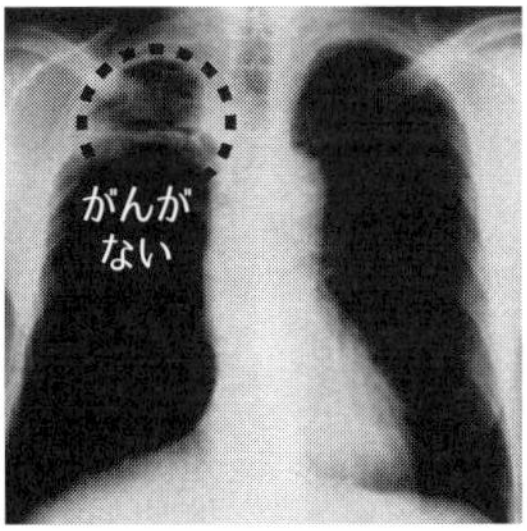

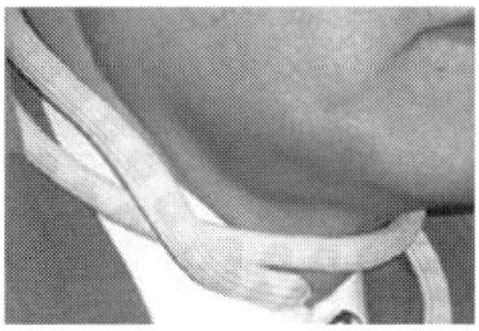

余命3ヵ月を宣告された末期がんの男性(通院時67歳)のレントゲン写真、銅製コイルの装着だけで半年後に肺がんが消失。

ケース2　肺内に転移がある末期肺がん患者

原発性肺がんとその肺内転移を指摘された男性通院時76歳。銅製コイルの使用と薬用人参を発酵させた漢方の服用で、6ヵ月後に消失。

検査報告書　**検査種別:CT**

報告日付:2009/07/15
丸山修寛先生
性別:M
年齢: 76歳
6枚

右肺S9/8に約17mmの結節を認め、周囲にすりガラス様陰影を伴っています。前回認めません。肺癌と考えます。
周囲のすりガラス様陰影は肺胞出血か肺胞上皮癌の成分をみているのか判断困難です。

有意なリンパ節腫大は認めません。
胸水は認めません。
右肺上葉、舌区に陳旧性炎症性変化を認めます。

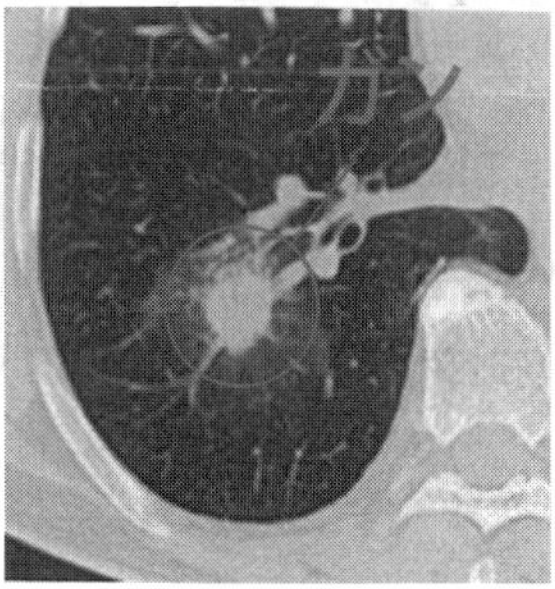

【結 論】
右肺癌

6 電磁波と銅製コイル

電気を使うと電磁波が出る。電磁波は家庭の電気コンセントや延長コード、パソコン、ブレーカー、炊飯器、冷蔵庫、空調機、電子レンジ、携帯電話、Wi-Fiルーターや無線ラン、電気毛布、ホットカーペット、スマートメーター、太陽光発電のパワーコンディショナーなどあらゆるものから出ている。

世界保健機構（WHO）は電磁波には発がん性があることを認めている。

私も、これまで多くのがんの患者さんを診てきて、電磁波には発がん性があることは間違いないと思っている。したがって、できるだけ電気を使わないことが好ましい。

ところが、現代社会において電気を使わないわけにはいかない。

そこで、電気の害が発生しない方法を探してみた。その結果、行き着いたのが銅製コイルを電気コンセントを始め、電気を使うものに貼る方法[9]だった。

電気コンセントに銅製コイルを貼ってみると、電気コンセントから出る電磁波のために

9　銅製コイルを貼る方法
これまで電磁波のノイズをとり、有害な物を有用にするために、電気コンセントには銅製コイルを２個貼るように『病気は治ったもの勝ち』（静風社）では書いた。２個貼ることで室内にマイナスイオンが発生することは実証済み。しかし、ゼロ磁場にし重力波を発生させ、高次元のエネルギーを活用するためには、銅製コイルを８個貼るとよいことがわかった。

10プラスイオン　11マイナスイオン
イオンとは、空気中に含まれる僅かな電気を帯びた物質（原子・分子・分子集団）のこと。原子が正(＋)

眠れなかったり頭痛があったりした症状が消えてしまった患者さんがいる。さらには、約半数の例でアトピー性皮膚炎の人のかゆみが減り、湿疹さえよくなったのである。

これは、銅製コイルが電気コンセントから出る電磁波を減らしたからではない。銅製コイルが電気コンセントから出る電磁波を利用して強力なゼロ磁場を形成したからである。ゼロ磁場は、光や磁気、電磁波があると、その効果を増幅するからである。

なぜならゼロ磁場は、私たちが住む三次元世界と、四次元な世界との接点であり、四次元からのエネルギーが生じているからである。

ゼロ磁場にするには、電気コンセントに銅製コイルを8個貼る必要がある。

電気コンセントは、電気製品を何も使っていなくとも電気がつながっているだけで、人体に悪影響を与える電磁波や静電気、人体を酸化させるプラスイオン[10]を常に空気中に放出している。電気コンセントに銅製コイルを2個貼ると、その周囲の空気中の水分と、銅製コイルと電気コンセントから漏れ出す電気によってマイナスイオン[11]が生成される。マイナスイオンは多いときで通常の3倍にまで増えるが、ゼロ磁場を誘導するには、銅製コイル2個では足りないのである。

実際、電気コンセントに銅製コイルを8個貼ると、どういう影響が出るかを確認するた

または負（－）の電気を持った状態になっているもので、電子を失って正（＋）の電荷を持ったものを陽イオン、プラスイオン、電子を得て負（－）の電荷を持ったものを陰イオン、マイナスイオンという。マイナスイオンという呼び方は、日本だけで使われるようになった特有の呼称。プラスイオンが身体の中に入ると電子を奪って体液を酸化（さびる）させ、抵抗力を弱め、老化を早める。マイナスイオンには酸化還元作用があるとされ、身体に入ると酸化したものを還元し、生命を根本から強化することができる。

めにリンゴで実験を行った。皮を剥いたリンゴを何の対策もしない電気コンセントの前と、銅製コイルを8個貼った電気コンセントの前に3日間置いて、どのように変化するかを見た。3日後、電気コンセントの前に置いたリンゴは酸化が進み茶色になったが、銅製コイルを8個貼った電気コンセントの前のリンゴは酸化が抑えられた。

通常リンゴは、皮を剥いたまま放置しておくと茶色に変化していく。リンゴの果肉が空気に触れ消化酵素が働いて酸化していくからである。ところが、銅製コイルを8個貼ると酸化は進みにくくなる。

つぎに、人の額の後ろにある前頭前野の脳血流がどうなるのかを確認してみた。電気コンセントの前に頭を近づけておいた場合と、銅製コイルを8個貼った電気コンセントの前に近づけておいた場合の変化を測定してみた。すると何も対処していない電気コンセントの前では、前頭前野の脳血流は減ったが、銅製コイルを8個貼った電気コンセントの前では、前頭前野の脳血流は上昇した。脳血流の上昇は、人間の健康にはとても意味がある。

電気コンセントに銅製コイルを8個貼ることは、リンゴにも人の脳にもよい作用を示した。有害な電磁波を放出しているのではなく、明らかに有用なエネルギーを放出していると考えてよいだろう。たった8個の銅製コイルが高いエネルギーの環境に変えるのである。

銅製コイルの仕組み

1 電流には、ノイズと呼ばれる悪い電気成分と人体に影響を及ぼさない電気成分がある。

2 炭コイルに銅製のコイルを二つ重ねあわせる。

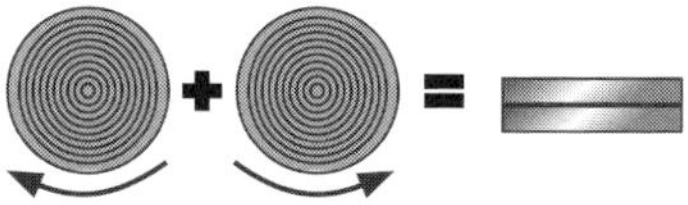

3 上のコイルと下のコイルで電流の流れる方向が反対になる。

4 炭コイルの上下のコイルを流れる電流の向きが異なるためノイズ同士がぶつかり合い消える。その後、人間に悪影響を及ぼさない電気だけが残る。

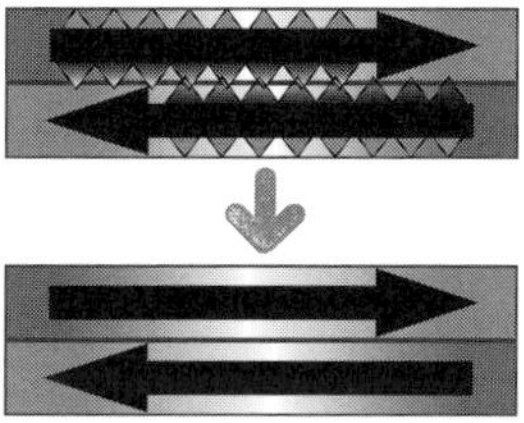

皮を剥いたリンゴの実験（3日後の変化）

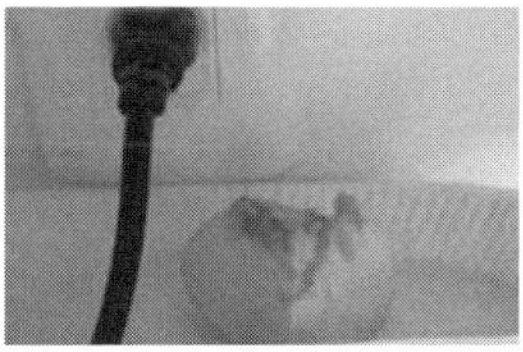
何の対策もしていないコンセント

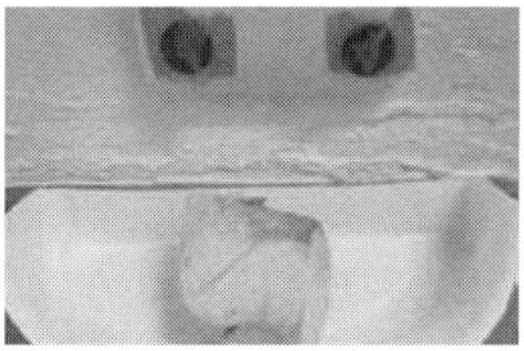
銅製コイルを8個貼ったコンセント

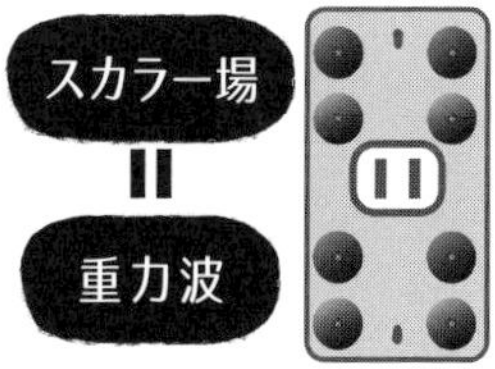

電磁波障害

日本で問題になっている電磁波は、高周波と超低周波である。高周波の代表は、電子レンジやIHクッキングヒーターと同じマイクロ波を使用している携帯電話やWi-Fiルーター、超低周波の代表は、主に送電線や家電製品からの電磁波（50〜60HZ）である。欧米のコンセントは3穴であるが、日本のコンセントは2穴、アースがとられていない。それゆえ日本は、超低周波の電磁波の問題が起こっている。

人間の体は、電気の良導体であるため電磁波の影響を受けるのは当たり前なのである。電磁波過敏症の体質の人だけでなく、90％以上の人が電磁波障害を受けているのにその症状に気がついていないのである。最も電磁波の影響を受けやすいのは脳の前頭葉や目。特に携帯電話を数分持っただけでも脳の血流は下がり思考力は低下する。目はパラボラアンテナと同じ構造のため電磁波の影響を受けやすく、パソコンを使うと、目やにが出る、もやもやや、チクッと感じる人は少なくない。送電線や携帯基地局の近くに住んでいる人は、頭痛、不眠、アレルギー、ウツなど、電磁波の影響を受けやすいようである。

最も危険なのは、眠っている場所で、人間も動物も眠っているときが一番無防備になる。そのため枕元に携帯電話を置いていたり、ベッドのヘッドにコンセントがついていたり、スプリングコイルのベッドで10年

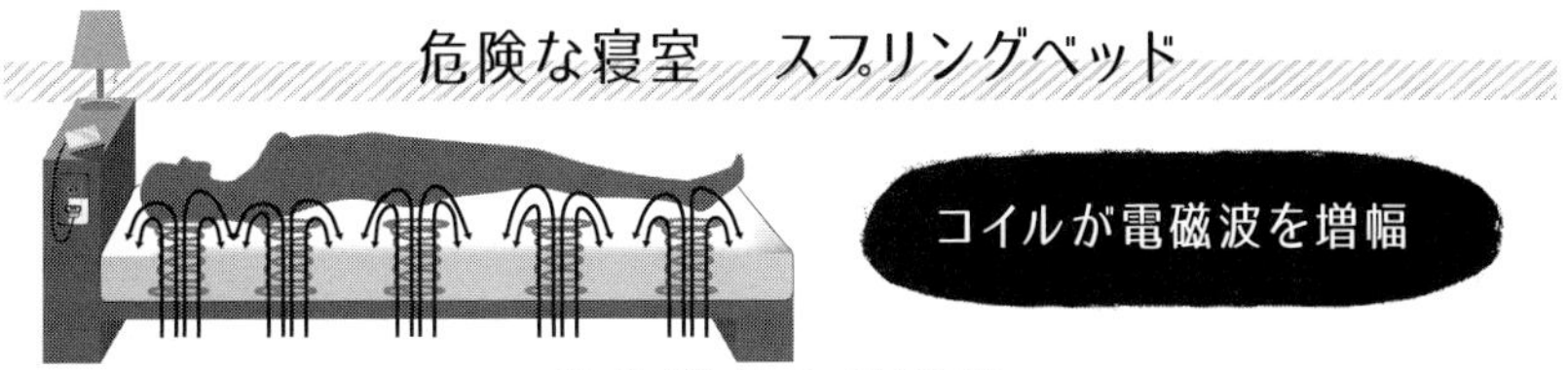

電化製品の電磁波

Wi-Fi ルーター、太陽光発電のパワーコンディショナーも電磁波対策が必要。

家庭内で	長時間使用で	頭部付近で
特に電磁波が強い製品	電磁波を浴び続ける製品	電磁波を浴びる製品
電磁調理器（IHクッキングヒーター）	電気毛布	携帯電話 / ビデオカメラ
電子レンジ/ミキサー/ホットプレート	電気敷き毛布	ドライヤー / 電動歯ブラシ
電気ストーブ / オーディオ類	電気カーペット	電気シェーバー
乾燥機 / 洗濯機 / エアコン	電気こたつ / パソコン	＊100V 電源は注意
	最も危険	特に危険

『ホットカーペットでガンになる』船瀬俊介著（五月書房）より改編

も寝ていたら、どうしても電磁波の影響を受けざるを得ない。しかし、電磁波すべてを否定した生活をすると、現代社会は不便になり生きていくことはできない。有害な電磁波を有益な物に変える工夫が必要である。それを可能にするのが銅製コイルである。たとえば、電気コンセントに銅製コイルを8個貼ると、電気コンセントから出る電磁波を使ってゼロ磁場と同じスカラー場ができる。スカラー場の中で人は元気になり疲れにくくなる。さらに、このときマイナスイオンも発生するため、スカラー場とマイナスイオンの相乗効果が起こる。銅製コイルの仕組みに示したように、電気ノイズを消し、人体に有用な電気成分のみを人体に供給する作用もある。実際の銅製コイルは、電磁波対策効果をさらに強くするため、カーボンでコーティングされている。私はブレーカーや携帯電話、スマートフォン、パソコン、Wi-Fiルーター、眼鏡フレーム、冷蔵庫、枕カバーなど、自分の身の回りのものに貼っている。そのためか、電磁波の影響を受けにくくなった。

7 オリジナルのスカラー場発生装置

より確かなスカラー場をつくれないかと、市販の交流磁気発生器と銅製コイルからスカラー場をつくる機器を自分でつくってみた。銅製コイルに電磁波を作用させると、理論上、銅製コイルがつくるスカラー場が増幅される。さらにスカラー場にエネルギーを供給するため、同極同士をつなげた磁石をコイルのすぐ横に置いた。電磁波ブロッカーの1と2は、電磁波ノイズを除去するために貼った。ホルミシスシート（ラドン222[12]）を貼ることで、ホルミシス効果[13]を付加した。外観の形態から「ワラジ」と呼んでいる。

ワラジは人体に電気を流さず人体の周りにスカラー場をつくり、その中で身体を重力子や素粒子レベルで変化させる安全な方法である。最新医療が効かないがんによる、痛みや身体のだるさが消えるケースは少なくなく、がんやその転移が改善する場合さえあった。

左ページの表は、胃がんの男性で下がらなかった腫瘍マーカーが、ワラジで下がった例である。その他、乳がんの女性で腫瘍マーカーCA15-3が急速な改善を見た例、抗がん剤や

---

12 ラドン222
最も安定的なものがラドン(222Rn)で、その半減期は3.825日。天然に存在するのは質量数 222（半減期 3.8日，狭義のラドン）。ラドン(222Rn)はウラン系列の放射性核種の一員で、親核種であるラジウム(226Ra)のアルファ壊変で生成する。最も寿命の長いラドン(222Rn)はラジウム(226Ra)の壊変で生成する。222Rnやトロン(220Rn)は自然環境中の至るところに存在し、地表で生活する人の自然放射線被ばく量のおおよそ半分がラドンによる。

スカラー場発生装置「ワラジ」

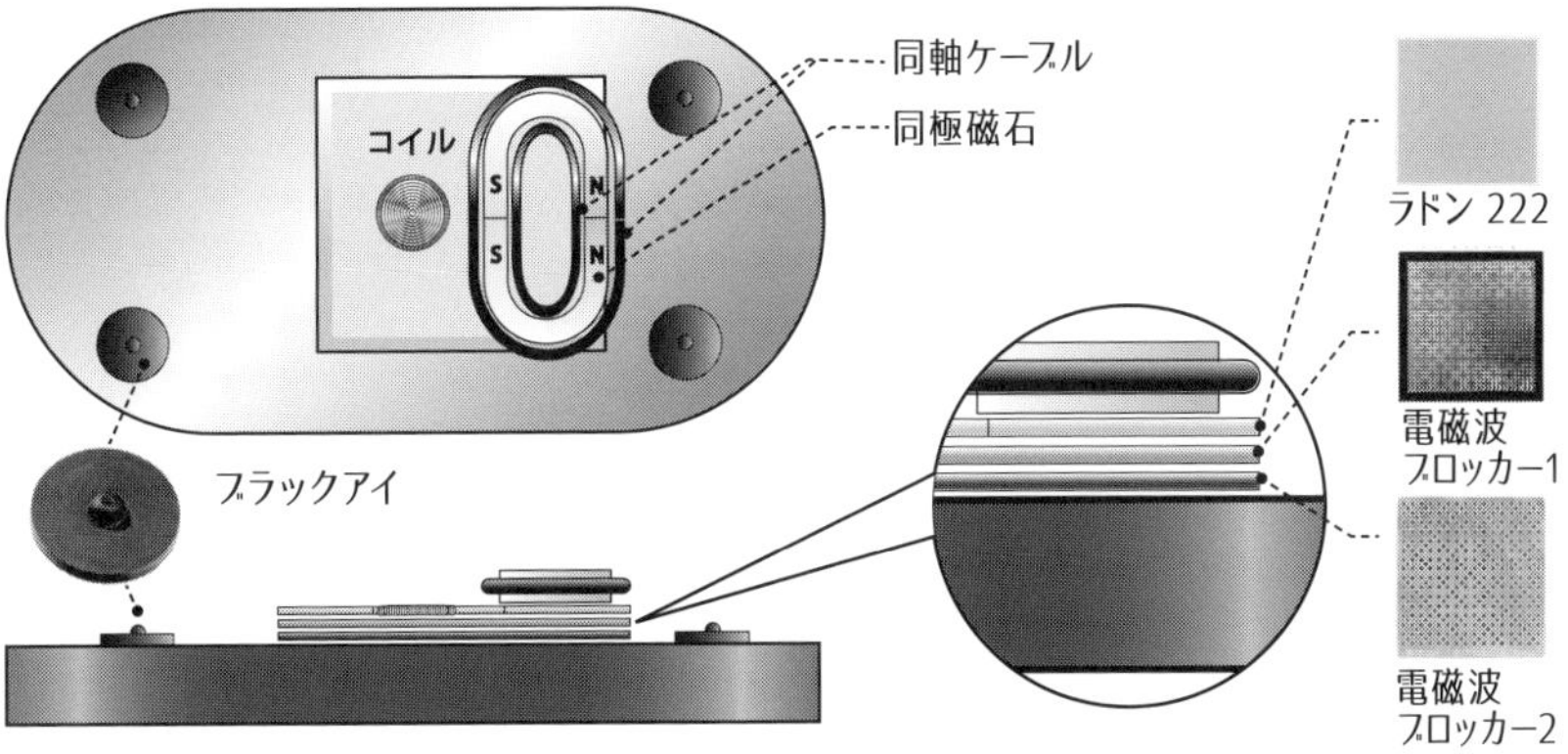

胃がんで胃と脾臓の全摘出
がん胎児性抗原（CEA）

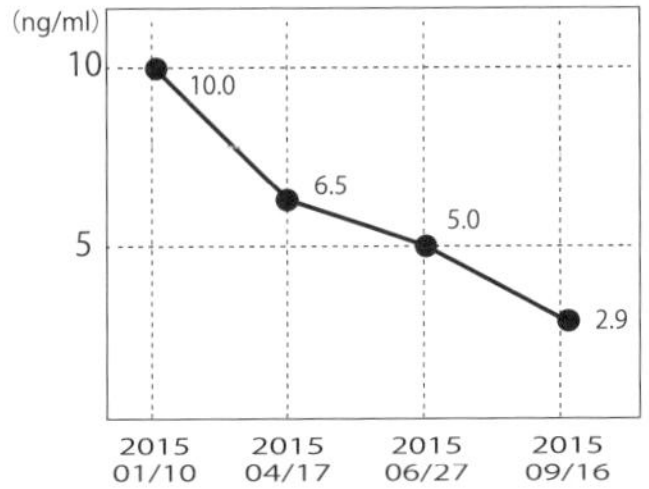

CEA（carcinoembryonic antigen)は、がん胎児性抗原の略称で、胎児期に見られるタンパク質。出生後のCEAは、胎児期と比較すると濃度が非常に希薄となるため、正常であればほとんど検出されない。
CEAは、5.0ng/ml以下が基準値。この数値を大きく超えるようなことがあれば、消化器系がんの疑いが高い。CEAの高値は、胃がんや大腸がんだけでなく、他の臓器に病変があった場合でも高値を示すことがある。

放射線治療で消えなかった直腸がんが消えた例や、大腸がんから肝臓への3カ所あった転移が1カ所に減った例などもある。

ワラジをさらに、強力で効果的にする方法は、フラーレンやナノチューブの極微小の物質でこの機械の表面をコーティングする方法がある。バッキーボールと同じ構造をしているフラーレンが四次元世界と三次元世界の接点として働くと、十分なスカラー場が発生し、がんや難病をなくすパワーを持ちうるに違いない。

13 ホルミシス効果
放射線ホルミシスのこと。高線量の放射線を使用すると有害な結果が出るが、低線量の放射線を使用することで逆に人間に有益な作用があること。ミズーリ大学の生命科学の教授トーマス・D・ラッキー博士がアメリカNASA（航空宇宙局）より、宇宙における放射線が宇宙飛行士の体へ及ぼす影響についての調査を依頼されたことが研究のはじまり。宇宙へ行った飛行士は、地上よりもはるかに大量の放射線を浴びているにもかかわらず、健康状態（バイタルデータ）が宇宙へ行く前よりもよくなっているという結果が出た。玉川温泉、三朝温泉などのラジウム温泉やラドン温泉での湯治の効能こそホルミシス効果である。

また、銅製コイルを睾丸に貼って、がんが小さくなった患者さんの体験から、銅製コイルには抗がん作用があるのではないかと考えた。そこで銅製コイルの効果をより強めるために、ワラジ同様にフラーレンを追加し使うことにした。フラーレンが四次元世界と三次元世界の接点として働くならば、より強力なスカラー場を発生させることができるからだ。

ただし、フラーレンには金、銀、銅、鉄など様々な種類があり、粒子の大きさによって作用は大きく異なる。これらの中から最高の治療パフォーマンスをもったフラーレンコイルができれば、強力なスカラー場ができ周囲では素粒子レベルで変化が起きるはずである。もしがんが小さくならなければ、フラーレンコイルに光や磁場、電磁波熱を作用させて素粒子レベルの変化を増幅させればいい。

フラーレンコイルをがんや難病の人に貼ると、そこでは変化が起きる。

まず最高に密度の高い平角線でつくった銅製コイルは周囲の電磁波に対して強力なアンテナとして働き、電気や磁気がコイルの銅線の中に流れるように誘導する。すると銅製コイルの中では、電気や磁気の対向流によって電気や磁気がぶつかり合う。この衝突エネルギーが四次元世界の空間に逃げていく。このエネルギーにより四次元世界の空間にゆらぎが生じて重力波が生じる。重力波は銅製コイルの周囲にあるフラーレンに作用し、周囲の空間の中にある電子と相互作用を起こし、病気や症状を消し去る空間や物質を生み出す。その結果、三次元世界で治らない病気が治ると私は考えている。

ちょうどフラーレンコイルの試作品が完成したとき、重症の電磁波過敏症の人から相談が来た。自宅前に携帯電話の基地局ができてから、家族中がうつ病や原因不明の頭痛に悩まされ、自分も自宅の中にいると頭痛がするため今も帰れないという。そこで、この試作品をペンダント型にしてつけてもらった。すると自宅にいるのにもかかわらず数分で頭痛などの症状が消えてしまったのである。また、つい最近、電磁波過敏症で来院した50代の女性は常に頭痛がある。この人にもフラーレンコイルをつけてもらったところ、頭がすっきりして頭痛がなくなったのである。

完成したフラーレンコイルは、これからの時代、ますます増えると思われる電磁波過敏症の問題解決にきわめて効果的だといえる。治療手段としては副作用がまったくなくしかも安価なので経済的に厳しい人も利用できるだろう。がんや難病の人が貼るだけでよくなるのではないかとワクワクしている。

バッキーボールの中では三次元世界と、四次元世界が錯綜している

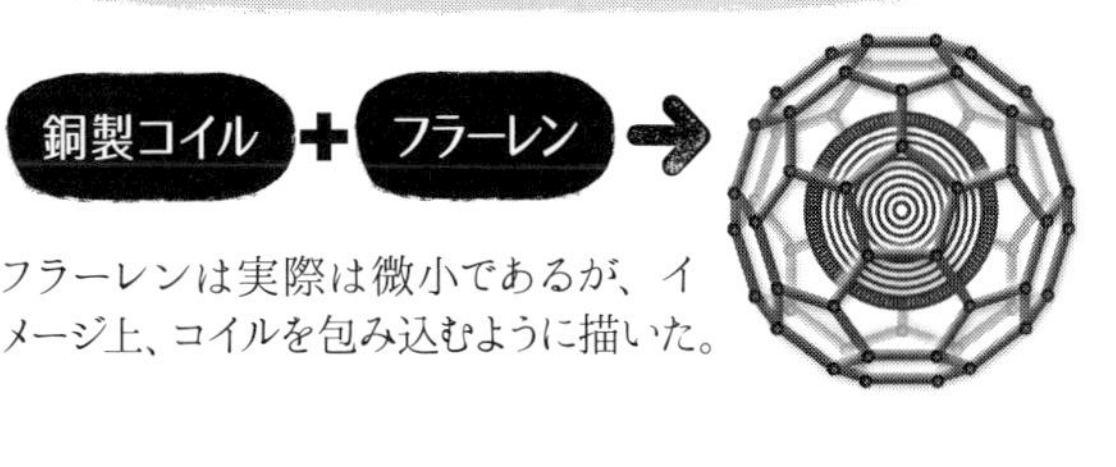

フラーレンは実際は微小であるが、イメージ上、コイルを包み込むように描いた。

コラム5

天然ゼロ磁場

＋と－の力が押し合い、互いの力を打ち消している場

地球は北極がS極、南極がN極の巨大な磁石である。ゼロ磁場は、地表近くで左右から「＋」と「－」の力が押し合い、互いの力を打ち消し合っている場所に存在する。

「ゼロ＝何もない」ことではなく、むしろ大きなエネルギーがせめぎ合い、二つの力が拮抗して動かない状態である。

世界最大級の断層「中央構造線」の上にある長野県の分杭峠は、ゼロ磁場では有名な場所である。ゼロ磁場には、大いなる存在や未知のエネルギーがあらわれていると考えられている。聖地や気の通った神々しい場所、おいしい水が湧き出る、心身が癒される、病気が治ると伝えられる場所の多くは、天然のゼロ磁場状態、パワースポットである。

聖地はゼロ磁場に集中している

中央構造線と呼ぶ巨大な断層地帯沿いに集中する聖地

諏訪大社
豊川稲荷
伊勢神宮
天河大弁財天社
高野山
石鎚山
幣立神宮など

第6章

実践《ジッセン》

誰でもできる「カタカムナ健康法」

1 球体があらわれやすい環境づくり

カタカムナウタヒを唱えるとあらわれる球体は、スカラー場であり重力波である。次元接点を持ち、高次元のエネルギーを三次元にとり入れることのできるバッキーボールのような構造をしている。また、次元接点は四次元世界と三次元世界が拮抗しているゼロ磁場である。しかもこの球体は、神々の背後にあるミスマルノタマでもある。

カタカムナウタヒを詠み上げたり、カタカムナ文字を貼りつけたり、銅製コイルをつけたりすることで、あらわれる不思議な球体。その球体は、四次元世界のエネルギーを三次元世界にとり込み、あらたな時空を導く。その時空の中で私たちの身体は、素粒子レベルで変化する。そして、その変化によって現代医学で治らない病気までも消えてしまう。不思議と運までもついてくるのである。

この球体を誰もがつくるための一つの方法は、生活環境を重力波の出やすい空間にする、ゼロ磁場をつくりやすい環境にすることである。

ゼロ磁場とは、N極とS極の磁気がお互いに打ち消しあい磁力が存在しない状態の場所のことである。ゼロ磁場は、大きなエネルギーがせめぎ合い、二つの力が拮抗して動かない状態である。正反対の二つの磁界が均衡して、一見ゼロに見える場所から「気」が発生している。

たとえるならば、力の同じ二人の力士が、がっぷり四つに組んで動かない状態と同じで、静止しているように見えるが、実際は、互いに強い力で押しあい双方からエネルギーが加わっている。見かけ上、ゼロのため、何もない、変化のないところと思われがちである。しかし、プラスとマイナスの大きなエネルギーがバランスをとっているゼロは、無ではなく「すべて」を持ち、過不足のない完全無比な姿、大いなる自然そのものをあらわしている。そこには私たちの命を育むエネルギー場を形成する、潜在的に次元の異なる宇宙エネルギーが存在すると考えられている。

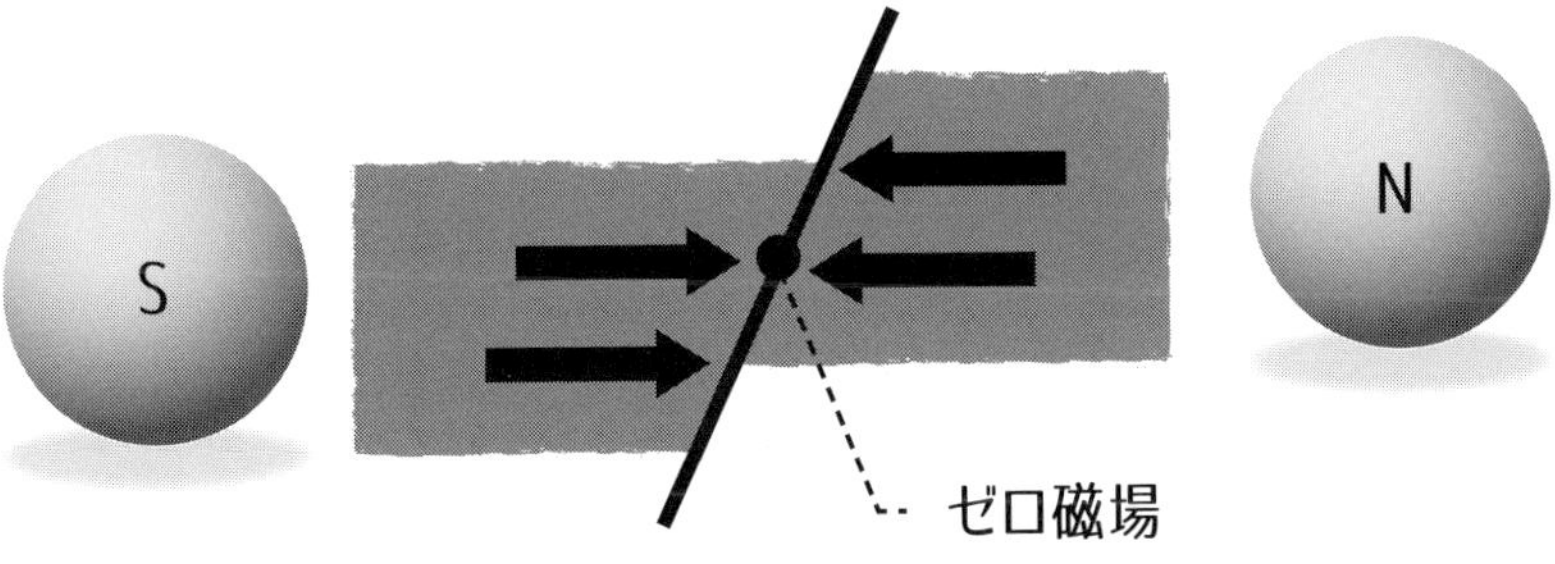

NとS、三次元と四次元のエネルギーの拮抗するところ

ゼロ磁場をつくるには、電気コンセントからでる電磁波を利用して、電磁波と拮抗させると簡単につくることができる。電磁波をなくすことはできないが、電磁波のノイズを変えて、電磁波に対抗するゼロ磁場を人工的につくることで重力波を誘導する環境にすることができる。

その結果、重力波を導きやすい環境ができあがる。

もう一つの方法は、カタカムナ図像を活用することである。

カタカムナウタヒを唱えても球体があらわれにくい人がいる。その場合は、カタカムナウタヒを詠み上げる際に、カタカムナ図像を側に置いておくとよい。

というのは、図像は人によって意識されることで、はじめてその場に新たな時空を導くことができるからである。もし、図像のみがそこにあり、人がいないならば、時空の変化は起きない。または図像の側に人がいても図像が人によって意識されなければ、時空の変化は起きない。たとえ起こっても軽微なものになる。

カタカムナの一つ一つの図像は特定の時空とつながっている。

私たちの意識が図像に触れると、図像に作用した時空が私たちを包み込み、そしてその時空の中で私たちの身体は素粒子レベルで変化が起きていく。

環境を整えカタカムナ図像を活用することで、誰でも私たちが住む三次元世界と、より高次元な世界との接点であるゼロ磁場をつくり、無限の力をとり入れることができる。

現実にゼロ磁場の場所では、水分子の働きが活発になり、細胞内で体のエネルギー源となるアデノシン三リン酸の生成を促し、免疫力の向上や細胞の若返りをもたらす。深い瞑想状態で出る脳波、アルファ波によって精神状態が非常にリラックスして、心身の状態を正常に戻し、ホルモンバランスを整え、その結果、免疫力が高まる。酸化還元力が高くなり食べ物が腐らないなど、特殊な現象が生じていることも確認されている。時代や地域を超えて科学ではまだまだ解明しつくせない何らかの神秘的な現象があるのである。

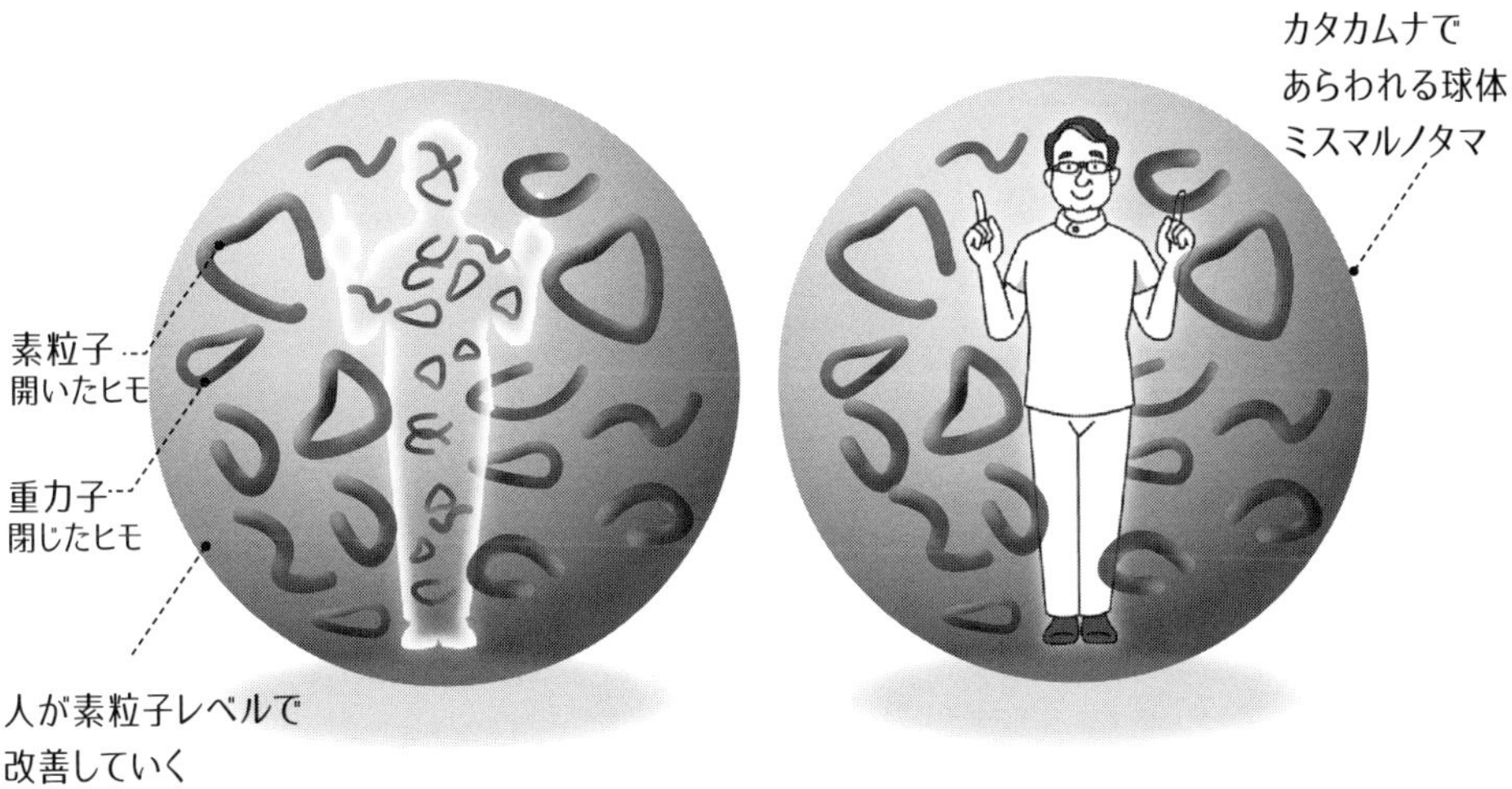

2 人差し指をアンテナにする

私は社会的には医師である。しかし、医師である職業を通して宗教を超えた、全ての人の中に内在する「大いなる存在」を、多くの人に伝える役目をいただいている。

私が行っているのはカタカムナ療法であるが、医師ではない一般のみなさんは、それを治療としては他人に実践することはできない。

繰り返しになるが、人の病気や症状を治す治療法として行った場合は、医師法違反に問われることになる。また、カタカムナ文字やカタカムナウタヒを病気が治ったり改善したりするツールとして人に伝えていくと、景品表示法にも触れ、場合によっては、詐欺行為にまでなりかねないので注意が必要である。

何しろ、科学的には重力波が出て四次元エネルギーが入り素粒子レベルで変換していることは証明されていないからである。

あくまでこれは私見で、まだ仮説である。

そこで、みなさんには、自分自身のための健康法として、ミスマルノタマをつくり運気を上げる開運法として、自分だけのカタカムナ療法の実践を行ってほしい。

最も簡単な方法は、カタカムナウタヒの第五首、第六首、第七首を唱えることである。両手の人差し指を立てると、アンテナの役割を果たしスカラー場をつくりやすくなる。カタカムナウタヒを唱え続けるだけで自分の周りに、それまでとはまったく違った空間があらわれる。そして、自分や周りにいる人の様々な症状が消えていく。しかし、何度詠めば空間があらわれるのかは、個人差がある。

周りに空間があらわれるときには、自分の手に数秒間隔でかすかなバイブレーションを感じるようになる。

私は、これまでカタカムナウタヒとは関係のない手技を使っても、手ごたえ（確実な治療効果）があるときには右手にバイブレーションを感じていた。そのため、右手にバイブレーションを感じた時点で、カタカムナは病気を治す方法になると確信した。

数回、第五首、第六首、第七首を唱え続けると、私の右手や左手に次々と、数秒間隔でまるで競うように交互にバイブレーションが起こった。私の場合、特に左手の平の労宮[1]の

---

1 労宮
名前の由来は諸説あるが、一説によると、心苦労の集まる中心を意味し、心労が重なるとこのツボに症状があらわれるといわれている。

ツボにバイブレーションが起こると患者さんの症状が消えることが多い。

左手の労宮にバイブレーションが起きた後、患者さんが「腰の方から温かくなってきた。あれっ、椅子に座れるし椅子から立てる！」と、声を上げて喜んだこともある。

いろいろな症状の患者さんに試してみたが、それでも改善しない場合があった。

アトピー性皮膚炎のかゆみで来院した20代の女性に、カタカムナウタヒを数回詠むと、両手に確かなバイブレーションが交互に数秒間ずつ数回起こった。これでかゆみは止まったはずだと思い、この女性に聞いてみると、「まだ右手と右足が止まっていない」と答えた。

そこで、今度は女性にかゆい部分を両手の人差し指でさし示してもらいながらカタカムナを詠んだ。すると、女性のかゆみは完全に消えた。

普通にカタカムナウタヒの第五首、第六首、第七首を詠んでも目の前の人や自分の症状が今一つとり除けない、変化がないときがある。こうした場合は、症状がある場所をはっきりさせる意味で、両手の人差し指で病気や症状のある場所を指し示ながらカタカムナウタヒを唱えるといいようである。これは意図をはっきりさせるという重要性を示すものであり、ほとんどの場合、症状は完全にとれる。それでもうまくいかないときは、カタカムナウタヒの様々な図像を患部に貼りながらカタカムナウタヒを詠むといいだろう。

カタカムナウタヒ実践の確認

●カタカムナウタヒを唱える●

●症状が気になる所●
両手人差し指をあてがうと、より改善が早くなる。詠む前に意図を（変化してほしいこと）持ってから詠む。

●頭痛のある場合●
額に両手人差し指をあてがう。

●身体全体に痛みがある場合●
自分の両手で自分の身体を抱きしめるようにしてカタカムナウタヒを詠むと、スーッと症状が消えていくことがある。

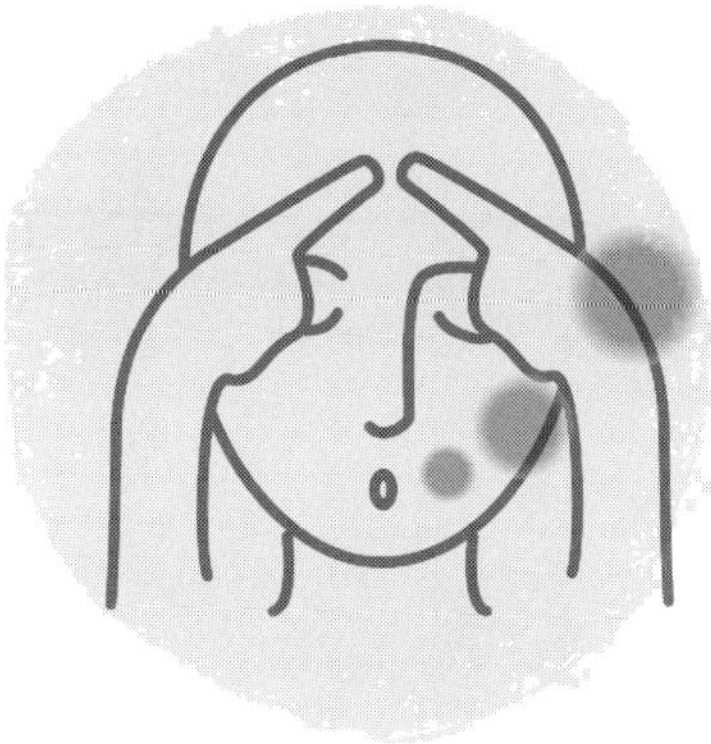

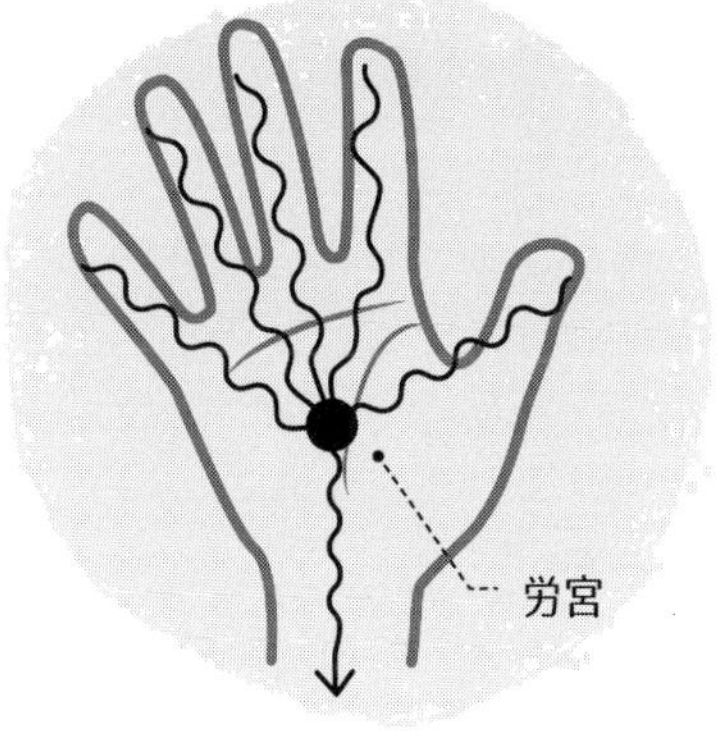

●球体の見極め●
両手の人差し指や労宮にビリビリとしたバイブレーションを感じたり、身体がほんのり温かくなったりする。

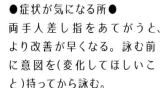

3 無私と感謝の思い

カタカムナウタヒを唱えたり、カタカムナ文字を貼ったりするだけでカタカムナ療法は誰でもできる。がんや難病、現代医学で治らない病気の人たちに是非知ってもらいたい。奇跡は、誰にでも起こるのだということをわかってもらいたい。

ただし、カタカムナ療法にはコツがある。

一つは無私になることである。うまく行うためには、そこに自意識が働いてはダメである。人は、カタカムナウタヒを唱えて病気や症状がよくなるなら、誰もが自分の症状をよくしたい、治したい、変えたいと思ってしまうのである。ところが、この思いはカタカムナ療法のじゃまになってしまう。カタカムナ療法の実践には、自分で治そうとする気持ちも治してもらいたいと思う気持ちも、まったく必要ないのである。治る治らない以前に、無私でなければならない。無私になることが大事なのである。

「それ（空間）があらわれ、それ（空間）がするの」をただ見届けるという姿勢が大切である。

では、人は無力ということなのか？

否、人が見るという行為そのものが、それ(空間)が行うプロセスの一部なのである。もし、人が介在していなければ奇跡は起こらない。

そこには自分がいるのだが、自分の想いで行為を行っていない状態にすることが必要なのである。自分はカタカムナウタヒを唱えているだけの存在に過ぎない。球状のスカラー場をつくっているのは、自分ではない。自分は空間を、不思議な球体の中で行われることを見ているだけなのである。素粒子レベルで治療しているのは、完全に「それ（空間）」なのである。

たとえば、自分の目の前に頭が痛いと訴えている人がいる。カタカムナウタヒを唱えるだけで球体があらわれる。それを見ている自分がいる。自分で変えるべきものは何もない。自分は目の前の人の頭の痛みが消える場面を見ている目撃者に過ぎない。相手の頭の痛みが消えても自分が痛みを消したと決して思わないことだ。自分が治したという意識が潜在意識にあると、その意識がその場面の完全性を傷つけ、その結果、次に行うときには、変化が起きなくなる。とりわけ自分の問題や症状に対しては、自我が介入しやすくなるので無私は難しいかもしれない。

無私のコツは、オイゲン・ヘリゲルが書いた『弓と禅』という本の中でつかむことができる。『弓と禅』は、ヘリゲルが身命を賭して没頭し、血のにじむような苦闘の後、その奥義を極めた体験であり西洋人による「禅」の哲学書である。また、この本はスティーブ・ジョブズの愛読書としても知られている。是非読んでみてほしい。

もう一つのコツは、感謝である。

神様（自分を生かしてくださっている大いなる存在のこと）からすべてをいただいているという気持ち、生きていくだけのお金も、住むことのできる家も、毎日の食事も、そして息ができる空気も、職業も、名誉も地位も、これ以上いただくものは何もない、これ以上神様から何もいただくものがない。こんなに十分にしていただいていて、ありがたいと思う気持ちが大事である。

そうすると、神様はそういう思いを持つ人が、かわいくなってしまう。もっと、これもあげたい、あれもあげたいと思うのだ。

たとえば巻頭口絵頁に掲載したような写真（入山前の写真）を身体に貼るだけで様々な症状がとれていく人もいる。奇跡が起こる人は、思いが深い。高次元から「神」がわざわざお姿をお出ましになって、その実在を示し、自ら宇宙エネルギーで様々な病気や症状を解消してくださっている、何とありがたいことだ、恐れ多いことだ、申し訳ないという思いを持つからこそ奇跡が起きている。

カタカムナウタヒを唱える際にも、「神」に畏怖の念を抱いて、申し訳ない、ごめんなさい、ありがたいという思いを抱き、唱えると、現象はすべて変わってしまうのである。

カタカムナウタヒは、必ずしも意味がわかる必要はない。カタカムナウタヒの言葉（言霊）やカタカムナウタヒの図像を、詠んだり、貼ったり、置いておくだけでいいのである。

カタカムナウタヒを詠み上げると、あらわれる高次元の空間は、最初はかすかに感じられるものかもしれないが、根気よく毎日詠み続けるうちに、徐々に高い次元の空間があらわれ始める。すると、詠み上げる本人が驚くほど、通常の空間とはまったく異なる時空、高次元空間をしっかりと肌で感じる場合がある。

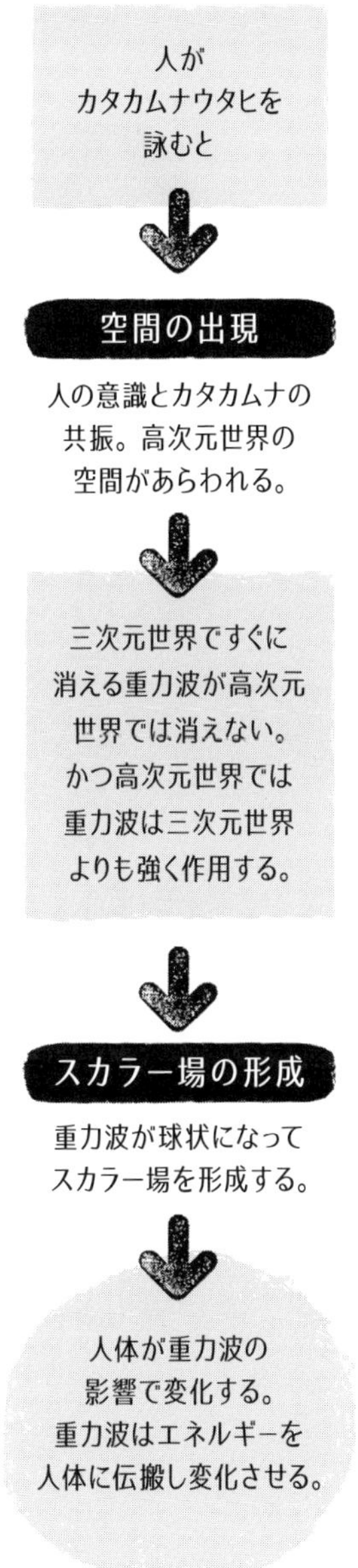
人がカタカムナウタヒを詠むと
空間の出現
人の意識とカタカムナの共振。高次元世界の空間があらわれる。
三次元世界ですぐに消える重力波が高次元世界では消えない。かつ高次元世界では重力波は三次元世界よりも強く作用する。
スカラー場の形成
重力波が球状になってスカラー場を形成する。
人体が重力波の影響で変化する。重力波はエネルギーを人体に伝搬し変化させる。

4

繰り返し繰り返し詠む

私たちの意識の中には、大きくわけて「私」という顕在（表層）意識や、普段意識されない意識、「潜在意識」や「無意識」が存在する。これらの中で私たちが古代より「神」とみなしていたものと同じ物か、同じ資質を持っているのは、主に潜在意識や無意識である。

潜在意識や無意識と「私」が協調することができるようになれば、人は本当に「神」のような力を手にすることができると考えている。

『アラビアン・ナイト』（千夜一夜物語）の中のアラジンと魔法のランプの話があるが、顕在意識の「私」がアラジンで、潜在意識や無意識が何でも叶えてくれる魔法のランプの役目をしてくれる。意識同士がうまく連携してくれれば人生は思い通りになるはずである。

こころがなかなかうまくいかない場合がある。

その理由は、潜在意識は「私」の話す普通の言葉を正確に理解できない、潜在意識は長い間「私」に放っておかれたため十分なケアがなされておらず、「私」とは素直に協調できない状態にあるからだという人もいる。

カタカムナウタヒは、潜在意識に対して子守唄や言葉のような働きをする。「私」という顕在意識がカタカムナウタヒを謡うと、潜在意識や無意識は「私」を認め、「私」と一緒に人生を創造しようとする。その結果、私たちは神々のように、自分の人生を思い通りに創造することができるようになる。カタカムナは、三つの意識が一つにつながるための言葉や音、形なのである。

たとえば、がんや難病で病気が治らない、症状がとれない人を考えてみよう。

顕在意識である「私」は治りたいと思っている。しかし、潜在意識のレベルでは、「自分の病気はがんだから難病だから治らない、治りにくい」といった頑固な思い込みを持っている。潜在意識の力は強大なため、潜在意識が「病気は治らない」といったら治らない。難治性の高い病気を患っている人ほど、頑なな心を持っている。そのため自ら病気の継続を知らず知らずに選んでいる。

潜在意識のレベルで、病気や症状がこのままずっと同じ状態で続いていくと考えているのである。

私たちがカタカムナウタヒを謡うと、すぐにではないかもしれないが、徐々に潜在意識のレベルでの思い込みが薄れていく。そして、ある時点でがんや難病が「治らないもの」という思いから、「治るもの」という思いに変わっていくのである。

以前、私は『病気は治ったもの勝ち！』の本の中で俯瞰法についての話をしたことがある。私たちは、人生という映画の中の主人公であるが、同時にその映画を観客席から見ている脚本家でもある。劇の外にいて脚本家のように劇全体を俯瞰することができれば、劇そのものをよりはっきり見ることができる。制作中の映画が未熟であれば脚本家として映画のシナリオを書きかえることもできる。脚本を書きかえることができれば、未来や現状を書きかえることができる。映画の編集作業で1コマ1コマのフィルムをかえるように、人生も自分でデザインすることができる。

自分の力では自分の病気や症状を変えられないと考えていると、未来を書きかえることはできない。それゆれに既成概念にとらわれている自分を解放することが何より大事になる。

あえて極端なことをいうならば、カタカムナを見たり、書いたり、詠んだりすることで、顕在意識の「私」、潜在意識、無意識がバラバラの状態である人でも、一つになって働き始める。その結果、潜在意識や無意識が「私」の方を向き、私の願いを理解できるようになり願いを叶えようとしてくれるのだ。

カタカムナを謡う、図像を身に着けて生活することで、自分の思った通りのことが実現しやすくなるのである。また、願いの実現だけでなく、潜在意識や無意識の最大限のケアにつながる。そして潜在意識も無意識も、いつ、いかなるときも全面的に「私」の味方になるのである。

カタカムナは、健康ばかりでなく、三次元世界で解決できない様々な問題の解決、金運、開運、仕事運、家族関係、人間関係までもよくし、人生を100％すばらしいものにしてくれる方法である。

繰り返し繰り返し詠むこと、カタカムナの知恵を生活に役立てることが、私たちに大きな変化を起こしてくれる。

ただし、カタカムナさえやっていれば、現代医学に頼らなくてもよいと思うのは間違いである。現代医学も「神」によって産み出されたものであるから必要である。カタカムナを知ると、よいことも悪いこともすべて「神」が下さった物として、たとえ病気になっても病気の中から何か気づきを見つけて生きることができるようになる。

5 「カタカムナ健康法」

カタカムナウタヒは、句を詠むように節をつけ動きをつけながら詠むと、考えることがないのでゾーンに入りやすくなる。

第五首

ヒフミヨイ
マワリテメクル
ムナヤコト
アウノスヘシレ
カタチサキ

1 ヒフミヨイ

心を無私にし、両手の人差し指をアンテナのようにたてる。

2

マワリテメクル

手の平を内側に
向けながら
身体の中心に
寄せていく。

3

ムナヤコト

身体の中心で
両手の
人差し指の
動きをとめる。

4

アウノスヘシレ カタチサキ

寄せた両手を
身体の胸の
前に寄せる。

第六首

ソラニモロケセ
ユヱヌオヲ
ハエツヰネホン
カタカムナ

1

ソラニモロケセ

身体の前につけた両手をそのまま中央から上に上げていく。

2

ユヱヌオヲ

両手を上でとめる。

3

ハエツヰネホン

両手をそのまま目の前までおろす。

4

カタカムナ

手を八の字を書くようにおろす。

第七首

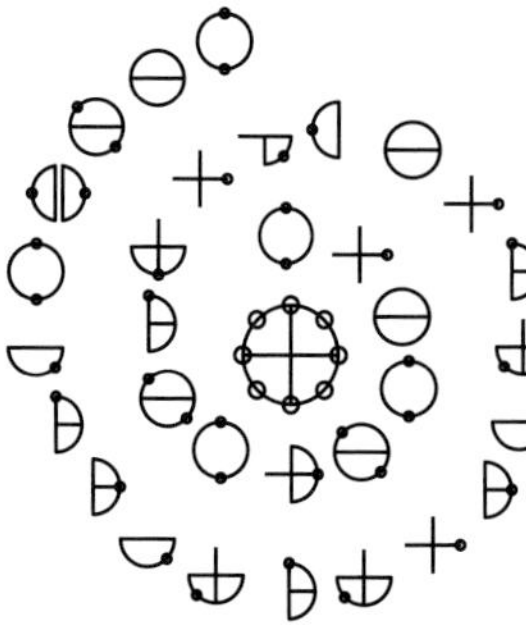

マカタマノ
アマノミナカヌシ
タカミムスヒ
カムミムスヒ
ミスマルノタマ

1 マカタマノ

右手で勾玉の形をえがき始める。

2 アマノミナカヌシ

右手で勾玉の形を描き終わる。

3

タカミムスヒ

両手人差し指を頭の上で交差する。

4

カムミムスヒ

両手人差し指を下で交差する。

5

ミスマルノタマ

両手を上に戻し、身体の周りにタマをえがく。

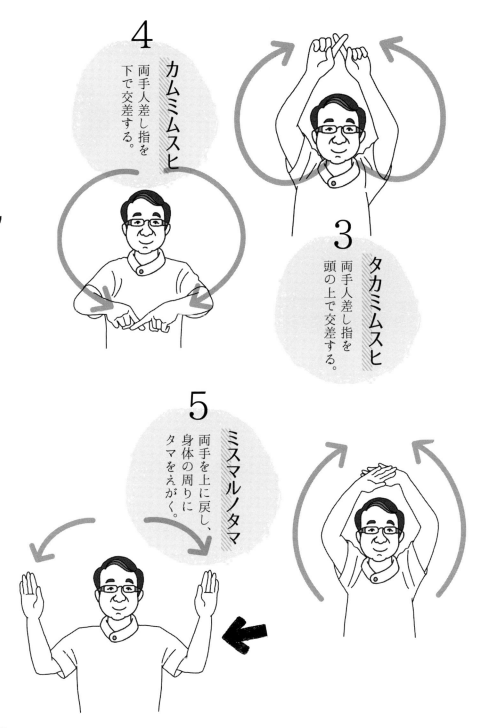

6 私たちの本質は永遠

私が読んだ本[2]の中で人間の本質について次のように書かれていた。

『森を散策していると、足を一歩踏み出すごとに生き生きと脈動する、木々の青々とした生命の息吹を感じる。また、それと同時に朽ちた幹や木の葉など、腐敗のプロセスにも気づくはずである。そこかしこに、生命だけでなく、死の形跡をも目にすることができる。

もっと詳細に観察してみれば腐敗している幹や木の葉は、新たな生命の誕生を助けているだけでなく、自らも躍動する生命であることを発見するだろう。

そこでは、有機微生物が盛んに活動し、分子が編成を組み直している。つまり、厳密な意味での「死」など、どこにも見つけることはできない。そこにあるのは刻一刻と、万華鏡のごとく姿を変え続ける、生命の形である。

このことを掘り下げてみるとわかることがある。

それは「死は生命の対極に位置するものではない」ということである。生命の対極に位

2 本
エックハルト・トール著、あさりみちこ訳 『世界でいちばん古くて大切なスピリチュアルの教え』（徳間書店）P181～P187から引用、一部改編。

置するものなどない。死の対極にあるのは、誕生である。生命とは、「永遠に終わることのないサイクル」なのである。

私たちも肉体的な側面だけみれば、見かけ上の腐敗の過程、老化、そしてその先にある死を経験するが、私たちの本質に目を向ければ、死など存在しないことがわかる。』と。

このことについて私の体験を通じて話をしよう。

医師である私は、人を治すという過程（プロセス）において、まず目の前にいる人の病気の部分が「視える」ことを体験している。今も視え続けている。

次に自分の意識が人の身体の中に入って病気の部分を治す体験をするようになった。

私がそうした人の中には「先生、私の中に入ってきたでしょう」という人までいる。

遠くに住んでいる、がんの友人と電話をしながら、友人の頭のてっぺんから身体の内側をのぞき込み、そこに光を入れると、友人の呼吸が楽になり痛みが消えていった。これはいったいどういうことなのだろうか。

毎日百人以上もの患者さんを診させていただく中で、私はその人たちが光という「神」の恩寵からなることを知った。そしてそれを心の中に落とし込むだけで彼らの症状が一瞬で消えていく体験をした。このようなことが起こるのはなぜだろうか。

はっきりした答えはわからないが、一つは「私」という意識は見かけの肉体の内側にいて、肉体が死ねばなくなるような「私」の中だけにいる存在ではないということである。もし自分が肉体的に死をむかえたとしても決して消えない部分が残るということである。そしてその消えない部分が「私」やあなたの本質なのである。

さらに最近になって素晴らしい経験をした。

自分の周りの人が完全な状態でそこに「在る」ということ。元気な人も一見病気をしている人も、この新しくて古い視点から見れば、そのままですでに完全無欠である。何一つ「神」の恩寵から外れたものはいないと思う。

枯れた植物、腐った食べ物でさえもその瞬間はありのまま、そのままで完全なのである。

これがわかった瞬間から、すべてのものがまったくそれまでとは別物のように視えはじめた。視るものすべてに神、光、愛がやどっているようである。

何と、自分を含めて私たち一人一人、見るものすべてがこの瞬間に「神」の表現としてあらわれていたのである。

私がこのことに気づき自分の臍の下にいるインナーチャイルド（日本では丹田の気という名前で呼ばれるが、人格をもった潜在意識のこと）に話しかけると、多くの人が暖かい空間に包まれるか、身体が温かく、時には汗をかくほどまで熱くなった。薬を使わないのに、症状が改善される人までいる。

私たちのほとんどは、「私」の感覚、あるいは「自己認識」を、極めて重要なものとみなしていて、それから出ることができない。これこそが、人が何よりも死を恐れている理由にほかならない。「私」という限定されたものが自分であると思っている限り「私」が消えてなくなることは、想像を絶することであり、かつ耐え難い脅威なのである。

けれども、それは、「私の名前」「形態」「それに付随するストーリー」を、何者にも変えられない「本来の自分」と、錯覚しているからなのである。「私」は、意識の中の、一時的な形態に過ぎない。「私」が、自分の知る形態のすべてである限り、真実に気づくことはできない。

真実は、私たちの貴さが、私たちのエッセンスにあり、深奥にある「私が在る」という感覚にあり、すなわち、「意識そのもの」にあることである。それは、私たちの中にある「永遠」である。それだけが見かけ上の死が訪れても私たちが決して失うことのない、唯一のものなのである。

カタカムナを謡えば謡うほど、私たちの中にある「永遠」に気づくことだろう。

おわりに

カタカムナによる医療の可能性

丸山修寛

カタカムナ文字やカタカムナウタヒを医師としてどのように現場で活かせばよいのか、これまでありとあらゆる方法を模索し実行してきた。

その結果、もしかしたらカタカムナ文字やカタカムナウタヒで今まで治せないような病気が治せるのではないかというところまで、到達しつつある。

カタカムナによる医療はまさに今、始まったばかりなので、十分な効果を発揮できないケースがあるかもしれない。

もちろんカタカムナによる医療でがんや難病が必ず治る確証はない。しかし、がんや難病が治る半分のほうに入るためには、現代医学の明らかに効果がある治療とともに、カタカムナ療法を使って自分の周りに四次元世界の力を誘導する必要があるのではないかと考えている。

それはカタカムナ療法を併用することによって今まで以上に治る確率が高くなり、延命効果があがると思うからである。

高額な健康食品や数百万円もする免疫療法も必要な方法かもしれないが、費用がかからないわりに効果が極めて高いカタカムナによる医療を同時に行うことも必要不可欠だと思っている。

今後、さらなるカタカムナの研究によって、より完全な三次元世界の病気を治す有効な方法が見つかるかもしれない。

私は、これからも病気を治す方法を見つけるために、この魔法のような奇跡が起こるカタカムナを探求し続けるつもりである。

巻頭口絵にカタカムナの最先端の図像を掲載した。カタカムナウタヒの中心図形の一つ「ミマクリ」という円から発想を得て、円と関係が深いπの数字をカタカムナ数字に変換した図形、フトマニ図という古代の図像をカタカムナ文字に変換したもの、人のＤＮＡを四次元世界のレベルにまであげるカタカムナのＤＮＡコードなどである。使い方や意味については、さらなる実践や研究が必要になる。セミナーや今後のホームページにおいて、わかった時点でお伝えしていく。

感謝

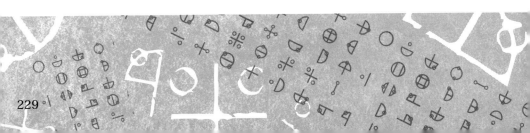

主要参考文献一覧　　（順不同）

・『宇宙の謎を解くカギは聖なるカタチにあった』高橋 励（福昌堂）
・『異次元は存在する』リサ・ランドール、若田光一著（ＮＨＫ出版）
・『超・自然学』ローレンス・ブリア（平河出版社）
・『世界一美しい数学塗り絵』AlexBellos&EdmundHarriss 著、秋山仁訳（化学同人）
・『重力波とはなにか』安東正樹（講談社）
・『世界でいちばん古くて大切なスピリチュアルの教え』エックハルト・トール著、あさりみちこ訳（徳間書店）
・『聖なる科学―スカラー波の発見で解けた宇宙・超常現象・死後の世界』実藤遠（成星出版）
・『ゼロからわかる物理』志村史夫（丸善出版）
・『人生を前向きに生きる自問自答法』天野聖子（幻冬舎）
・『神代文字で治療師になる』片野貴夫（ヒカルランド）
・『成功している人は、なぜ神社に行くのか？』八木龍平（サンマーク出版）
・『古神道祝詞』古川陽明（太玄社）
・『カタカムナの使い手になる』芳賀俊一（ヒカルランド）
・『Star People　第53号』（ナチュラルスピリット）
・『高次元の物理学』ニュートン別冊（ニュートンプレス）
・『銀河大紀行―天の川からハッブルの深宇宙まで』ニュートンムック（ニュートンプレス）
・『重力とは何か？重力波とは何か？』ニュートン別冊（ニュートンプレス）
・『超巨大ブラックホール』ニュートン別冊（ニュートンプレス）
・『Newton 2016年12月号』（ニュートンプレス）
・『ホットカーペットでガンになる』船瀬俊介（五月書房）
・『波動性科学』大橋正雄（たま出版）

脚注は、Yahoo 辞書と技術提携しているコトバンクより引用および改編して掲載しました。

協力

一般社団法人自律神経免疫療法情報センター　東京都渋谷区幡ヶ谷2-1-8　TEL03-5304-0840

著者

丸山修寛（まるやまのぶひろ）

1958年兵庫県生まれ。医療法人社団丸山アレルギークリニック理事長。医学博士。1984年山形大学医学部卒業。東北大学病院第一内科勤務、1997年仙台徳州会病院を経て、1998年宮城県仙台市に丸山アレルギークリニック(アレルギー科・呼吸器科・循環器科・リウマチ科・糖尿病科・自律神経失調症科)を開院。東洋医学と西洋医学に、波動や音叉療法、ビタミン療法、カラーセラピー、音楽療法、レーザー療法、交流磁気療法、遠赤外線療法などの最先端医療を積極的にとり入れ治療を行う。電磁波を有益なものに変える炭コイル、電磁波除去シート、電気コンセントを使い電子を還元する電気コンセント療法、地磁気を補うチップやシートなど、治療のためのグッズを開発している。著書に『アトピーのルーツを断つ!!』(ホノカ社)『病気は治ったもの勝ち!』(静風社)などがある。

丸山アレルギークリニック　宮城県仙台市太白区あすと長町4-2-10
TEL022-304-1191　http://maru-all.com/

特別協力

神山三津夫（かみやまみつお）

1947年2月横浜市生まれ。1982年横浜市中区石川町にて神山まっさあじ療院開業。ブレーンワールドセラピー、膜宇宙療法発案者。
連絡先 e-mail:neo-therapy@gol.com

魔法《まほう》みたいな奇跡《きせき》の言葉《ことば》

カタカムナ

2017年12月15日　第1刷発行
2021年7月1日　第11刷発行

著　者　丸山修寛《まるやまのぶひろ》
特別協力　神山《かみやま》三《み》津《つ》夫《お》
発行者　岡村《おかむら》静《しず》夫《お》
発行所　株式会社《かぶしきがいしゃ》静風社《せいふうしゃ》
〒101-0061 東京都千代田区神田三崎町2丁目20-7-904
電話:03-6261-2661　FAX:03-6261-2660
http://www.seifusha.co.jp/

カバーデザイン　有限会社オカムラ
企画・編集協力　プラス・レイ株式会社
本文・デザイン　岩田智美
イラスト　山口ヒロフミ
印刷/製本所　モリモト印刷株式会社

ISBN 978-4-9909091-2-3
Printed in Japan